슬픔도 노여움도 없이 살아가는 자는
조국을 사랑하고 있지 않다.

오 시 영

청춘의 독서

— **일러두기**

- 이 책은 2009년(2017년 신장판) 출간된 『청춘의 독서』의 내용 일부를 수정·보완하고, 표지와 본문 디자인을 새로 한 특별증보판입니다.
- 이 책은 국립국어원 어문 규정을 따랐습니다. 다만, 러시아 문학작품 속 인명, 지명, 용어 등은 참고·인용한 기출간본을 따랐습니다.
- 인용문의 ( ) 속 내용은 지은이의 설명입니다.

청춘의 독서

유시민

세상을 바꾼
위험하고 위대한
생각들

;

특별증보판

웅진 지식하우스

스스로 설계한 삶을

자신이 옳다고 믿는 방식으로

특별증보판 서문

책을 읽는 일에 관한 이야기

글쓰기를 생업으로 삼은 자로서 지금까지 낸 책이 적지는 않다. '제일 애착이 가는 책이 어느 것이냐'는 질문을 가끔 받는다. 늘 『청춘의 독서』라고 대답했다. 앞으로도 그럴지는 모르겠으나 지금은 그렇다. 왜냐고 물으면 이렇게 말한다. '제 생각과 감정을 제일 많이 표현한 책이거든요.'

내 직업 정체성은 '지식소매상'이다. 명함에 그렇게 쓴 적도 있다. 나는 사람들이 알면 좋을 것 같은 정보를 최대한 재미있게 엮어 읽기 편한 문장에 담는다. 제일 오래된 『거꾸로 읽는 세계사』부터 최근의 『문과 남자의 과학 공부』와 『유럽 도시 기행』 시리즈까지 서점에 있는 내 책은 대부분 그렇게 썼다. 내가 세상과 관계를 맺고 살면서 존재의 자격을 확인하는 방법이다.

『청춘의 독서』는 '살짝' 예외다. 널리 알려진 고전을 다루었지만 책 정보를 전달하려고 쓰지는 않았다. 책을 읽으면서 얻은, 삶과 인간과 세상과 역사에 대한, 나 자신의 감정과 생각을 말하려고 썼다. 책 자체가 아니라 책을 읽는 일에 관한 이야기다. '세상을 더 나은 곳으로 바꾸려는' 목적보다는 '나를 표현하려는' 욕망에 끌려 썼다. 어디 나만 그렇겠는가. 누구든 자신의 내면을 표현한 글에 애착을 느낄 것이다.

『청춘의 독서』는 이미 적지 않은 독자를 만나는 행운을 누렸다. 그런데도 편집자가 더 많은 독자를 만날 수 있도록 한 꼭지를 보충해서 특별판을 만들자고 했다. 권고를 받아들여 『자유론』 편을 새로 썼다. 왜 하필 『자유론』인가? 원래 좋아하는 책이다. 게다가 12·3 비상계엄 선포 이후 우리 모두가 함께 겪었던 국가와 정치의 풍파를 소화해 내는 데 도움이 될 것 같아 선택했다. 대학에 막 들어갔던 딸에게 주었던 헌사(獻辭)와 집필 후기를 조금 고쳤다. 평소 흉하다고 생각했던 본문의 문장을 여기저기 손보았다. 내용은 달라지지 않았다.

한강 선생의 노벨문학상 수상 이후 젊은이들 사이에서 종이책 읽기가 '힙한 행위'로 떠올랐다는 말을 들었다. 사실이면 좋겠다. 유행은 오래 가지 않는다지만 잠깐이라도 어딘가. 이 특별판이 '힙한 종이책' 유행에 일조할 수 있기를 감히 기대해본다.

2025년 4월

유 시 민

초판 서문

오래된 지도를 다시 보다

길을 잃었다. 많은 친구들이 함께 여정을 떠났지만 갈림길을 지날 때마다 차례차례 다른 길을 선택해 멀어져갔다. 아픈 다리 서로 달래며 지금까지 동행했던 사람들도, 다른 곳에서 출발했지만 어느 곳에선가부터 함께 걸어왔던 이들도 생각이 조금씩 다르다. 날이 저물어 사방 어두운데, 누구도 자신 있게 방향을 잡아 발걸음을 내딛지 못한다. 망연자실 넋 놓고 앉아 있을 수만은 없다. 이미 지나온 길을 되돌아가지도 못한다. 지금 할 수 있는 일은 어디에서 무엇이 어긋났던 것인지 살펴보는 일뿐인 것 같다.

달그림자와 별을 살펴 방향을 새로 가늠해보고, 갈림길과 장애물이 나타날 때마다 도움받았던 낡은 지도를 꺼내 살펴본다. 이 지도에 처음부터 오류가 있었던 것은 아닐까? 혹시 내가 지도를 잘못 읽은 것일까? 온갖 의심이 먹구름처럼 밀려든다. 나는 바위에 걸터앉아 잠시 여유를 가지기로 했다. 그리고 긴 여정을 함께했던 지도를 들여다보면서 지난 시기의 선택이 올바른 것이었는지를 차분히 되짚어보았다.

그렇게 해서 이 책이 나왔다. 이것은 문명의 역사에 이정표를 세웠던 위대한 책들에 대한 이야기이며, 위대한 책을 남긴 사람에 대한 이야기다. 그리고 어느 정도는, 그 책들에 기대어 나름의 행로를 걸었던 나 자신과 그 과정에서 내가 본 것들에 대한 이야기이기도 하다. 지금까지 내 삶에 깊고 뚜렷한 흔적을 남겼던 이 책들은 30년 세월이 지난 지금 그때 내가 들었던 것과는 무척 다른 이야기를 들려주었다. 어떤 독자도 같은 책을 두 번 읽을 수 없는 것이 아닐까, 그런 생각이 든다.

생물의 개체발생은 계통발생을 반복한다고 한다. 최초의 수정란이 어머니의 자궁에서 수십조 개의 세포로 이루어진 인간으로 성장하는 열 달은 지구 행성에 처음 출현한 유기 분자가 호모사피엔스로 발전하기까지 수십억 년의 진화적 시간을 압축·반복한다. 지성의 개체발생도 계통발생을 반복한다. 인간의 대뇌피질에 축적된 정보의 유기적 통일체인 지성, 그것 역시 기나긴 지식과 지성의 발생사를 압축·반복하는 과정을 통해 만들어졌다. 나의 육체는 코스모스를 운행하는 모든 별들과 같은 물질로 연결되어 있고, 정신은 문명사의 이정표를 세웠던 위대한 지성인들과 책을 통해 이어져 있다. 나는 그들 모두에게서 살아 있는 문화 유전자를 상속받았다. 그들이 했던 고민과 사색은 많든 적든 내 것이기도 하다.

명색이 글쟁이면서 아내에게 헌정한(?) 책이 여태 한 권도 없었다는 사실 때문에 면목이 없다. 그래도 이 책은 아내 K의 허락을 받아 이제 갓 대학에 들어가 제 나름의 인생행로를 설계하고 있는 딸 S에게 주기로 했다. 아내와 나는 우리가 그 나이였을 때 있었다면 좋았을 책이라는 데 공감했다. 이 책을 주면서 사랑하는 딸에게 말하고 싶다. 세상은 죽을 때까지도 전체를 다 볼 수 없을 만큼 크고 넓으며, 삶은 말할 수 없이 아름다운 축복이라는 것을. 인간은 이 세상을 위해 태어난 것이 아니라 이 세상에 살러 온 존재이며, 인생에는 가치의 우열을 가릴 수 없는 여러 길이 있다는 것을. 그리고 어느 길에서라도 스스로 인간다움을 잘 가꾸기만 하면 기쁨과 보람과 행복을 발견할 수 있다는 것을.

처음 기획을 했을 때부터 격려와 배려를 아끼지 않았던 웅진지식하우스 이수미 선생과 한 꼭지씩 초고부터 함께 읽고 검토해준 김보경 님께 감사드린다. 함께 일하는 게 처음인데도 모든 일이 유쾌하고 원활하게 진행되었다. 국회도서관에서 30여 년 전 책들을 찾아준 김유경 님의 수고에 감사드린다. 내 청춘의 독서를 풍요롭게 만들어주셨던 리영희 선생님과 최인훈 선생님께는 무한한 감사와 존경을 담아 큰절을 올리며 두 분의 건강을 축원해드리고자 한다. 아울러 위대한 지성의 목소리를 우리말로 번역해 들려주신 모든 선생님들께도, 일일이 허락을 구하고 감사드리지 못한 데 대한 용서와 이해를 청하며 감사 인사를 올린다.

2009년 10월
유 시 민

차례

특별증보판 서문
책을 읽는 일에 관한 이야기 6

초판 서문
오래된 지도를 다시 보다 8

01

위대한 한 사람이 세상을 구할 수 있을까
17

; 표도르 도스토옙스키, 『죄와 벌』
가난은 누구의 책임인가 | 날카로운 첫 키스와 같은 책 | 평범한 다수가 스스로를 구한다

02

지식인은 무엇으로 사는가
35

; 리영희, 『전환시대의 논리』
지하대학과 사상의 은사 | 벌거벗은 임금님을 발견하다 | 지식은 맑은 영혼과 더불어야 한다

03

청춘을 뒤흔든 혁명의 매력
53

; 카를 마르크스·프리드리히 엥겔스, 『공산당 선언』
영혼을 울린 정치 선언문 | 박제된 혁명 교과서의 비애 | 역사에는 종말이 없다

04

불평등은 불가피한 자연법칙인가
73

; 토머스 맬서스, 『인구론』

냉혹하고 기괴한 천재, 맬서스 | 자선은 사회악이다 | 재산권과 생존권 | 편견은 천재의 눈도 가린다

05

삶이 그대를 속일지라도
95

; 알렉산드르 푸시킨, 『대위의 딸』

로맨스를 빙자한 정치소설 | 유쾌한 반란의 소묘 | 얼어붙은 땅에서 꽃이 피다 | 위대한 시인의 허무한 죽음

06

진정한 보수주의자를 만나다
115

; 맹자, 『맹자』

역성혁명론을 만나다 | 백성이 가장 귀하다 | 아름다운 보수주의자, 맹자의 재발견 | 대장부는 의를 위하여 생을 버린다

07

어떤 곳에도 속할 수 없는 개인의 욕망
137

; 최인훈, 『광장』

대한민국의 민족사적 정통성 | 소문뿐인 혁명 | 주사파, 1980년대의 이명준 | 열정 없는 삶을 거부하다

08

권력투쟁의 빛과 그림자
159

; 사마천, 『사기』

『사기』의 주인공, 한고조 유방 | 지식인 사마천의 울분 | 새 시대는 새로운 사람을 부른다 | 권력의 광휘, 인간의 비극 | 정치의 위대함을 생각한다

09

**슬픔도
힘이 될까**
185

; 알렉산드르 솔제니친, 『이반 데니소비치의 하루』

존엄을 빼앗긴 사람의 지극히 평범한 하루 | 슬픔과 노여움의 미학 | 이반 데니소비치 탄생의 비밀 | 노동하는 인간은 아름답다

10

**인간은
이기적인 존재인가**
203

; 찰스 다윈, 『종의 기원』

해설을 먼저 읽어야 할 고전 | 다윈과 월리스, 진화론의 동시 발견 | 다윈주의는 진보의 적인가 | 이타적 인간의 가능성

11

**우리는 왜
부자가 되려 하는가**
225

; 소스타인 베블런, 『유한계급론』

부(富)는 그 자체가 목적이다 | 사적 소유라는 야만적 문화 | 일부러 낭비하는 사람들 | 지구상에서 가장 고독했던 경제학자 | 인간은 누구나 보수적이다

12

**문명이 발전해도
빈곤이 사라지지 않는 이유**
249

; 헨리 조지, 『진보와 빈곤』

뉴욕에 재림한 리카도 | 꿈을 일깨우는 성자(聖者)의 책 | 타인을 일깨우는 영혼의 외침

13

**내 생각은
정말 내 생각일까**
271

; 하인리히 뵐, 『카타리나 블룸의 잃어버린 명예』

보이는 것과 진실의 거리 | 명예 살인 | 68혁명과 극우 언론 | 언론의 자유는 누구를 위한 것인가

14

역사의 진보를 믿어도 될까
299

; E. H. 카, 『역사란 무엇인가』

랑케를 떠나 카에게로 | 회의의 미로에 빠지다 | 식자우환(識字憂患) | 진보주의자를 위한 격려와 위로

15

21세기 문명의 예언서
317

; 존 스튜어트 밀, 『자유론』

개인 독립 선언 | 세계 최강국의 최고 지식인 | 밀이 『자유론』에서 펼친 이야기 | 『자유론』의 공동저자, 해리엇 테일러 밀 | 시대를 넘지 못한, 그러나 좋은 사람 | 대한국민에게 보내는 격려

후기
위대한 유산에 대한 감사 349

참고문헌
354

01 ; 위대한 한 사람이 세상을 구할 수 있을까

표도르 도스토옙스키, 『죄와 벌』

고등학생 시절, 공부가 잘되지 않으면 문고판 책이 많았던 아버지의 서가(書架)에서 손에 잡히는 대로 아무 책이나 뽑아 뒤적이는 버릇이 있었다. 마음이 끌리는 책이 있으면 기분 전환이 될 때까지 읽다가 덮어두곤 했다. 이렇게 띄엄띄엄 읽었던 책들 가운데 몇몇은 지금도 제목과 내용이 대충 떠오른다. 대입예비고사가 한 달 앞으로 다가왔던 1977년 가을 어느 토요일, 저녁을 먹고 나서 글자가 깨알처럼 박힌 세로쓰기 문고판 책을 하나 집어 들었다. 그런데 다른 때와 달리 이 책은 중간에 덮을 수가 없었다. 결국 다음 날 오후까지 한숨도 자지 못하고 상하 두 권을 다 읽었다. 표도르 미하일로비치 도스토옙스키(Fyodor Mikhailovich Dostoevskii)의 소설 『죄와 벌』이었다. 나는 소설 도입부의 문장 하나에 그대로 '꽂혀버렸다'.

"그런 일을 저지르려고 하면서, 이토록 하찮은 일을 두려워하다니!" 그는 야릇한 미소를 지으며 생각했다.

여기서 "그런 일"은 살인이다. "이토록 하찮은 일"이란 하숙집 여주인과 마주치는 것이다. 전당포 노파 알료나 이바노브나를 죽이고 돈을 훔치기로 결심한 주인공 로지온 로마노비치 라스꼴리니꼬프는 현장을 미리 답사하기 위해 하숙집을 나섰다. 그런데 그런 엄청난 범죄를 저지르려고 하는 사람이, 집세와 식대가 밀려 있다는 사실 때문에 주눅이 든 나머지 혹시 계단에서 하숙집 여주인과 마주칠까 봐 마음을 졸였다. 주인공은 자신의 그런 모습을 "야릇한 미소를 지으며" 비웃었던 것이다.

가난은
누구의 책임인가

결국 라스꼴리니꼬프는 전당포 노파를 죽였다. 범죄에 쓴 도구는 도끼였다. 자신이 예측한 것과 달리 바로 그 순간 현장에 나타났던 노파의 배다른 여동생 리자베따도 같은 방법으로 죽였다. 이것은 계획하지 않은 살인이었다. 그런데 이 엽기적인 범죄를 저지른 살인범 라스꼴리니꼬프는 악한 인간이 아니다. 못된 짓은 한 적이 없는, 선량한 대학생이다. 자신도 돈에 쪼들리면서 폐결핵에 걸린 친구를 도우려고 얼마 남지 않은 생활비를 다 써버리고, 그것도 부족해 그 친구 아버지 장례도 처러주었다. 심지어는 살인을 한 뒤에도 선행을 했다. 술집에서 우연히 알게 된 퇴역 관리 마르멜라도프가 만취 상태에서 마차에 치여 죽자, 어머니가 빚을 내 보내

준 학자금 25루블을 마르멜라도프의 아내 까쩨리나 이바노브나에게 장례 비용으로 쓰라며 몽땅 줘버린다. 마르멜라도프의 딸 소냐와 라스꼴리니꼬프는 이 일로 인연을 맺었다.

　이 소설을 처음 읽었을 때 나는, 인간의 삶이 위험의 바다를 항해하는 것임을 아직 알지 못했다. 내가 『죄와 벌』에 '꽂혔던' 것은 그 소설의 문학적 향취나 극적인 재미 때문이 아니라 도스토옙스키가 정밀하게 묘사한 제정러시아 수도 상트페테르부르크 뒷골목의 음산한 풍경과 여러 등장인물들이 겪는 처참한 가난에 큰 충격을 받았기 때문이다. 그것은 내가 어린 시절 경주와 대구에서 직접 보고 겪었던 절대 빈곤보다 훨씬 더 끔찍한 참상이었다. 도스토옙스키가 설정한 소설의 시공간적 배경이 100년도 더 전인 1860년대 '제정(帝政)'러시아였다는 사실을 나는 크게 의식하지 않았다.

　라스꼴리니꼬프는 사람을 죽였지만 근본적으로 선량한 사람이다. 그가 본의 아니게 죽인 리자베따도, 가족을 부양하기 위해 몸을 판 소냐도 모두 착한 사람이다. 소냐의 아버지 알코올중독자 마르멜라도프와 계모 까쩨리나 이바노브나도 결코 악한 인간이라고 할 수는 없다. 그런데 그들 모두는 말할 수 없이 가난하다. '어째서 착한 사람들이 이렇게 가난하게 살아야 할까?' '인간 사회는 이러한 부조리를 벗어날 수 없는 것일까?' 『죄와 벌』을 읽는 동안 내내 이런 의문이 나를 사로잡았다. 1970년대 후반 대한민국과 소설 속에 나오는 1860년대 제정러시아가 근본적인 차이를 발견하기 어려운 비슷한 사회로 보였다. 그때 대한민국은 조세희 선생의 『난장이가 쏘아올린 작은 공』, '이동철'이라는 필명을 쓰는 정체불명 작가가 나중 밝혀진 바에 의하면 그의 본명은 이철용이다. 13대 국회의원이 되어서 청문회에 나온 전두환 씨한테 살인마라고 소리를 지른 사건으로 유명한데, 정계를 은퇴한 다음 한동안 종적을 감추었다가 머리를 싹 밀고 다시 나타나 역술인으로 활약하고 있다. 『어둠의 자식들』과 『꼬방동네 사람들』을 낳은, 정의가 짓밟히고 악당들이 활개 치며 착한 사람들이 멸시당하는, 바로 그런 나라였기 때문이다.

나는 『죄와 벌』을 읽으면서 가난의 책임이 가난한 사람 자신뿐만 아니라 사회에도 있을지 모른다는 생각을 했다. 그것은 사실 '생각'이라기보다는 '느낌'에 가까웠다. 사회제도와 빈곤의 상호관계 또는 인과관계를 논리적으로 인지한 것이 아니었기에 '느꼈다'고 말하는 편이 나을 것 같다. 이 느낌은 다음과 같은 의문을 불러왔다. '만약 개인에게 전적으로 책임을 물을 수 없는 어떤 사회적 악덕이 존재한다면, 그러한 사회악은 도대체 왜 생겨났는가? 사회악을 완화하거나 종식하기 위해서는 무엇을 어떻게 해야 하는가?' 『죄와 벌』은 내가 이 의문을 풀기 위해 떠난 독서와 사색, 행동과 성찰, 지금도 끝나지 않았으며 언제 끝날지도 알 수 없는 기나긴 여정의 출발점이었다.

날카로운 첫 키스와 같은 책

도스토옙스키도 같은 질문을 두고 고뇌했다. 그리고 그 고뇌의 끝에서 매우 과격하고 관념적인 해법을 건져 올렸다. 도스토옙스키는 주인공 라스꼴리니꼬프가 쓴 「범죄에 대하여」라는 논문을 통해 사회악을 척결하고 공동선을 실현하는 방법을 제시했다. 그것은 '도덕적 딜레마'를 내포한 '초인론'이었다. 예심판사 뽀르피리 뻬뜨로비치는 라스꼴리니꼬프를 전당포 자매 살인 사건 용의자로 지목했다. 의심의 단서가 된 그 논문에 대해 예심판사는 라스꼴리니꼬프와 그의 친구 라주미힌에게 각각 이렇게 말한다.

"그건 한마디로 말해서 이 세상에는 어떤 부류들이 있는데, 그들은 온갖 종류의 폭력과 범죄를 저지를 수 있다기보다는, 그런 짓을 할 완전한 권리를 가지고 있고, 또 그들에게는 어떤 법률도 적용되지 않는 것 같다는 그런 암시였습니다."

"문제는 이분의 논문에서 모든 사람들이 '평범한' 사람과 '비범한' 사람으로 나누어지는 것 같다는 거야. 평범한 사람들은 순종하며 살아야만 하고, 법률을 어길 권리를 갖고 있지 않아. 왜냐하면 평범한 사람들이니까. 비범한 사람들은 모든 종류의 범죄를 저지를 수 있는 권리와 법률을 위반할 수 있는 권리를 지니고 있는데, 이는 그들이 비범하기 때문이라는 거야."

라스꼴리니꼬프는 뽀르피리가 '거의 올바르게' 논문을 이해했다고 하면서도, 한 가지 차이가 있다고 말한다.

"비범한 사람들이 반드시 모든 종류의 폭력을 써야만 하고, 그래야 할 의

무가 있다고 주장하지는 않았습니다. (……) 저는 다만 '비범한' 사람은 권리를 가지고 있다……. 즉 공식적인 권리가 아니라, 스스로 자신의 양심상…… 모든 장애를 제거할 수 있는 권리를 가졌다고 말한 것뿐입니다. 그것도 만일 그의 신념—때로는 모든 인류를 위한 구원적인 신념일 수도 있지요—을 실행에 옮기기 위해서 그렇게 하는 것이 요구되는 경우에 한해서만 말입니다. (……) 예를 들면 아주 고대로부터 시작해서 리쿠르고스, 솔로몬, 마호메트, 나폴레옹 등으로 이어지는 인류의 입법자들과 제정자들은 새로운 법률을 제시하고, 그로 인해 선조로부터 전해져서 사회에서 성스러운 추앙을 받은 낡은 법률을 파괴했고, 만약 유혈만이 그들을 도울 수 있었다면, 피 앞에서도 멈추지 않았다는 점만 보더라도 그들 모두가 하나같이 범죄자들이었다는 생각을 발전시킨 거지요. 이런 인류의 은인과 건설자들이 대부분 특히 무서운 살인자들이었다는 점은 흥미롭기까지 합니다."

라스꼴리니꼬프는 살인을 저지르기 직전 어느 싸구려 술집에서, 젊은 장교와 대학생이 전당포 노파에 관해 나누는 이야기를 듣는다. 대학생은 장교를 앞에 두고 라스꼴리니꼬프가 논문에서 다루었던 바로 그 문제를 구체적으로 제기한다. 전당포 노파 알료나는 배다른 여동생 리자베따를 하녀처럼 부려먹었고, 그것도 모자라 동생이 부업을 해서 번 돈까지 모두 빼앗았다. 그러면서도 리자베따에게는 한 푼도 유산을 남기지 않고 자기가 죽고 나면 사후 추도를 해줄 수도원에 재산을 몽땅 기부하겠다는 유언장을 작성했다. 대학생은 이런 사실을 이야기하면서 장교에게 묻는다.

"도움을 받지 못하면 좌절하고 말 싱싱한 젊은이가 있단 말이야. 그런 젊은이가 도처에 있어! 그리고 수도원으로 가게 될 노파의 돈으로 이루어지고 고쳐질 수 있을 수백, 수천 가지의 사업과 계획들이 있단 말이야! 어쩌면 수백, 수천의 사람들이 올바른 길로 갈 수도 있고, 수십 가정들이 극빈과 분열, 파멸, 타락, 성병 치료원으로부터 구원을 받을 수도 있어. 이 모든 일들이 노파의 돈으로 이루어질 수 있단 말이야. 그래서 빼앗은 돈의 도움을 받아 훗날 전 인류와 공공의 사업을 위해 자신을 헌신하겠다는 결심을 가지고, 노파를 죽이고, 돈을 빼앗는다면, 너는 어떻게 생각하니? 그 작은 범죄 하나가 수천 가지의 선한 일로 보상될 수는 없는 걸까? (……) 그 노파의 삶은 바퀴벌레나 머릿니의 삶보다 나을 것이 없고, 어쩌면 그보다 더 못하다고도 할 수 있어. 왜냐하면 그 노파는 해로운 존재니까. 다른 사람의 인생을 갉아먹고 있잖아."

이 주장을 일반화하면 이렇게 된다. "선한 목적은 악한 수단을 정당화한다." 따라서 어떤 선한 목적을 이룰 수 있다면 경우에 따라서는 살인이라는 악한 수단을 써도 된다. 그런데 이런 주장은 듣는 사람의 마음에 본능적 거부감을 불러일으킨다. 인간의 양심에는 악을 저지하는 '장애물'이 있기 때문이다. 우리가 양심이라고 부르는 인간의 도덕적 직관은 수백만 년의 진화를 통해 형성된 사회적 본능이다. 이 본능은 우리에게 명령한다. "다른 사람을 수단으로 사용하지 말라." '평범한 부류'에 속하는 사람은 이 명령을 거역하지 못한다. 만약 누군가 "스스로 자신의 양심상 모든 장애를 제거"하고 선한 목적을 위해서는 "피 앞에서도 멈추지 않"는다면, 그 사람은 '비범한 부류' 또는 초인(超人)이라고 할 수 있다. 라스꼴리니꼬프는 전당포 노파를 살해함으로써 이 이론을 실행에 옮겼던 것이다.

『죄와 벌』은 '유독한 향기'를 내뿜는 아름다운 꽃과 같았다. 그 향기는 예민하고 순수하지만 성숙하지 않은 정신을 잠깐 동안 마비시켰다. 나에게 『죄와 벌』은 열병과 같은 정신적 흥분을 안겨준 '날카로운 첫 키스'였다. 나는 책을 다 읽은 다음 며칠을 멍한 상태로 지냈다. 그 강렬한 자극과 충격을 오래도록 잊지 못했다. 그리고 32년 세월이 흐른 후에, 다시 『죄와 벌』을 만났다.

재회(再會)는 상상과 다른 법이라더니 정말 그런 모양이다. 『죄와 벌』은 옛날과는 사뭇 다른 느낌으로 다가왔다. 옛날에 읽었던 문고판은 역자와 출판사를 기억하지 못한다. 이번에 읽은 것은 홍대화 선생이 번역한 책이다. 오래전 짜릿한 첫 키스를 나누었던 여인을 예전 그대로의 모습으로, 나만 귀밑머리 희끗한 중년이 되어 다시 만난다면 이런 느낌이 들까? 소설이 내뿜는 '유독한 향기'는 여전하지만, 나는 이제 풋내기가 아니라서 어지럼증을 느끼지는 않는다. 빈곤의 책임이 어떤 원리에 따라 개인과 사회에 나누어지는지, 개인과 사회가 자기 몫의 책임을 다하기 위해서는 각각 무엇을 어떻게 해야 하는지, 오랜 시간 공부하고 토론하고 주장하고 더러는 행동으로 옮겨보기도 했다. 그래서 그 문제를 굳이 소설 『죄와 벌』을 가지고 논하고 싶지도 않다. 대신 그때는 보거나 느끼지 못했던 다른 것들이 마음에 조용히 스며든다.

놀랍게도 나는 두냐라는 인물을 새로 발견했다. 『죄와 벌』을 다시 읽기 시작했을 때, 나는 라스꼴리니꼬프의 누이동생 두냐를 아예 기억하지 못하고 있었다는 사실을 깨달았다. 예전에는 두냐에 대해 특별한 흥미를 느끼지 못했기 때문이리라. 그런데 이번에 『죄와 벌』을 읽는 동안 누구보다 가깝고 다정하게 다가온 인물이 두냐였다. 『죄와 벌』의 주요 등장인물들은 하나같이 정신이 건강하지 않다. 우울증, 알코올중독, 편집증, 과대망상, 조현병을 앓고 있다. 주인공 라스꼴리니꼬프는 말할 것도 없다. 두냐와 약혼했던 사업가 루쥔, 스토커처럼 두냐에게 구애했지만 끝내 거절당하자 결국 자살하고 만 스비드리가일로프, 소냐의 아버지 마르멜라도프와 어머니 까쩨리나 이바노브나, 전당포 노파 알료나와 여동생 리자베따까지, 모두가 요즘이라면 심리 치료사와 정신과 의사의 도움을 받아야 할 사람들이다. 그런 가운데 변함없이 반듯한 가치관과 인간적 품위를 지키기에 두냐는 더욱 도드라져 보인다.

두냐는 도스토옙스키의 소설에서 보기 드문 인간형이다. 『악령』과 『백치』, 『까라마조프 씨네 형제들』을 비롯하여 다른 대표작의 주요 등장인물들도 모두 『죄와 벌』의 인물들처럼 정신적으로 불안정하다. 무엇 때문일까? 나는 작가 도스토옙스키 자신이 기괴하고 병적인 삶을 살았기 때문에 그가 창조한 인물들도 그랬던 것이 아닐까 짐작한다. 피조물은 창조주를 닮기 마련 아니겠는가.

도스토옙스키는 많은 농노와 영지를 소유한 귀족 가문의 둘째 아들로 1821년 태어났다. 개인적으로 여러 차례 극적인 사건을 경험했다.

당대의 엽기적 살인 사건에 큰 관심을 쏟았고, 그 사건들을 소설의 모티브로 활용했다. 첫 번째 극적인 사건은 도스토옙스키가 공병학교에 다니던 열여덟 살 청년이었을 때 일어났다. 아버지가 농노들에게 살해된 것이다. 두 번째 사건은 간질 발작이었다. 스물네 살에 첫 소설 『가난한 사람들』을 발표해 러시아 문단의 샛별로 떠올랐던 도스토옙스키는 바로 다음 해 간질 증세를 자각했고 평생 이 병에 시달리면서 살아야 했다.

도스토옙스키는 충동적이고 낭비벽이 심한 도박 중독자였다. 욕망과 충동을 절제하지 못했다. 『첫사랑』이라는 소설로 우리에게 널리 알려진 이반 투르게네프(Ivan Turgenev)를 비롯하여 그를 귀하게 여겼던 당대의 여러 러시아 문인들이 무절제한 사생활을 걱정하고 비판했지만 아무 소용이 없었다. 도스토옙스키는 소설을 써서 번 돈을 거의 모두 도박으로 날렸다. 도박 자금을 마련하려고 새로운 소설 집필 계약을 하는가 하면, 노름빚을 갚기 위해 저작권을 팔아치우기도 했다. 독일·이탈리아·프랑스 등 세계적으로 유명한 휴양도시 카지노에서 기회만 있으면 도박을 했다.

가장 극적인 사건은 스물여덟 살 때 일어났다. 그 무렵 도스토옙스키는 사회주의자·공산주의자들과 자주 어울렸다. 당시 사유재산제도를 불평등과 사회악의 근원으로 본 샤를 푸리에(Charles Fourier) 등 소위 '공상적 사회주의' 사상과 이론이 유럽 지식인 사회에 열풍을 일으켰고, 많은 러시아 작가들이 여기에 관심을 가졌다. 1849년 4월 7일, 푸리에의 생일을 기념하여 러시아의 유명한 작가들이 작은 모임을 열었다. 여기서 도스토옙스키는 소설가 니콜라이 고골(Nikolai Gogol')을 비판한 평론가 비사리온 벨린스키(Vissarion Belinskii)의 편지를 낭독했다. 누구보다 먼저 고골의 재능을 알아보았던 벨린스키는, 만년의 고골이 러시아정교회와 차르 체제를 찬양하는 책을 출판하자 고골을 "반(反)계몽주의와 사악한 탄압을 옹호하는 자"라고 비판하는 공개서한을 썼다. 도스토옙스키가 모임에서 낭독한 편지가 바로 이것이었다. 고골을 비판하는 것은 곧 차르를 비판하는 것과 마찬가지였다.

도스토옙스키는 '반체제 시국 사범'으로 체포되어 사형을 선고받았다. 그런데 사형 집행 직전이었던 1849년 12월 22일, 황제는 특별사면을 내려 사형 집행을 전격 중단시키고 강제 노동으로 감형해주었다. 촉망받는 젊은 작가를 죽이는 것은 황제의 명예를 깎는 일이었기에, 예정된 각본에 따라 사형을 선고해 혼을 낸 다음 살려준 것이다. 그러나 어쨌든 황제의 특사가 없었다면 『죄와 벌』을 비롯한 대작들이 세상에 나올 수 없었을 것이다. 사형을 면하기는 했지만 도스토옙스키는 옴스크에서 4년 동안 비참한 유배 생활을 해야 했다. 이 사건은 작가에게 말할 수 없이 큰 충격을 주었고 지울 수 없는 상흔을 남겼다. 그가 공산주의·사회주의 운동에 비판적으로 변한 것도 이 사건과 관련이 있을 것이다. 『죄와 벌』에 자유주의자로 등장하는 레베쟈뜨니꼬프는 공상적 사회주의자에 가까운데, 도스토옙스키는 그를 정의감은 있지만 무척 경박하고 우스꽝스러운 인물로 묘사했다. 반체제 혁명운동에 대한 부정적 인식은 소설 『악령』에서 절정을 이루었다.

평범한 다수가
스스로를 구한다

　　　　　　　　　　　　도스토옙스키가 『죄와 벌』에서 던진 질문을 다시 생각해본다. "선한 목적이 악한 수단을 정당화하는가?" 그는 이 소설에 자기가 찾은 대답을 남겨두었지만, 처음 읽었을 때 나는 그것을 알아채지 못했다. 하지만 이제는 작가의 생각을 뚜렷이 인지한다. "아무리 선한 목적이라 해도 악한 수단을 정당화하지는 못한다." 도스토옙스키는 살인을 저지른 주인공이 겪었던 정신적 정서적 고통을 절절하게 그렸다. 또한 유형지에 따라간 소냐가 비슷한 고통을 겪는 죄수들에게 사랑과 존경을 받는 모습을 따뜻하게 묘사했다. 그리고 마침내 유형지 작업장 통나무 더미 위에서 라스꼴리니꼬프가 소냐의 발에 몸을 던져 입을 맞추는 장면을 통해 주인공이 죄를 인정하고 심리적 고통에서 해방되는 과정을 보여주었다.

　"아무리 선한 목적을 이루기 위해서라고 하더라도, 인간은 악한 수단을 사용한 데 따르는 정신적 고통을 벗어나지 못한다." 도스토옙스키는 이렇게 말한다. 죄를 지으면 벌을 면하지 못하는 게 삶의 이치라는 것이다. 그런데 이 문제는 다른 맥락에서 볼 수도 있다. 선한 목적을 이루기 위해 악한 수단을 사용하는 것을 정당화할 수 있는지 따지는 것은, 악한 수단으로 선한 목적을 이룰 수도 있다는 것을 전제로 한다. 그런데 나는 이 전제를 받아들이지 않는다. 정당성 여부를 따지기 전에, 악한 수단으로는 선한 목적을 절대 이루지 못한다고 믿는다. 이것은 어떤 연역적·논리적인 추론의 산물이 아니다. 실제 있었던 역사적 사건들을 보고 체험한 끝에 얻은 경험적·직관적인 판단이다.

도스토옙스키는 60세였던 1881년 폐기종으로 사망했다. 그가 세상을 떠난 후 얼마 지나지 않아 스스로 "양심상 모든 장애를 제거할 수 있는 권리를 가졌다"라고 믿는 한 무리의 '비범한 사람들'이 나타났다. 그들은 계급 차별과 착취에 신음하는 "인류를 위한 구원적인 신념"을 위해 "피 앞에서도 멈추지 않"겠다는 태도로 "모든 종류의 폭력을 써야만 하고, 그래야 할 의무"를 실제로 행사했다. 레닌이 이끈 볼셰비키 혁명가들이었다. 그들은 제정러시아를 무너뜨렸으며 혁명에 대해 견해를 달리한 멘셰비키와 참혹한 내전을 치른 끝에 사회주의혁명을 성공시켰다. 이 혁명의 주역들은 "인간에 의한 인간의 착취"를 영원히 종식하여 러시아 사회를 "한 사람은 만인을 위하고 만인은 한 사람을 위하는 자유로운 인간의 자발적인 결사체"로 만들자는 모토를 내걸고 '프롤레타리아트 독재'라는 이름으로 포장한 전체주의 체제를 구축했다. 20세기 중반에는 유럽의 절반과 중국 대륙을 붉은 깃발 아래 편입했다. 우리는 이 체제의 종말을 이미 알고 있다. 소비에트연방은 최고 권력자 스탈린 개인을 숭배하고 신격화한 1950년대에 절정에 올랐다가, 1980년대 종반 미하일 고르바초프(Mikhail Gorbachyov)의 페레스트로이카(개혁)와 글라스노스트(개방)로 해체의 운명을 맞았다.

러시아의 반대편에서는 히틀러가 본질적으로 똑같은 일을 저질렀다. 그는 "독일의 아들딸과 손자들이 다시는 전쟁을 하지 않아도 되는 세상을 만들기 위한 최후의 전쟁"을 일으켰다. 건강한 남자와 건강한 여자, 건강한 아이들, 건전한 시민으로 이루어진 '위대한 독일제국'을 건설하겠다며 전 유럽을 침략하고 600만 명의 유대인을 학살했다. 공산주의자와 사회주의자, 자유주의자, 집시와 동성애자, 장애인들을 '과학적이고 체계적으로' 제거했다. 히틀러 제국은 결국 참혹한 패전으로 종말을 맞았다.

스탈린과 히틀러 같은 '비범한 사람들'이 '인류를 구원하려는 신념'에 입각해 '모든 종류의 폭력을 사용할 권리'를 행사함으로써 구축했던 사회체제를 가리켜 우리는 '전체주의'라고 한다. 이 체제는 인간의 생명과 권리를 학살하고 억압하는 '제도화된 악'이었다. 스탈린과 히틀러, 그리고 이들의 지시를 받아 대량 학살을 저질렀던 수많은 부하들이 전당포 노파 자매를 죽인 것 때문에 라스꼴리니꼬프가 겪어야 했던 끔찍한 정신적 번민과 고통에 시달렸다는 증거는 없다. 그러나 그들이 그러한 죄악을 저지름으로써 어떤 선한 목적도 이루지 못했다는 것은 너무나도 명백하다. 전체주의에 관심이 있는 독자들에게는 나치의 마수를 피해 미국으로 망명했던 독일 출신 정치학자 한나 아렌트(Hannah Arendt)의 『전체주의의 기원』과 『예루살렘의 아이히만』을 추천한다. 인류는 20세기의 전체주의 경험을 통해 나쁜 수단으로는 결코 좋은 목적을 달성하지 못한다는 것을 분명하게 깨달았다.

"목적이 수단을 정당화한다"라고 믿었던 '비범한 사람들'을 배경으로 놓으면 '평범한 사람'인 두냐는 더욱 빛난다. 속물 루쥔이 탐냈고 허무주의자 스비드리가일로프가 병적으로 집착했던 여인, 첫눈에 반한 오빠 라스꼴리니꼬프의 친구 라주미힌과 삶의 반려자로 맺어진 여인. 나는 작가 도스토옙스키가 가장 농밀한 애정을 쏟아가며 만든 인물이 바로 두냐라고 본다. 오빠의 하숙방에서 소냐를 처음 보았을 때, 두냐는 소냐가 몸을 파는 여인이라는 사실을 알고 있었지만 예의를 갖추어 정중하게 인사한다. 라스꼴리니꼬프는 두냐의 약혼자 루쥔을 처음 본 순간, 그가 누이를 행복하게 해줄 수 없는 속물 중의 속물임을 곧바로 알아채고 두냐한테서 손을 떼라고 요구한다. 루쥔은 자기와 만나는 자리에 절대 오빠를 부르지 말라고 위협하지만, 두냐는 이야기를 다 들어본 다음 오빠와 약혼자 중에 한 사람을 선택하겠노라고 말한다. 루쥔이 라스꼴리니꼬프 같은 인간을 감히 자기와 동일선상에 세우느냐고 불평하자 두냐는 이렇게 쏘아붙인다.

"나는 내가 이제까지 살아오면서 가장 귀하게 생각한 것, 지금까지 내 '전' 생애를 형성하고 있었던 모든 것을 걸고 당신의 문제를 고려하고 있어요. 그런데 당신은 내가 당신을 '과소평가'한다고 갑자기 화를 내시는 건가요."

두냐는 소냐와 마찬가지로 가족을 지극히 사랑하며 가족을 위해 자신을 기꺼이 희생하려는 사람이다. 그런 그녀가 가족을 위해 몸을 팔러 나갔던 소냐를 동등한 인격체로 존중한 것은 자연스러운 일이었다. 일시적 정신이상을 인정받아 사형을 면한 오빠 라스꼴리니꼬프를 보살피기 위해 유형지에 따라가겠다고 한 소냐의 부탁을 두냐는 사랑과 감사의 마음으로 받아들인다. 도스토옙스키에게 두냐와 소냐는 사실상 동일 인물이다. 유형지의 범죄자들에게 어머니와 누이처럼 사랑받고 존경받은 소냐는 두냐의 분신(分身)이나 마찬가지였다. 두 여인은 작가가 끝없이 선망하고 흠모했던 '도스토옙스키의 연인'이었다. 인간의 존엄과 품격을 구현하는, 강력한 내면의 힘을 가진 '평범하고 지혜로운 러시아의 여인'들이었다.

라스꼴리니꼬프의 '초인론'은 스탈린과 히틀러의 전체주의 체제로 현실이 되었다. 소수의 '비범한 사람들'이 '인류를 구원하려는 신념'을 실행하기 위해 "온갖 종류의 폭력과 범죄를 저지를" "완전한 권리를" 행사한 전체주의 체제가 있었고, 반대편에는 다수의 '평범한 사람들'에게 동등한 인권과 참정권을 부여하고 그들을 대표하는 사람에게 의사 결정권을 제한적으로 위임하는 민주주의 체제가 있었다. 20세기 세계사는 소수의 '비범한 사람들'이 인류를 구원하는 것이 아니라 다수의 '평범한 사람들'이 스스로 자신을 구원한다는 것을 입증했다. 수없이 많은 소냐와 두냐들이 좋은 세상을 만든 것이다. 만약 도스토옙스키가 20세기를 목격했다면 틀림없이 이렇게 말했을 것이다.

"선한 목적은 선한 방법으로만 이룰 수 있다."

02 ;   지식인은
         무엇으로 사는가

리영희,
『전환시대의 논리』

어렸을 적 우리 집은, 여기저기 개구멍 뚫린 철조망이 담벼락을 대신하고 있던 경주시 북부동 계림초등학교 뒤편 골목에 있었다. 나는 생일이 7월이라 우리 나이로 일곱 살 되던 해 취학 통지서를 받지 못했다. 그런데도 형과 누나들처럼 학교에 다니고 싶어 막무가내 생떼를 썼다. 보다 못한 어머니가 내 손을 잡고 교장실로 갔다. 나는 교장 선생님 앞에서 책을 읽고 구구단을 외우며 입학할 자격이 있음을 입증했지만 소용이 없었다. 대성통곡하며 집으로 돌아왔던 기억이 아직도 뚜렷이 남아 있는 것을 보면 무척이나 억울하고 속상했던 모양이다.

그 이야기를 들은 아버지가 나를 위로하려고 어린이신문 구독 신청을 해주셨다. 늘 무엇인가를 읽어야만 하는 습관은 그다음 날 배달되어 온 어린이신문의 만화를 보는 데서 생겼다. 나의 독서 편력은 아버지가 가져다주신 동화책과 어린이 월간 잡지 〈어깨동무〉를 넘어 제멋대로 뻗어가 누나들과 형이 보는 책들까지 나아갔다. 초등학교 4학년 때, 변색해서 누렇게 된 종이에 깨알만 한 글씨가 세로로 박힌, 두껍고

곰팡내 나는 『서유기』를 읽은 게 기억난다.

중학교 학교 도서관의 추리소설을 거의 모두 대출해 읽었다. 모리스 르블랑(Maurice Leblanc)의 뤼팽 시리즈와 아서 코넌 도일(Arthur Conan Doyle)의 셜록 홈스 시리즈는 한 권도 빠뜨리지 않고 읽었던 것 같다. 아무런 방향도 줄거리도 없었던 독서 편력은 그나마 고등학생이 되면서 완전히 끊어졌다. 입시 공부를 하느라 우연히 읽은 책들을 제외하면 대학에 들어갈 때까지 독서라고는 전혀 하지 않았다. 그때는 대입 논술이나 구술시험 같은 것도 없었기 때문에, 학교에서 소설이나 교양 서적을 읽다가 선생님에게 들키면 야단을 맞고 책을 빼앗기기 일쑤였다. "고얀 놈, 공부는 안 하고 책을 읽다니!" 나는 대학에 가면 모든 것이 달라질 것이라는 희망을 품었다.

지하대학과 사상의 은사

그러나 대학도 크게 다르지 않았다. 교과서와 강의 참고도서 목록은 있었지만 교양인이 되기 위해 또는 학문할 준비를 제대로 하기 위해 어떤 책을 어떻게 읽어야 할지 아무도 가르쳐주지 않았다. 바로 그때 '지하대학(地下大學)'을 만났다. '지하대학'은 당시 공안 기관과 언론이 퍼뜨린 용어인데, 정보기관의 감시망을 피해서 활동하는 학생 서클을 가리킨다. 당시 대학에는 수십 개의 '학회(學會)' 또는 '학습 서클'이 있었다. 나는 그야말로 우연히 '농촌법학회'라는, 법과대학 학생들이 창립한 무척 촌스러운 이름을 가진 학회에 가입했다. 선배가 거의 없는 고등학교 출신이라 이런 학회들이 정치적으로 얼마나 '위험한' 곳인지, 아무런 경고도 듣지 못했다. 나중에 안 일이지만, 동기들 중에는 선배들한테서 '빨갱이 서클'이라는 이야기를 듣고 호기심이 발동해 가입한 경우도 있었다.

농촌법학회가 신입생들에게 제공한 필독서 목록 첫 번째 자리에 그 책이 있었다. "이영희(李泳禧) 저, 『전환시대(轉換時代)의 논리(論理)』." 리영희 선생은 두음법칙을 따르지 않고 성을 '이'가 아닌 '리'로 썼는데, 우리는 한자로 적힌 저자 이름을 그냥 '이영희'라고 읽었다. 선배들은 신입생 환영회가 끝난 바로 그다음 주 화요일에 발제와 토론을 할 테니 책을 사서 미리 읽고 오라고 했다. 학교 앞 서점에서 책을 구입한 그 순간, 새로운 삶의 여정이 찾아왔다. 나는 이 책에서 지식인이 어떤 존재이며 무엇으로 사는지를 배웠다.

내 모교는 농촌법학회라고 하는 게 맞을 것 같다. 학교에 수업료를 내고 교수들에게 학점을 받았지만, 세상을 보는 눈을 기르고 공부하는 즐거움을 느끼게 해준 스승은 냄새나는 자취방에서 함께 책을 읽고 토론했던 학회의 선배들이었다. 우리는 진지하게 삶의 의미를 탐색했다. 세상을 있는 그대로 이해하려고 공부했다. 더 많은 사람이 사랑할 수 있는 더 좋은 세상을 만드는 데 기여하는 방법을 모색했다. 그 모든 일들을 할 때 언제나 책이 함께 있었다.

나에게 『전환시대의 논리』와 리영희 선생은 흔히 보는 교양서와 필자가 아니었다. 리영희 선생은 나에게 철학적 개안(開眼)의 경험을 안겨준 사상의 은사(恩師)이며, 『전환시대의 논리』는 품위 있는 지식인의 삶이 어떠해야 하는지 가르쳐준 인생의 교과서였다. 선배들이 토론거리로 정해준 것은 이 책 제4부의 베트남전쟁 관련 평론 두 꼭지였다. 그런데 내 눈이 번쩍 열리게 만든 것은 제1부 「강요된 권위와 언론자유: 베트남전쟁을 중심으로」라는 에세이였다. 첫 문단이 다음과 같았다.

옷을 입지 않은 임금을 보고 벌거벗었다고 말한 소년의 우화는 그 소년의 순진함이나 용기만을 말하려는 것은 아니다. 언젠가는 진실은 반드시 진실대로 밝혀지기 마련이라는 인간 생활의 진리를 말하려는 것만도 아니다. 그러나 이 우화의 해석은 대체로 그 우화를 구성하는 일련의 인과적 요인들이 엮어내는 '과정'에 대해서는 깊게 들어가지 않는 것 같다. (……) 가장 어리석은 소년에 의해서 온 사회의 허위가 벗겨지기까지 그 임금과 재상들과 어른들과 학자들과 백성들은 타락과 자기부정 속에서 산 셈이다. 마침내 한 어린이가 나타나서 보다 현명한 어른들을 타락에서 구하기는 했지만 그동안 이 왕국을 지배한 타락과 비인간화와 비굴과 자기 모독, 그리고 지적 암흑 상태가 결과한 인간 파괴와 사회적 해독은 무엇으로 측량할 것인가. 「전환시대의 논리」, 9~10쪽

이 글은 원래 계간 〈문학과 지성〉 1971년 가을호에 실렸다가 1974년 발간된 평론집 『전환시대의 논리』에 들어갔다. 여기서 '벌거벗은 임금님'은 정당한 명분도 없이 베트남전쟁에 뛰어들었고 허위 사실을 날조하여 국민을 속인 미국 행정부와 대통령이다. 임금이 벌거벗었

다고 말한 소년은 베트남전쟁 기밀문서를 언론에 폭로한 미국 연방 공무원 대니얼 엘스버그(Daniel Ellsberg)를 가리킨다. 베트남전쟁의 진실이 드러나기 전까지 미국 국민과 사회는 말할 수 없이 심각한 "타락과 비인간화와 비굴과 자기 모독, 그리고 지적 암흑 상태"가 초래한 "인간 파괴와 사회적 해독"에 파괴당하고 있었다.

벌거벗은 임금님을 발견하다

리영희 선생은 이 글에서 미국 행정부와 미국 사회를 예리하게 비판했다. 그런데 그 비판의 칼이 겨눈 곳은 사실 미국이 아니라 대한민국이었다. 선생의 의도는 그대로 적중했다. 미국인 가운데 리영희 선생의 평론을 읽은 이가 몇이나 있었을지 모르겠으나, 한국에서는 수없이 많은 청년과 지식인들이 읽었다. 미국 사회에는 잘 알려지지 않았을지 몰라도 한국에서는 엄청난 정치적 위력을 발휘했다. 『전환시대의 논리』 제4부에서 리영희 선생은 다음과 같은 사실을 들어 베트남전쟁이 '월맹의 침략 전쟁'이 아니라 프랑스와 미국이 일으킨 '제국주의 침략 전쟁'임을 논증했다.

1. 프랑스의 식민 지배에 저항해왔던 베트남 민족주의 세력은 제2차 세계대전 당시 이곳을 점령했던 일본이 패망하자 독립을 선언하고 호찌민을 수반으로 하는 베트남민주공화국(베트민)을 수립했다.

2. 북위 16도선 이북을 점령했던 중국 장개석 군대가 철수한 후 프랑스는 프랑스 연방 내 베트남 왕국이라는 괴뢰정부를 세워 베트민의 무장해제를 요구했다. 베트민이 이를 거부하자 프랑스는 북베트남을 폭격하고 전쟁을 개시했다. 이것이 베트남전쟁 시즌 1이었다.
3. 프랑스군은 1954년 5월 디엔비엔푸 전투에서 대패한 후, 7월에 베트남 독립과 통일을 위한 총선거 실시와 프랑스 군대 철수를 핵심 내용으로 하는 제네바협정을 체결했지만 이 협정을 이행하지 않은 채 베트남에서 철수해버렸다.
4. 총선거가 무산되자 남베트남에서 폭동과 테러, 민중 봉기가 일어났고, 1960년 남베트남민족해방전선(베트콩)이 결성되어 남베트남 정부와 내전을 벌이기 시작했다. 남베트남에서는 군부 쿠데타가 일어나 고딘디엠의 군사정권이 들어섰다. 해방전선과 남베트남 정부는 남베트남 전역에서 사실상 공존하게 되었다.
5. 남베트남 정부를 지원하고 있던 미국의 존슨 대통령은 1964년 8월 4일 북베트남 통킹만에서 미국 구축함 매독스호가 북베트남 어뢰정의 공격을 받았으며 적절한 보복 공격을 했다고 발표했다. 미군이 북베트남을 폭격함으로써 베트남전쟁 시즌 2가 개시된 것이다. 그런데 통킹만 사건은 미국 정부가 조작한 것이었고 보복 공격은 오랜 기간 준비한 작전에 따라 계획적으로 이루어진 전쟁 행위였다.
6. 미국은 1967년 11월 한국전쟁 때의 47만 명보다 많은 54만 9000명의 지상군을 베트남에 주둔시켰지만 끝내 패배했으며, 결국 1973년 파리 휴전협정을 체결하고 군대를 철수시켰다. 1975년 4월 30일 북베트

남 군대가 사이공 시(지금의 호찌민 시)를 점령함으로써 30여 년에 걸친 베트남전쟁은 그 막을 내렸다.

제1차 베트남전쟁에서 패배했던 프랑스의 샤를 드골(Charles de Gaulle) 대통령은 자신이 존 F. 케네디(John F. Kennedy) 미국 대통령에게 베트남에서 손을 떼도록 충고했다는 사실을 회고록에 기록해두었다. 리영희 선생은 이 회고록의 일부를 인용함으로써 베트남전쟁이 미국의 침략 전쟁이었음을 분명히 했다. 베트남전쟁에 한국군을 보냈던 박정희 대통령이 유신 쿠데타를 일으켜 무소불위의 절대 권력을 가진 종신 대통령으로 국민과 헌법 위에 군림하고 있었던 사실을 감안하면, 이런 정도가 당시로서는 '생명의 위협'을 피하면서 베트남전쟁의 진실을 말할 수 있는 최대치였을 것이다. 다음은 드골의 말이다.

나는 케네디에게 다음과 같이 말해주었다. 이 지역에 한번 발을 들여놓으면 당신은 끝없는 미로에 빠질 것이다. 민족이라는 것이 한번 눈을 뜨고 궐기한 다음에는 아무리 강대한 외부적 세력도 그 의사를 강요할 수 없는 것이다. 당신은 스스로 이 사실을 깨닫게 될 것이다. 일부 현지 지도자들이 순전히 이기적인 이유와 목적에서 당신을 섬길 생각이라 하더라도 민중은 그들을 따르지 않을 것이며, 더구나 당신을 원치는 않을 것이다. 당신이 내세우는 이데올로기는 그들에게 아무런 관심도 불러일으킬 수 없을 것이다. 인도차이나 민중은 당신이 말하는 이데올로기를 당신의 지배욕과 동일시할 것이다. 당신이 그곳에서 반공주의를 내세워 깊이 개입하면 할수록 (……) 민중은 공산주의자를 더욱 따르고 지지하게 될 것이다. (……) 불행한 아시아와 아시아의 민족들을 위해서 우리나 딴 사람들이 해야 할 일은, 그들 민족이나 국가의 살림살이를 우리가 떠맡는 것이 아니라, 그곳에서뿐 아니라 세계 어디에서나 전횡적이고 억압적인 정권을 낳게 하는 원인인 인간적 고통과 욕된 상태에서 그들이 빠져나올 수 있도록 도와주는 일이다. 「전환시대의 논리」, 356쪽 재인용

모두가 처음 듣는 이야기였다. 베트남전쟁은 끝난 뒤였지만, 대한민국은 벌거벗은 임금님을 벌거벗었다고 말할 수 없는 나라였기 때문이다. 대한민국에서 베트남전쟁은 "월맹의 침략에 맞서 자유민주주의와 평화를 지키기 위해 미국과 혈맹이 함께했던 정당한 전쟁"이어야 했다. 그리고 한국군의 참전은 "대한민국의 국위를 선양하고 혈맹의 도리를 다한 자랑스러운 참전"이어야 했다. 월남과 같은 꼴을 당하지 않으려면 온 국민이 "옆집에 오신 손님 간첩인지 다시 보자"는 투철한 안보 의식으로 무장하고, "박정희 대통령을 중심으로 국론을 통일"하여 "군관민이 혼연일체가 되어야"만 했다. 다른 말을 했다가는 쥐도 새도 모르게 지하실로 끌려간다는 무서운 소문이 도는 나라였다. '북괴의 간첩'이나 '용공분자(容共分子)'로 몰리지 않으려면 진실을 알려고 하지도 말아야 했고, 진실을 알아버린 경우에는 그것을 남에게 말하지 말아야 했다. 한마디로 말해서 "비굴과 자기 모독, 그리고 지적 암흑 상태"가 대한민국을 지배하고 있었다.

미국 국민은 이러한 '지적 암흑 상태'를 스스로 극복했다. 용기와 신

념을 지닌 언론인들 덕분이었다. 베트남전쟁이 한창이던 1971년 6월 13일 〈뉴욕타임스〉가 미국 국방부 극비 문서를 특종 보도했다. 미국이 베트남전쟁에 개입하게 된 모든 과정과 배경을 담은 문서였다. 미국 정부는 이것을 보도하는 행위가 간첩죄에 해당한다며 보도 금지 가처분을 신청했고 법원은 받아들였다. 그러자 〈워싱턴포스트〉가 뛰어들었다. 결국 〈뉴욕타임스〉의 첫 보도가 나간 지 17일째 되던 6월 30일, 연방 대법원은 언론의 손을 들어주었다. 국방부 기밀문서 보도 금지 가처분은 위헌적 언론통제이고, 그 보도가 국가 안보를 위협한다는 사실을 정부가 입증하지 못했다고 판결했다.

지식은 맑은 영혼과 더불어야 한다

리영희 선생은 베트남전쟁 기밀문서의 내용과 보도를 둘러싸고 벌어진 우여곡절을 모두 검토한 끝에 이 드라마에서 두드러진 배역을 맡았던 지식인 넷을 골라냈다. 먼저 유명한 경제학자이자 반공 사상가였던 월트 로스토(Walt Rostow)다. 국무성 정책기획 위원장이며 존슨 대통령의 국가안보 특별보좌관이었던 로스토는 반공과 군사적 대국주의에 사로잡혀 베트남전쟁의 파탄을 숨기려고 발버둥 치는 '광신적 지식인'의 면모를 보였다. 다음은 로버트 맥나마라(Robert McNamara) 국방장관. '걸어 다니는 전자계산기'라는 별명으로 통했던 맥나마라는 자신이 벌인 베트남전쟁의 부도덕성 때문이 아니라 그 전쟁이 경제적으로 효율적이지 않다고 판단해서 관직을 떠났다. 그는 '과학 기계 만능주의 지식인'이었다.

세 번째는 조지 볼(George Ball) 국무차관. 볼은 미국 군대의 체면만을 생각하는 군부 지도자에 맞서 이성을 호소하고 승산 없는 전쟁이 불러올 장기적이고 근본적인 국가적 치욕을 걱정했다. 관료 기구 안에서도 지성을 상실하지 않은 지식인이었다. 마지막은 미국 랜드연구소 연구원으로서 언론에 그 기밀문서를 제공한 대니얼 엘스버그였다. 리영희 선생은 다음과 같이 엘스버그를 "인식과 실천을 결부시킨 지식인"이라고 평가했다.

> 월남 정책의 수립을 위한 조사 연구에서 시작하여 정책 수습 과정의 핵심적 지위에까지 올라갔다가 기밀문서를 전 세계에 폭로하는 대니얼 엘스버그는 햄릿적인 과정을 밟아 하나의 진리를 실천한 독특한 지성인이다. 그의 행동에 대해 우익적 여론과 군부에서는 비난과 인신공격, 중상이 쏟아져 나왔다. 그러나 진실과 이성이 작용하지 않는 매머드화한 관료 기구 속에서 자기의 임무와 정부의 정책이 부정이며 불의임을 깨달았을 때 진정한 국가이익을 위해 진실을 밝힌 용기는 고민하는 지성인의 최고의 자세인 듯하다. (……) 지성인의 최고의 덕성은 인식과 실천을 결부시킨다는 것이다. 엘스버그는 그의 객관적 인식 변천의 과정에서 로스토—맥나마라—볼의 단계를 거쳐서 그 자신에 도달한 것이다. 그가 처음부터 엘스버그였던 것이 아니라 로스토에서 시작하는 사상 발전의 과정에서 가슴을 에는 수년간의 고민을 겪었다는 사실은 오히려 그의 실천의 뜻을 깊

게 해준다. 『전환시대의 논리』, 19~20쪽

전쟁을 일으킨 미국에서 벌어진 엄청난 소란을 대한민국 국민들은 알지 못했다. 박정희 정권이 언론을 철저하게 검열하고 통제했기 때문이다. 우리나라 언론은 미국 정부와 〈뉴욕타임스〉의 법정 다툼에 대해서만 간략하게 보도했을 뿐이다. 미국 정부는 '벌거벗은 임금님'으로 판명 났지만, 대한민국에서는 미국 정부도 박정희 대통령도 모두 멋진 옷을 입은 임금님으로 보였다.

대한민국은 대학 진학률이 세계에서 가장 높은 편이다. 하지만 『전환시대의 논리』가 나온 시절에는 그렇지 않았다. 1959년에 태어나 성년이 되기까지 생존한 대한민국 국민은 나를 포함해 90만 명이 넘었다. 요사이 연간 신생아 수의 세 배가 넘었다. 그중에서 고등학교를 마치고 대입예비고사를 본 젊은이가 약 34만 명가량 되었던 것으로 기억한다. 4년제 대학의 총 정원은 약 7만 명 남짓이었고, 전문대학까지 모두 합쳐도 15만 명을 넘지 않았다. 비교적 운이 좋은 젊은이라야 대학에 갈 수 있었다.

대학생들은 스스로를 예비 지식인이라 여겼고, 사회에서 큰 혜택을 받았기 때문에 지식인으로서 사회에 보답해야 한다고 생각했다. 지식인은 어떤 존재여야 하는지, 지식인으로서 바람직한 삶은 어떤 모습인지, 자기 인생에서 지식인의 소명을 어떻게 실천할 것인지 고민하는 학생이 많았다. 더욱이 그때는 자유롭게 말할 자유가 허용되지 않았던 유신 독재 시대였다. 유신 체제의 종말이 임박했던 1978년에 대학생이 된 나도, 막연히 지식인으로서 바르고 가치 있게 살아야 한다는 생각을 지니고 있었다. 나는 리영희 선생처럼 살고 싶었다. 소신껏 글을 썼다는 이유로 공안 기관 지하실에 끌려가 고문을 당하고 재판에 넘겨져 징역형을 선고받는 것이 두렵기는 했지만, 마음속으로는 그렇게 사는 것을 꿈꾸었다.

리영희 선생은 놀랍도록 맑은 영혼을 가진 지식인이었다. 지식인으로서의 바른 삶을 찾는 젊은이들에게 선생의 글이 막대한 감화력을 발휘한 것은 그 때문이었다고 생각한다. 그는 여러 차례 투옥되는 시련을 겪으면서도 언론인으로서의 사명감과 진실을 말하는 용기를 잃지 않았다. 자서전 『역정』을 보면 수줍음이 많은 사람이며 무서울 정도로 예민하고 날카로운 자기 성찰의 능력을 지닌 지식인이었다. 연세가 많이 드신 후에는 절필을 공개 선언하고 물러나 세상을 떠날 때까지 사회적 발언을 삼가셨다.

『전환시대의 논리』 제5부에 실린 「기자 풍토 종횡기」라는 수필은 원래 월간 〈창조(創造)〉 1971년 9월호에 기고한 글이다. 그런데 지금 읽어도 독자로 하여금 옷깃을 여미고 자신의 일상을 돌아보게 만드는 힘을 지니고 있다. 놀라운 일이다.

> 기자는 수습 또는 견습이라는 '미완성'의 자격으로서도 출입처에 나가면 위로는 대통령, 장관, 국회의원, 은행 총재로부터 아래로는 국장, 부장, 과장들과 동격으로 행사하게 된다. 그들이 취재 대상의 하부층과 접촉하는 기회는 오히려 드물다. 장관이나 정치인이나 사장, 총재들과 팔짱을 끼고

청운각(淸雲閣)이니 옥류장(玉流莊)이니 조선호텔 무슨 라운지니 하면서 기생을 옆에 끼고 흥청댈 때, 그 기자는 일금 1만 8000원 또는 고작해서 일금 3만 2000원이 적힌 사내 사령장(辭令狀)을 그날 아침 사장에게서 받을 때의 울상을 잊고 만다.

점심은 대통령 초대의 주식(晝食), 그것이 끝나면 은행 총재의 벤츠 차에 같이 타고 무슨 각(閣)의 기생 파티에서 최신 유행의 트로트 춤을 자랑하고 이튿날 아침은 총리니 국회의장의 "자네만 오게"라는 전화에 회심의 미소를 지으면서 참석하는 꿈이 남아 있다. 이런 기회는, 많고 적고의 차이는 있지만 출입처에 나간다는 기자에게는 반드시 있다.

처음에는 어색하고 어울리지 않거나 돼먹지 않았다고 생각하던 기자도 얼마쯤 혼탁한 물에서 헤엄치다 보면 의식이 달라진다. 면역이 된다. (……) 여러 해가 걸리는 것이 아니다. 어제 수습기자로서 선배 기자들의 무력과 타락과 민중에 대한 배반을 소리 높이 규탄하던 사람이 내일은 벌써 "골프는 결코 사치가 아니야. 건전한 국민 오락이야"라는 말을 하기 시작한다. (……) 여기서부터 그의 의식구조와 가치관은 지배계급의 그것으로의 동화 과정을 걷는다.

고등학교를 남의 집의 눈총밥으로 마쳤다는 사실이나 갖은 수모를 겪으면서 고학으로 대학을 나온 어제의 불우를 잊어버리는 것은 그 개인의 문제이기에 크게 탓하지 않아도 좋다. 문제는 부장이 되고 국장이 된 그의 머리에서 기획되는 특집 기사가 '매니큐어의 예술'이니 '바캉스를 즐기는 법' 따위로 나타나는 것이다.

그러다가 논설위원이 되거나 평론의 한 편이라도 쓸 때면 '학생의 본분은 공부만 하는 것, 현실은 정부에게 맡기기를' 따위가 아무 저항감 없이 나오게 된다. 서울의 종합병원의 환자가 레지던트 파업으로 하루이틀 치료를 못 받는 것에 격분하는 기자는 이 나라의 1342개 면이 의사 없는 무의촌이라는 사실에는 관심이 없다. 그 많은 농촌에서 일생 동안 의술이라는 현대 문화의 혜택을 거부당한 채 죽어가는 백성이 왜 있어야 하느냐의 문제를 사회의 체제와 결부해서 생각해볼 리 없다. (……) 모든 것이 '가진 자'의 취미와 입장에서 취재되고 기사화된다. '지배하는 자'의 이해와 취미에서 신문은 꾸며진다.

그렇게 하기 위해서 가진 자와 지배하는 자는 대연각(大然閣)의 음밀한 방에서 나오면서 이(李) 기자의 등을 다정하게 두드린다. "역시 이완용 기자가 최고야, 홍경래 기자는 통 말을 알아듣지 못한단 말이야." 그러고는 득의만면해서 돌아서는 이완용 기자의 등 뒤에서 눈을 가늘게 하여 회심의 웃음을 짓는다.

국민의 소시민화, 백성의 우민화, 대중의 오도(誤導)라고 말하는 학생들의 비난이 전적으로 옳다고는 할 수 없지만 전적으로 부인할 용기를 가진 기자가 몇 사람이나 될지 의심스럽다. 『전환시대의 논리』, 379~381쪽

이 글을 가슴에 새겨야 할 사람이 어디 기자뿐일까. 밑바닥에서 꼭대기까지 온 사회가 물신숭배(物神崇拜)의 광풍에 휩쓸려 들어간 지금, 제대로 사람답게 살려는 의지를 조금이라도 가진 사람이면 누구나 새겨야 할 말이다. 언론 자유가 신문사 사주의 독점적 특권이 되고, 언론사가 사회의 목탁이 아니라 세습적 권력이 되고, 기자가 언론인이 아

니라 기업의 직원처럼 행동하는 시대가 되고 보니 이 글이 더 귀하게 다가온다.

리영희 선생은 1964년 남북한 유엔 동시 가입 관련 특종기사를 썼다가 반공법 위반 혐의로 구속되었다. 이 사건을 시작으로 박정희―전두환―노태우 대통령으로 이어지는 30년 권위주의 체제 아래서 무려 아홉 번 체포되었고, 다섯 번 징역형을 받았으며, 직장이던 언론사와 대학에서 각각 두 번씩 쫓겨났다. 이 모두가 헌법이 보장한 언론 자유를 실제로 실현하기 위해 벌인 취재와 집필 활동 때문에 빚어진 일이었다. 2010년 타계하신 후 출범한 리영희재단은 공정하고 책임 있는 언론을 북돋우기 위해 선생을 기리는 사업을 이어가고 있다.

지식인은 무엇으로 사는가. 리영희 선생은 말한다. 진실, 진리, 끝없는 성찰, 그리고 인식과 삶을 일치시키려는 신념과 지조. 진리를 위해 고난을 감수하는 용기. 지식인은 이런 것들과 더불어 산다. 선생의 글을 다시 읽으니 선생이 내게 묻는다.

너는 지식인이냐. 너는 무엇으로 사느냐. 너는 권력과 자본의 유혹 앞에서 얼마나 떳떳한 사람이었느냐. 관료화한 정당과 정부 안에서 국회의원·장관으로 일하는 동안 비판적 지성을 상실했던 적은 없었느냐. 성찰을 게을리하면서 주어진 환경을 핑계 삼아 진실을 감추거나 외면하지 않았느냐. 너는 언제나 너의 인식을 바르게 하고 그 인식을 실천과 결부시키려고 최선을 다하고 있느냐.

부끄럽다. 당당하게 대답할 수가 없다. '사상의 은사' 앞에 서는 것이 정녕 이토록 두려운 일인가.

03 ; 청춘을 뒤흔든 혁명의 매력

카를 마르크스·프리드리히 엥겔스, 『공산당 선언』

대학 생활 첫해가 거의 저물어가던 1978년 가을. 감시, 도청, 압수 수색, 예비검속 등 막바지에 다다른 유신 정권의 학생운동 탄압이 절정으로 치닫던 시절이다. "독재타도 민주쟁취" 같은 '악성 유언비어'를 담은 '불온 유인물'을 뿌리고 다녔던 선배들의 자취방이 관악경찰서 정보과 형사들에게 포착되었다. 선배들은 형사들이 들이닥치기 전에 '범죄의 증거'를 신속하게 '인멸'해야 했다. 중앙정보부와 공안 검사들이 '불온서적' 또는 '이적(利敵) 표현물'로 지정한 책들은 그것을 보유했다는 사실만으로도 유력한 '범죄의 증거'가 될 수 있었기 때문이다. 그 '범죄의 증거' 가운데 한 뭉치가, 그것도 하필이면 붉은색 보자기에 싸여, 봉천동 고개 꼭대기 달동네에 있던 내 자취방으로 망명을 왔다.

"풀어보지 말고 보관만 잘해!" 선배는 이렇게 당부했지만 호기심을 억누를 수 없었다. 그날 밤 손바닥만 한 창문을 담요로 가리고 작은 스탠드만 켜는 '짝퉁 등화관제'를 실시한 가운데 문제의 붉은색 보자기를 풀었다. 거기에 그것이 있었다. 인류 역사에서 가장 유명한 정치 선언문. 한때 지구 표면의 절반이나 되는 지역에서 종교 경전의 자리를 빼앗았던 '신성한 책'. 지구 표면의 다른 절반에서는 그것을 읽었다는 이유만으로도 십자가 화형에 처할 수 있었던 '위험한 책'. "Manifesto of the Communist Party!" 영문판 『공산당 선언』이었다. 나는 다른 책들은 다시 묶어 책상 아래에 밀어 넣은 다음, 침침한 스탠드 불빛 아래 엎드려 숨소리도 내지 않고 밤새도록 그 '선언'을 읽었다. 마치 조각배를 타고 거센 너울 일렁대는 바다에 나간 것처럼 속이 울렁거렸다.

영혼을 울린
정치 선언문

돌이켜 보면 우습다. 그게 뭐라고, 그렇게 '목숨 걸고' 읽었을까? 『공산당 선언』 전문(全文)을 구하려고 인터넷 포털 사이트 검색창에 "공산당 선언"을 쳤다. 길게 갈 것 없었다. "공산"까지 치니 벌써 자동 완성 창이 "공산당 선언"을 보여준다. 클릭 한 번에 수도 없이 많은, 『공산당 선언』 관련 정보를 담은 블로그와 카페와 웹문서가 뜬다. 한국어 위키백과 '공산당 선언' 항목에는 한국어·독일어·영어로 전문을 보여주는 링크가 걸려 있다. 한국어 링크를 클릭하면 『공산당 선언』 텍스트와 함께 에스페란토로 부르는 국제 공산주의 운동 공식 혁명가 〈인터내셔널〉 합창이 흘러나온다. 멋진 세상이다. 1980년대까지만 하더라도 대한민국에서 『공산당 선언』을 읽거나 〈인터내셔널〉을 노래하는 행위가 국가보안법을 위반하는 중대 범죄였다는 사실을 믿기 어렵다.

'무릇 정치적 선언문은 이래야 한다.' 『공산당 선언』에서 받았던 첫 느낌이다. 『공산당 선언』은 소리 내어 읽고 싶은 충동을 불러일으킨다. 사실 큰 소리로 읽으면 맛이 더 난다. 제일 좋은 건 독일어판이다. 저자들의 모국어가 독일어여서 운율이 살아 있다. 독일 말 특유의 자음 된소리와 모음 장단이 어우러져 강력한 울림을 준다. 영어판도 저자들이 직접 쓴 것이라 읽는 맛이 괜찮다. 한국어판은 여러 버전이 있는데 아쉽게도 대체로 좋지가 않다. 카를 마르크스(Karl Marx)와 프리드리히 엥겔스(Friedrich Engels)라는, 엄청난 무게를 가진 저자들의 권위에 기가 질려서 그런지, 마치 정치 선언문이 아니라 사회과학 논문을 번역한 것처럼 읽기가 답답하다. 뜻이 제대로 통하기만 한다면 힘 있고 선동적인 문장으로 의역(意譯)하는 게 좋겠다 싶다.

『공산당 선언』은 포악한 권력의 무자비한 압제와 넘어설 수 없는 절대 빈곤의 장벽에 절망한 사람에게 힘과 용기를 준다. 무거운 현실에 짓눌려 숨이 넘어가는 영혼을 일으켜 세우고 생기를 불어넣는다. 억압과 차별을 철폐하기 위해 연대하고 투쟁하는 것이, 단지 자기 자신의 행복을 도모하는 이기적인 행위가 아니라, 인간에 의한 인간의 착취를 종식하고 역사와 문명의 승리를 앞당기는 거룩한 행위가 된다는 신념은 얼마나 매력적인가! 『공산당 선언』을 읽는 동안 가슴이 쉬지 않고 두근거렸다. 19세기 유럽의 청년 지식인과 노동자들이 이 선언문을 어떻게 받아들였을지 굳이 설명할 필요가 없을 것이다. 우리는 지금 사회주의혁명, 그 영광과 좌절의 역사를 알지만 그때는 그렇지 않았다.

그것은 생각하는 것만으로도 숨 막히는 찬란한 이상이었다.

다음은 『공산당 선언』의 멋들어진 첫 문장이다. 영어와 독일어 버전을 함께 옮겨두었다. 소리 내어 읽으면 분위기를 제대로 느낄 수 있다. 이 글에 나오는 『공산당 선언』 인용문은 모두 독일어판 텍스트에서 발췌해 나름으로 번역한 것임을 밝혀둔다.

하나의 유령이 유럽을 배회하고 있다. 공산주의라는 유령이. 낡은 유럽의 모든 권력들이, 교황과 차르, 메테르니히와 기조, 프랑스 급진파와 독일 비밀경찰이, 이 유령을 사냥하기 위한 신성동맹을 체결했다. 권력을 쥔 적대 세력에게 공산당 같다고 비난받지 않은 야당이 어디 있으며, 더 진보적인 야당과 반동적인 적에게 공산주의라는 비난의 화인(火印)을 되던 지지 않는 야당이 어디 있는가?

A spectre is haunting Europe — the spectre of communism. All the powers of old Europe have entered into a holy alliance to exorcise this spectre: Pope and Tsar, Metternich and Guizot, French Radicals and German police-spies. Where is the party in opposition that has not been decried as communistic by its opponents in power? Where is the opposition that has not hurled back the branding reproach of communism, against the more advanced opposition parties, as well as against its reactionary adversaries?

Ein Gespenst geht um in Europa—das Gespenst des Kommunismus. Alle Mächte des alten Europa haben sich zu einer heiligen Hetzjagd gegen dies Gespenst verbündet, der Papst und der Zar, Metternich und Guizot, französische Radikale und deutsche Polizisten. Wo ist die Oppositionspartei, die nicht von ihren regierenden Gegnern als kommunistisch verschrien worden wäre, wo die Oppositionspartei, die den fortgeschritteneren Oppositionsleuten sowohl wie ihren reaktionären Gegnern den brandmarkenden Vorwurf des Kommunismus nicht zurückgeschleudert hätte?

"권력을 쥔 적대 세력에게 공산당 같다고 비난받지 않은 야당이 어디 있으며", 이 대목에서 나는 무릎을 탁 쳤다. 마르크스와 엥겔스가 『공산당 선언』을 발표한 1848년 유럽이 아니라 1978년 대한민국의 현실을 말하는 것 같았기 때문이다. 이승만 정권, 박정희 정권, 그리고 그 뒤를 이은 전두환 정권은 민주주의와 인권 회복을 요구하는 학생운동과 민주화 운동을 "북한 공산당의 조종을 받는 반체제 투쟁"이라고 규정했다. 북한과 연관되어 있다는 증거를 찾지 못하면 '자생적 공산주의자'라고 했다. 납북되었다 풀려난 죄 없는 어민들과 반정부 인사들을 불법 구금하고 고문하여, 있지도 않은 간첩단 사건을 시도 때도 없이 만들어냈다.

힘없는 시민만 그렇게 당한 게 아니었다. 정당의 총재도 소위 '용공조작'의 마수를 피하지 못했다. 특히 1971년 대통령 선거에서 사실상 승리를 거두었던 야당 지도자 김대중 씨에게 집요하게 공산주의자 혐의를 씌웠다. 일본에서 납치해 죽이려 했고, 집 밖으로 나갈 수 없도록 불법 연금했으며, 군사재판에 회부해 사형선고를 하기까지 했다. 미얀마 군사정권이 아웅 산 수 치(Aung San Suu Kyi) 여사에게 가한 탄압과 똑같은 짓을 한 것이다. 21세기에 들어선 지 24년이 되어서도 대통령이 야당을 '공산전체주의'라거나 '종북 반체제세력'이라고 비난하면서 비상계엄을 선동하고, 무장병력을 보내 국회를 봉쇄하고 국회의원을 체포하려 했다.

사상의 자유는 인류 문명이 최근에 이룩한 성취다. 대한민국에서는 아직도 사상의 자유가 온전히 보장되지 않고 있다. 인류 역사에서 사상의 자유를 가장 철저하게 말살한 인물이 둘 있다. 법가의 책만 빼고 제자백가의 모든 책을 불태웠던 진시황, 그리고 허가한 것만 빼고 공공 도서관의 모든 책을 불태웠던 히틀러다. 유사 이래 인간이 만든 모든 권력은 사상의 자유를 억압하고 제약했다. 정도의 차이가 있었을 뿐이다. 지금 두려움 없이 『공산당 선언』을 읽는 나는 행복하다. 거기에서 진리를 찾을 수 있어서가 아니다. 오류를 담은 책을 마음대로 읽을 자유가 있어서다.

박제된 혁명 교과서의
비애

『공산당 선언』은 단순한 정

치적 선동문이 아니다. '역사적(歷史的) 유물론(historical materialism)' 또는 '유물사관(唯物史觀)'의 토대 위에서 공산주의 혁명의 필연성을 논증한 기념비적 저작이다. '역사적 유물론'이라는 용어는 마르크스가 아니라 후대의 마르크스주의자들이 만들었다. 천재가 새로운 것을 창조하면 그것을 도식화하고 해설하는 일로 삶을 영위하는 이데올로그가 뒤따라 나오기 마련이다. 그런데 이데올로그의 해설이 천재의 원전을 능가하기는 어렵다. 단지 뛰어넘지 못하는 게 아니라 원전을 왜곡하는 경우도 많다. 수많은 마르크스주의 '교과서'들이 그런 오류를 저질렀다.

그해 가을 울렁증을 참아가며 『공산당 선언』을 읽은 후, 나는 마르크스주의 경제학과 역사학을 좀 더 깊이 이해하고 싶은 욕심에 해설서를 여럿 읽었다. 대개 영어나 일본어로 나왔는데 한글로 번역된 것도 더러 있었다. 나중에 알았지만, 그 해설서들은 니키타 흐루쇼프(Nikita Khrushchyov)가 서기장이던 1960년대 초 소련공산당 중앙위원회 산하 과학아카데미와 옛 동독 과학아카데미의 이데올로그들이 쓴 '국정교과서'였다. 이 책들은 스탈린 개인숭배는 탈피했지만 공산당 일당독재와 전체주의 체제를 옹호하는 점에서는 별로 달라진 바가 없는 교과서로, 직접 썼는지는 모르겠지만 어쨌든 스탈린이 레닌 사후 후계자 다툼을 벌이면서 당원 교육교재로 정리했던 『레닌주의의 기초』(1924)와 『레닌주의가 제기한 문제에 대하여』(1926)에 이론적 근거를 두고 있었다. 사회주의국가의 '국정교과서'들이 제공한 유물사관 해설을 『브리태니커 백과사전』은 다음과 같이 요약했다.

인간은 사회적 생산에서 자기의 뜻과 상관없이 정해진 필연적인 관계, 즉 물질적 생산력의 일정한 발전 단계에 조응(照應)하는 생산관계(生産關係)에 놓이게 된다. 이 생산관계의 총체가 사회의 경제적 토대를 이루고, 그 위에 법적·정치적 상부구조가 만들어지며 사회적 의식이 형성된다. 물질적 생활의 생산양식이 사회적·정치적·정신적인 생활 과정 전반을 제약한다. 인간의 의식이 존재를 규정하는 것이 아니라 사회적 존재가 의식을 규정하는 것이다. 사회의 물질적 생산력이 발전하는 과정에서 생산관계가 생산력의 발전을 저해하는 질곡(桎梏)으로 변해버리면 바로 사회혁명의 시대가 도래한다. 경제적 토대의 변화와 더불어 거대한 상부구조 전체가 서서히 또는 급격히 전복되는 것이다.

그토록 심혈을 기울여 읽을 만한 가치가 없었다. 지금은 읽는 사람이 거의 없다. 이 교과서들은 소련·동유럽 사회주의 체제가 무너진 후 공공 도서관에서 퇴출되어 종이 재생 공장으로 실려 가는 비운을 맞았다. 언제 어디서나 교과서는 권력 집단의 지배 이념과 도그마를 전파하는 못난 책이 되기 쉬운데, 교과서가 못난 정도는 동서고금을 막론하고 권력의 독선과 독주에 정비례하는 경향이 있다. 일본 정부의 역사 교과서 왜곡 사건, 이명박 정부의 한국 현대사 교과서 강제 수정 사건, 박근혜 정부의 역사 교과서 국정화 시도를 돌아보라.

앞에서 본 교과서의 해설은 원전보다 더 이해하기 어려웠다. 원전이 너무 뛰어나면 해설이 인기를 모으기 어려운 법이다. 마르크스와 엥겔스는 『공산당 선언』에서 자신들의 역사철학을 다음과 같이 유려한 문장으로 펼쳐냈다.

지금까지 모든 사회의 역사는 계급투쟁의 역사였다. 자유민과 노예, 귀족과 평민, 영주와 농노, 길드의 장인과 도제, 요컨대 언제나 적대적인 억압자와 피억압자가 때로는 은밀하게 때로는 공공연하게 끊임없이 투쟁한 바, 이 투쟁은 사회 전체의 혁명적 개조로 끝나거나 투쟁하는 계급들의 공도동망(共倒同亡)으로 종결되었다.

부르주아계급의 발전은 각각의 단계마다 그에 상응하는 정치적 진보를 동반했다. 봉건영주의 지배 아래서는 피억압자 신분이었고, 코뮌에서는 무장한 자치 조직이었으며 (……) 매뉴팩처 시대에는 신분제 또는 절대왕정의 귀족에 맞서는 대항 세력, 즉 군주 국가 일반의 주요 토대였던 부르주아지는 대공업과 세계시장이 형성된 이후 현대의 대의제 국가에서 마침내 독점적 정치 지배권을 쟁취했다. 현대의 국가권력은 부르주아계급 전체의 일상사를 처리하는 위원회에 지나지 않는다.

부르주아지는 자신이 지배하는 곳 어디에서나 모든 봉건적, 가부장적, 목가적(牧歌的) 인간관계를 파괴했다. 부르주아지는 사람을 타고난 상전과 묶이게 했던 잡다한 봉건적 유대를 냉정하게 끊어버렸다. 그리하여 사람과 사람 사이에는 벌거벗은 이해관계와 비정한 '현찰 계산' 말고는 아무런 유대도 남지 않게 되었다. 부르주아지는 경건한 광신, 기사적(騎士的) 열광, 속물적 감상과 같은 성스러운 황홀경을 이기적인 타산이라는 차디

찬 얼음물에 익사시켜버렸다. 부르주아지는 인간의 존엄성을 교환가치로 대체했으며, 문서로 보증되고 정당하게 획득한 수많은 자유가 있던 자리에 단 하나 양심 없는 거래의 자유를 세웠다. 한마디로 부르주아지는, 종교적 정치적 환상에 가려져 있던 착취를 공공연하고 파렴치하며 직접적이고도 잔혹한 착취로 바꾸어놓은 것이다.

그들이 주장한 바는 분명하다. 사회는 이해관계를 달리하는 적대적인 계급으로 구성되어 있으며, 이 계급들 사이의 투쟁이 역사를 변화시키는 동력이다. 예전의 사회가 그랬던 것처럼 자본주의사회에도 적대적인 계급이 있다. 생산수단 또는 자본을 소유한 부르주아계급(부르주아지)과 자본을 소유하지 않은 프롤레타리아계급(프롤레타리아트)이다. 자본주의사회는 서로 투쟁하는 이 적대적인 두 계급의 통일체다. 마르크스는 이 투쟁에서 프롤레타리아트가 승리함으로써 인간에 의한 인간의 착취를 영원히 끝낼 것이라고 했다. "계급투쟁의 역사"였던 "지금까지 모든 사회의 역사"가 종말을 고하고, 계급도 계급투쟁도 없는 '공산주의 천년왕국'이 도래한다는 것이다. 영국이나 독일 같은 개별 국가뿐만이 아니라 온 세계가 그렇게 될 것이라고 마르크스는 확언했다.

마르크스와 엥겔스는 『공산당 선언』에서 확신의 근거를 다음과 같이 제시했다. 이 대목을 읽노라면 마르크스에게 '세계화(glob-alization)'라는 현대적 용어에 대한 지적 소유권을 부여해도 무리가 없겠다는 생각이 든다.

부르주아지는 세계시장을 이용하여 모든 나라의 생산과 소비를 범세계적인 것으로 만들었다. 반동 세력에게는 매우 비통한 일이었지만, 부르주아지는 산업의 민족적 지반을 발밑에서부터 허물어버렸다. 케케묵은 민족 산업은 이미 궤멸되었거나 날마다 궤멸되고 있다. 이 민족 산업은 현지 원료가 아니라 지구의 가장 먼 곳에서 운반해 온 원료를 가공하고 그 나라 안에서뿐만 아니라 세계 각지에서 소비되는 공산품을 만드는 새로운 산업에 밀려나고 있으며, 이 새로운 산업을 도입하는 데 모든 문명국가의 사활이 걸려 있다.

국산품으로 충족되었던 전통적 수요 대신에, 아주 멀리 떨어져 있으며 풍토도 아주 다른 여러 나라에서 온 생산물이 아니면 채워질 수 없는 새로운 수요가 생겨난다. 낡은 지방적 민족적 자족과 고립을 국가들 사이의 전방위적 교류와 전면적 상호 의존이 대체한다. 물질적 생산뿐만 아니라 정신적 생산도 그렇다. 개별 국가의 정신적 생산물은 세계의 공동 자산이 된다. 민족적 일면성과 배타성을 유지하기가 갈수록 어려워지고 수많은 민족과 지방의 문학이 하나의 세계 문학으로 모여든다.

부르주아계급이 존재와 지배를 보장하는 본질적인 조건은 사적인 부의 축적, 자본의 증식과 축적이다. 자본의 존재 조건은 임금노동이며, 임금노동은 전적으로 노동자들 사이의 경쟁으로 인해 유지된다. 부르주아지로서는 의지나 소망과 무관하게 추진할 수밖에 없는 산업의 발전 때문에 서로 경쟁하면서 고립되어 있던 노동자들이 결사(結社)를 통해 혁명적인 단결을 이루게 된다. 이처럼 대공업의 발전과 더불어 부르주아지가 생산물을 만들고 점유하는 기반 그 자체가 부르주아지의 발밑에서 무너져 내린다. 부르주아지는 다른 무엇보다도 자기의 사형집행인을 만들어내는 것이다. 부르주아지의 멸망과 프롤레타리아트의 승리는 둘 모두 피할 수 없다.

정치권력은 원래부터 한 계급이 다른 계급을 억압하기 위해 조직한 폭력이다. 만일 프롤레타리아트가 부르주아지와 싸우면서 불가피하게 하나의 계급으로 결속한다면, 혁명을 통해 스스로를 지배계급으로 만든다면, 그리하여 지배계급으로서 낡은 생산관계를 폭력적으로 폐지한다면, 결국 이러한 생산관계와 함께 계급 대립의 존재 조건을, 계급이라는 것 자체를, 종국적으로 자기 자신의 계급적 지배까지도 철폐하게 된다. 계급과 계급 대립이 존재하던 낡은 부르주아사회가 있던 자리에, 한 사람 한 사람의 자유로운 발전이 만인의 자유로운 발전이 되는 연합체가 들어서는 것이다.

이러한 확신이 있었기에 마르크스와 엥겔스는 공산주의에 대한 모든 비난과 비판을 일일이 반박한 다음 이렇게 호언장담했다. 『공산당선언』의 마지막 단락이자 결론에 해당하는 이 말을 공산주의 혁명가들은 물리적 힘의 사용을 정당화하는 근거로 들었다.

공산주의자는 자신의 견해와 의도를 감추는 것을 경멸받을 일로 간주한다. 공산주의자는 현존하는 모든 사회질서를 폭력적으로 타도함으로써

만 자기의 목표를 이룰 수 있음을 공공연하게 선포한다. 지배계급들로 하여금 공산주의 혁명 앞에서 전율하게 하라. 프롤레타리아가 혁명에서 잃을 것은 쇠사슬뿐이요, 얻을 것은 온 세계다. 모든 나라의 프롤레타리아여, 단결하라!

나는 『공산당 선언』과 『자본론』을 비롯해 마르크스가 쓴 여러 원전과 그에 대한 해설서를 읽어보았다. 카를 카우츠키, 루돌프 힐퍼딩, 블라디미르 일리치 레닌, 이오시프 스탈린, 마오쩌둥, 안토니오 그람시 등 다른 공산주의자들의 책과 논문도 적잖게 읽었다. 1980년 연말에 선배와 친구 100여 명이 잡혀간 소위 '무림(霧林) 사건'이라는 조직 사건이 일어났는데, 나는 강원도 화천 백암산 근처 철책 대공초소에 있다가 졸지에 서빙고동에 있던 보안사 대공분실로 끌려갔다. 그때 "간첩인지 아닌지 척 보면 안다"라는 베테랑 수사관이 나를 가리켜 '자생적 마르크스-레닌주의자'라고 했다. 간첩은 아니라는 말이라, 마음속으로 큰절을 했다. 그런데 나는 금서(禁書)를 그렇게 읽고서도 '마르크스-레닌주의자'가 되지는 못했다. 나중에는 주체사상 관련 책도 여럿 읽었지만 '김일성주의자'나 '주사파(主思派)'가 되지도 못했다.

역사에는
종말이 없다

무슨 파(派)가 되기에는, 의

심이 너무 많은 것 같다. 그래서일까, 종교도 없다. 마르크스주의자가 되지 못했으며 주사파가 되지도 못했다. 『공산당 선언』과 '역사적 유물론'에 대한 책을 읽으면서 두 가지, 그 책들이 대답해주지 않았던 의문을 가졌다. 하나는 이론적인, 또 하나는 경험에 근거를 둔 의문이었다.

첫째는 '역사적 유물론'이 가지고 있는 논리적 모순이다. '역사적 유물론'의 철학적 바탕은 '변증법적 유물론'이다. 이 철학에 따르면 물질세계는 관념에 우선하며 관념과 상관없이 객관적으로 존재한다. 물질세계의 본질은 운동이고, 그 운동이 야기하는 양적 질적 변화다. 운동의 동력은 사상(事象) 내부에 통일되어 있는 대립물의 투쟁이다.

이 철학을 역사 이론에 적용해보자. 사회는 적대적인 계급의 통일이다. 사회와 역사 발전의 동력은 적대적인 계급 사이의 대립과 투쟁이다. 그런데 프롤레타리아트가 혁명을 일으켜 지배계급이 된 다음, 계급 지배의 도구인 국가권력을 동원하여 모든 자본주의 생산관계를 철폐함으로써 계급과 계급투쟁, 그리고 계급 지배의 도구인 국가 그 자체까지 소멸시켜버린다면, 결국 공산주의 혁명은 역사 발전의 동력을 제거하고 역사 그 자체를 영원히 종식시키는 최후의 역사적 사건이 될 수밖에 없다. 논리적으로 그렇다.

만약 마르크스의 역사법칙이 하나의 '법칙'이라면 보편적 타당성을 가져야 한다. 언제 어디서나 참이라야 법칙이 될 수 있다. 그런데 공산주의 혁명의 도래를 필연으로 만드는 역사법칙이 그 혁명 이후에는 역사의 종말을 필연으로 만든다면 그 법칙은 법칙이 될 수 없다. 공산주의 혁명 이후에는 적용할 수 없는 법칙이라면 보편적 타당성이 없는 것이며, 따라서 그것을 법칙이라 부를 수 없는 것이다. 나는 함께 공부하던 친구들과 이 문제를 토론했지만 뚜렷한 결론을 얻지 못한 채 '겸손한 미봉책'으로 문제를 덮어버렸다. "우리는 아직 공부가 부족한 대학생이고 자료가 부족해 확실한 해결책을 찾지는 못했지만, 이 문제에 유념하면서 더 공부해보기로 한다."

더 공부하고 경험한 시점에서 나는 그때와는 다른 결론을 내렸다. 법칙에 따라 일어나기로 예정된 혁명은 없다. 마르크스의 역사 이론 그 자체는 저마다의 강점과 약점을 가진 다른 많은 이론들처럼 훌륭하며, 사실 어떤 다른 이론보다 더 훌륭하다고 할 수 있다. 문제는 이론가 마르크스가 아니라 혁명가 마르크스에게 있었다. 역사법칙에 따라 공산주의 혁명이 일어난다 할지라도, 그 내부에서 새로운 계급과 계급투쟁이 발생함으로써 역사는 계속될 것이라고 그가 말했다면, 공산주의 혁명을 위해 목숨을 걸 사람은 훨씬 줄어들었을 것이다. 혁명가 마르크스는 자기가 원하는 세상의 변화를 보고 싶은 나머지 이론가 마르크스를 망가뜨렸고, 이론가 마르크스는 결과적으로 대중을 속인 셈이 되었다.

둘째는 인간의 본성에 관한 것이었다. 마르크스는 프롤레타리아 혁명이 결국에는 인간 사회를 "한 사람 한 사람의 자유로운 발전이 만인의 자유로운 발전이 되는 연합체"로 만들 것이라고 했다. 하지만 나는 인간이 과연 그런 사회를 만들 수 있는 존재인지 의심했다. 사회적 연대 의식과 사명감만으로 살아갈 수 있는 사람이 있을까? 더러 있기는 할 것이다. 그러나 우리가 보는 보통의 사람들은 대부분 그것만으로는 살지 못한다. 일시적으로 그렇게 할 수 있다 할지라도 영원히 그렇게 살지는 못한다. 이기적 욕망 추구를 부정하고 자유로운 개성의 발현을 극도로 억압하는 사회는 오래 지속되기 어려우며, 지속된다 하더라도 좋은 사회라고 말하기 어렵지 않을까.

이 의문에 대한 답을 찾으려고 옛 소련에서 '사회주의 리얼리즘'의 걸작이라고 자랑한 소설과 북한 사회에 관한 정보를 담은 문헌들을 손 닿는 대로 구해 읽었다. 예컨대 니콜라이 오스트롭스키(Nikolai Ostrovskii)의 『강철은 어떻게 단련되었는가』, 미하일 숄로호프(Mikhail Sholokhov)의 대하소설 『고요한 돈강』, 김정일의 「주체사상에 대하여」 같은 것이다. 결론은 그다지 유쾌하지 않았다. 공산주의·사회주의 이상은 훌륭할지 몰라도, 그 이상을 추종한 사람들이 만들어놓은 세상은 졸작이었다. 이상이 아무리 좋아도 적절한 방법을 찾지 못하면 소용이 없는 것이다.

마르크스는 유럽의 가장 발전한 산업국가에서 프롤레타리아트가 권력을 장악할 경우 실시해야 할 기본 정책 열 가지를 제안했다. 그런데 알다시피 혁명이 일어난 곳은 영국과 프랑스처럼 발전한 산업국가가 아니라 러시아와 중국처럼 아직 산업 프롤레타리아트가 제대로 형성되지도 않은 후진국이었다. 레닌과 스탈린, 마오쩌둥은 소련과 동유럽, 중국 등지에서 『공산당 선언』의 처방을 거의 그대로 시행했다. 다음이 마르크스의 처방을 요약한 것이다.

1. 토지 몰수와 국유화

2. 고율의 누진세

3. 상속권 폐지

4. 망명자와 반역자 재산 몰수

5. 금융기관 국유화

6. 운송 수단 국유화

7. 국영 공장 확충과 토지 공동 이용

8. 의무 노동제 도입과 농업을 위한 군대 양성

9. 농업과 공업의 결합, 도시와 농촌 차이 해소

10. 아동 무상교육, 아동노동 폐지, 교육과 생산의 결합

19세기 유럽 자본주의국가의 노동 대중이 처했던 극단적 빈곤과 전적인 무권리 상태에 대한 마르크스의 분노에 공감한다. 우리나라 노동자들이 그에 버금가는 고난을 겪는 것을 나는 보았다. 또한 인간에 의한 인간의 착취를 종식할 방법을 모색한 그의 집요한 노력에 경의를 표한다. 오늘 우리가 누리고 있는 노동권과 사회권은 마르크스와 같은 이상주의자 혁명가들의 노고에 힘입은 바 크다고 생각한다. 그러나 생산수단의 국유화를 핵심으로 하는 중앙 통제식 계획경제와 일당독재는 사회를 "한 사람 한 사람의 자유로운 발전이 만인의 자유로운 발전이 되는 연합체"를 만드는 적절한 방법이 될 수 없다.

결론적으로 '과학적 사회주의'를 선보인 『공산당 선언』은 과학의 옷을 입은 역사 종말론이 되었다. 마르크스가 예언한 '천년왕국'은 오지 않을 것이다. 그의 역사 종말론은 인류 자체의 종말이 찾아들 때까지 실

현되지 않은 예언으로 남을 것이다. 다른 모든 종말론이 그런 것처럼.

그러나 마르크스가 모든 점에서 틀리지는 않았다. 마르크스의 이론은 자본주의 비판 이론으로서 가치와 생명력을 유지하고 있다. 세계화, 글로벌 시장, 금융 독점자본의 출현, 주기적으로 되풀이되는 금융 위기와 산업공황, 끝없이 실업자와 산업예비군을 만들어내는 노동 절약형 기술혁신, 심화되는 노동자들 사이의 경쟁……. 비록 적절한 해법을 제시하는 데 실패했다 할지라도, 마르크스는 우리에게 인간의 삶을 위협하는 자본주의 경제체제의 어두운 그림자를 직시하라고 말한다. 어찌 고맙고 귀하지 아니한가.

04 ; 불평등은 불가피한
         자연법칙인가

토머스 맬서스,
『인구론』

과학과 문명의 발전에 매우 큰 영향을 준 중요한 책들이 있다. 너무나 널리 알려져 있어서 어느 정도 교육을 받은 사람이라면 누구나 그 핵심 내용을 안다. 여기저기 자주 인용되어서 실제로는 읽지 않고서도 읽은 것이나 다름없다고 여기거나 정말 읽은 것처럼 착각하기도 한다. 애덤 스미스(Adam Smith)의 『국부론』, 카를 마르크스와 프리드리히 엥겔스의 『공산당 선언』, 찰스 다윈의 『종의 기원』이 그런 책이다. 사람들은 이런 책을 '위대한 고전'이라고 한다. 토머스 로버트 맬서스(Thomas Robert Malthus)가 쓴 『인구론(An Essay on the Principle of Population)』도 "누구나 그 내용을 안다고 생각하지만 실제 읽은 이는 거의 없는 위대한 고전"이다. 다른 나라에서는 어떤지 모르겠지만, 오늘날 대한민국에는 『인구론』을 읽는 사람이 거의 없다.

그도 그럴 것이, 이 책의 초판이 출간된 2009년만 해도 헌책방이 아니면 『인구론』 번역본을 구입할 수 있는 곳을 찾기 어려웠다. 반갑게도 이후 『인구론』의 완역본이 새롭게 출간되었다(이서행 옮김, 동서문화사, 2011). 이 책을 처음 쓸 당시 내가 어렵사리 구한 책은 박영사에서 1977년에 발간한, 노랗게 색이 바랜 세 권짜리 문고판이다. 번역자는 당시 명지대학교 강사로서 이론경제학을 가르쳤던 이만수 박사다. 그가 번역한 책은 맬서스가 1826년 생애 마지막으로 손을 본 제6판이다. 이 글의 인용문은 모두 여기서 가져왔다. 이만수 박사의 문장이 너무 고색창연해 독자들에게 낯설어 보일 것 같아서, 1989년 퍼트리샤 제임스(Patricia James)가 초판부터 4판까지를 참고해 편집했고 영국 케임브리지 대학교 출판부가 발간한 영문판과 대조하여 어색한 부분을 일부 수정하였음을 밝혀둔다.

냉혹하고 기괴한 천재, 맬서스

맬서스의 인구이론을 한 문장으로 말하면 이렇게 된다. "인구는 기하급수적으로 증가하지만 식량은 산술급수적으로 증가한다." 먹지 않고 살 수 있는 인간은 없는 만큼, 이것이 사실이라면 어떤 방법으로든 인구 증가는 억제될 수밖에 없다. 그 '어떤 방법'에 포함되는 가장 유력한 항목이 바로 기근, 전쟁, 전염병이다. 식량이 부족해지면 사람들이 굶어 죽거나, 서로 죽이거나, 병들어 죽게 된다는 것이다. 이런 불행을 막으려면 인구 증가를 미리 억제해야 한다. 이것을 부정할 사람이 있을까? 아마도 없을 것이다. 그런데 맬서스는 누구도 부정할 수 없는 인구법칙을 발견한 업적 때문에 엄청난 비난을 받았다. 살아서뿐만 아니라 죽은 뒤에까지 이토록 강력한 비난을 받은 철학자는 아마도 마르크스밖에 없을 것이다. 두 천재는 정반대의 이유로 정반대 편에 선 사람들에게 더할 나위 없이 격한 비난을 받았다.

내가 맬서스에 대해 관심을 가지게 된 것은 홍익대학교 경제학과에 재직하셨던 고(故) 정윤형 선생의 『서양경제사상사연구』 덕분이었다. 정확하게 말하면 그 책에 실린 논문 「맬서스의 『인구론』과 사회경제사상」에서 다음과 같은 문장을 발견했기 때문이다.

> 이는 곧 맬서스가 인구문제를 제기한 것은 그 해결을 위한 것이 아니라 그 해결이 불가능한 것이므로 이를 방임하고 거기에서 발생하는 모든 빈곤과 악덕은 숙명적인 것으로 받아들여야 한다는 것을 특히 하층민들에게 설득하기 위한 것임을 말해준다. 즉 맬서스에 의하면 사회적 불평등과 하층민의 빈곤은 인구법칙이라는 자연법칙의 필연적인 결과로 된다. 따라서 하층민의 고통은 그들 스스로의 책임이며 이를 개선하려는 어떠한 노력도 자연의 질서를 거역하는 것이며 무위로 끝날 수밖에 없다는 것이다. 『서양경제사상사연구』, 70쪽

이 논문에서 정윤형 선생은 『인구론』 초판(1798)과 제2판(1803)을 일본 번역서에서 인용하였다. 여하튼 맬서스가 대중의 빈곤을 구제하려는 모든 노력을 비판하기 위해서 『인구론』을 집필했다는 것은 처음 듣는 이야기였고, 또 충격적이었다. 처음에는 반신반의했다. 설마 그럴 리가! 그런데 사실이었다. 『인구론』에서 맬서스 자신이 그렇게 말했다.

여기 인용하는 맬서스의 견해는 모두 제6판을 번역한 『인구론』(박영사, 1977)에서 발췌한 것이다. 200년 전 영국 귀족의 고색창연한 영어를 번역한 이만수 박사의 노고에 경의를 표하면서, 『인구론』 전체를 통틀어 가장 독창적이라고 할 수 있는 맬서스의 말을 인용한다.

생활 자료의 증가율이 어떠하든, 적어도 식량이 일단 생명을 유지하는 데 필요한 최소한도로 나누어진 후에는, 인구 증가가 식량에 의해 제한된다는 것은 명백한 진리다. 이러한 수준의 인구를 유지하는 데 필요한 식량을 초과해서 태어난 모든 어린이들은 어른들의 사망으로 여분이 생기지 않는 한 반드시 사망할 수밖에 없다. (……) 따라서 아무런 모순이 생기지 않도록 행동하기 위해서는, 사망률을 낮추는 일이나 자연의 작용을 저지하려는 어리석고 헛된 노력을 하기보다는 오히려 그것을 촉진하는 편이 좋을 것이다. 또 만일 끔찍한 기근이 너무나 자주 찾아오는 것을 피하려면 모름지기 다른 형태의 자연적 파괴 작용을 적극 촉진해야 할 것이다. 이를테면 가난한 사람들에게는 청결한 생활이 아니라 불결한 습관을 권하는 편이 좋다. 도시의 골목을 더 좁히는 한편, 많은 수의 인간을 좁은 가옥에 군집시킴으로써 페스트가 다시 찾아들도록 해야 한다. 또 시골에서는 썩은 물이 고인 웅덩이 근처에 마을을 세워 비위생적인 축축한 땅에다 집을 짓고 살도록 권유하는 것이 좋다. 그러나 무엇보다도, 흑독한 전염병에 대한 특수 요법을 배척하는 한편, 특별한 질병의 근절법을 고안함으로써 인류에게 공헌하고 있다고 생각하는, 자비롭기는 하지만 생각이 아주 잘못된 사람들을 배척해야 한다. 만일 이와 같은 또는 이와 유사한 방법으로 연간 사망률을 36 내지 40 대 1로부터 18 내지 20 대 1로 증가시킬 수만 있다면, 아마도 누구나 젊어서 결혼할 수 있을 뿐만 아니라 전적으로 극심한 기근 때문에 사망하는 사람도 별로 없게 될 것이다.「인구론 하」 168~169쪽

반어법을 쓴 것 같지만 그렇지 않다. 맬서스는 시종일관 진지하게 말했다. 굶어 죽는 사태를 예방하려면 전염병이 창궐할 수 있도록 하라고. 굶어 죽는 것보다는 병들어 죽는 것이 죽는 사람 본인에게나 보는 사람에게나 더 견디기 수월한 일로 보았던 모양인데, 이것이 의학적·사회학적·심리학적 견지에서 타당한지 나는 모르겠다. 어쨌든 맬서스는 전염병의 원인을 밝히고 특별한 퇴치법을 찾는 일에 헌신한 의사와 과학자를 다음과 같이 특별하게 비난했다. 한 가지 전염병을 퇴치하면 더 무서운 다른 전염병이 찾아들 수밖에 없는데도, 의사들이 헛된 짓을 하고 있다는 것이다.

원래 자연은 자기의 목적을 방해받지 않고 수행하며 이것은 또 본질적으로 방해할 수도 없는 것이다. 어떤 형태로든 반드시 사람이 죽을 수밖에 없게 되는데, 어떤 질병이 근절되는 것은 단지 더 치명적인 다른 질병이 발생할 징조에 불과하다. 빈곤이라는 강물은 한쪽을 막아버리면 반드시 다른 한쪽으로 물이 넘쳐흐르게 마련이므로, 이를 모면하려면 물을 딴 곳으로 퍼내는 수밖에 없다.「인구론 하」 169쪽

맬서스는 사회개혁을 지지하는 아버지 대니얼 맬서스 목사와 논쟁하는 과정에서 인구이론을 세웠다. 맬서스 목사는 아들의 논리가 지나치게 냉정하지만 무시할 수 없는 통찰을 담고 있다고 생각해서 출판을 권했다. 맬서스는 감당하기 어려울 만큼 격렬한 논쟁이 터질 것 같아서 익명으로 초판을 냈는데, 예측대로 지식인 사회에서 폭발적인 반응을 일으켰다. 그 철저하고 냉혹한 논리 때문에 대중을 빈곤에서 구해내는 방법을 찾는 데 골몰하던 진보 지식인과 사회주의자들 사이에서 맬서스는 '몬스터(monster)'로 통하게 되었다.

자선은 사회악이다

맬서스는 마르키 드 콩도르세(Marquis de Condorcet), 윌리엄 고드윈(William Godwin), 토머스 페인(Thomas Paine), 로버트 오언(Robert Owen) 등 진보 사상가와 혁명가, 자선 사업가들을 비판할 목적으로 『인구론』을 썼다. 맬서스가 보기에 콩도르세의 『인간 정신의 진보에 관한 역사적 개요』, 고드윈의 『정치적 정의와 그것이 일반 미덕과 행복에 미치는 영향에 관한 고찰(An Enquiry Concerning Political Justice, and Its Influence on General Virtue and Happiness)』, 페인의 『인권(Rights of Men)』 등 문명의 진보를 믿고 인권과 정의 실현을 주장한 지식인들의 이론은 인구법칙에 어긋나기 때문에 사회적 악덕을 더 심각하게 만들 뿐이었다. 방직공장에 빈민들을 고용해 인간적이고 문명적인 처우를 해줌으로써 비즈니스를 크게 성공시킨 다음 아메리카에 땅을 구입해 평등한 공동체를 만들려고 했던 오언에게도 똑같은 비판을 가했다. 맬서스는 빈민들에게 일자리를 공급하고 자녀들을 국가가 맡아 기르도록 한 영국의 '구빈법'이 오히려 빈민을 만들어내고 빈곤을 악화시킨다고 비난했으며, 가난한 사람을 돕는 개인적인 자선까지도 비판했다.

> 영국 구빈법은 첫째, 식량을 증가시키지 않고 인구를 증가시키는 명백한 경향이 있다. 교구의 도움을 받지 않고서는 일가를 부양할 가능성이 거의 또는 전혀 없는 사람도 결혼할지 모른다. 그러므로 구빈법은 구제하는 빈민을 스스로 만들어낸다고도 볼 수 있다. 둘째, 일반적으로 구빈원이 가장 가치 없는 사회계층을 구제하기 위해 일정량의 식량을 소비하면 그들보다 더 근면하고 사회적으로 더 가치 있는 사람들이 분배받는 식량이 줄어들기 때문에, 그 결과 앞에서와 마찬가지로 더 많은 사람들이 독립성을 상실하게 된다. (……) 독립심이 없이 남에게 의지하려는 빈민을 언제까지나 치욕적인 상태 그대로 버려두는 것은 개인적으로 보면 잔인해 보이지만, 그와 같은 자극은 인류 대부분의 행복을 증진하기 위해서 꼭 필요한 것으로 보인다. 따라서 이러한 자극을 약화시키는 모든 것은, 비록 그 의도가 아무리 자애롭다 할지라도, 언제나 그 목적에 어긋나는 결과를 낳을 것이다. 『인구론 하』, 289~290쪽

『인구론』은 단순한 이론이 아니라 하나의 유력한 철학이자 세계관

이다. 그는 '어떤 사람들'이 마음속으로는 진리라고 생각하지만 도덕적 비난이 두려워 차마 말하지 못하는 견해를 가장 완전한 형식으로, 그것도 과학과 자연법칙의 옷을 입혀 논증했다. 그 '어떤 사람들'은 바로 '동정심 없는 부자와 권력자'를 말한다. 『인구론』은 부자와 기득권층에 봉사하는 철학의 출발점과 종착점을 다 보여주었다. 보수를 연구하려는 자, 모름지기 『인구론』을 읽어야 한다. 맬서스의 이론은 실로 단순 명쾌하다.

인구는 기하급수적으로 증가한다. 1, 2, 4, 8, 16, 32, 64, 128, 256, 512, 1024······. 식량은 산술급수적으로 증가한다. 1, 2, 3, 4, 5, 6, 7, 8, 9, 10, 11······. 지금 어떤 나라의 인구가 1만 명이고 이 인구가 먹고 살 만한 식량이 적절하게 생산된다고 하자. 만약 인구 증가를 억제하는 특별한 요인이 없을 경우, 10세대 또는 250년 후 인구와 식량의 비율은 1024 : 11이 된다. 식량은 11만 명 먹을 것밖에 없는데 인구는 1024만 명이라는 이야기다. 이렇게 되면 1013만 명은 굶어 죽어야 한다. 그런데도 이런 참극이 벌어지지 않았다면, 그것은 그 250년 동안 전쟁이든 전염병이든 기근이든, 어떤 이유 때문이든 수없이 많은 사람이 죽었음을 의미한다. 전염병을 피하면 전쟁이, 전쟁을 피하면 전염병이 덮친다. 요행히 둘 다를 피하면 대기근이 찾아든다. 셋 모두를 피할 수는 없다. 역사적 사실과 일치하며 논리적으로 완벽한 주장이다.

『인구론』은 인구 증가를 국가 부흥의 증거라고 생각했던 유럽의 정치가와 지식인들을 후려쳤다. 자본주의 발흥기 노동자들은 가난에 절망한 나머지 폭동을 일으키고 기계를 때려 부수었다. 진보적 지식인과 사회운동가들은 노동하는 대중의 처참한 절대 빈곤과 사회적 불평등을 폐지 또는 완화해보려고 노력했다. 그런 그들에게 『인구론』은 지옥에서 들려온 저주의 목소리였다. 물론 『인구론』의 저주에서 벗어나는 방법이 없는 것은 아니었다. 인구가 식량보다 빠르게 증가하지 않도록 인구 증가를 미리 억제하면 된다.

그런데 맬서스는 탈출구를 매우 좁게 만들었다. 출산율을 낮춤으로써 인구 증가를 막는 '예방적 억제'가 불가능하다고 한 것이다. 그는 교양 있는 상류계급은 '예방적 억제'를 할 수 있지만 다수의 가난한 하류계급 또는 '가치 없는 사람들'은 성욕을 억제하지 못한다고 보았다. '예방적 억제'를 하지 못하면 필연적으로 기근·전쟁·전염병으로 사망률이 높아지는 '적극적 억제'가 이루어진다. '적극적 억제'를 방해하면 더 무서운 재앙이 찾아들게 된다.

맬서스의 이론에 따르면 전염병을 퇴치하는 공중 보건 정책이나 빈민의 아이들을 국가가 양육해주는 구빈제도는 사망률을 낮추기 때문에 문제를 더욱 악화시킨다. 부자들이 개인적으로 베푸는 자선 역시 마찬가지다. 사회가 소수의 부자와 빈곤한 대중으로 나뉘는 것, 빈곤한 대중의 빈곤이 영속되는 것, 아이들이 태어나자마자 영양실조에 걸려 죽고 버려지는 것, 이 모두가 자연법칙에 의해 주어진 회피할 수도 없고 극복할 수도 없는 운명이다. 이 운명을 바꾸기 위해 발버둥 치면 더 가혹한 운명이 찾아올 뿐이다. 자선은 고상한 동기에서 저지르는 사회적 악덕이다.

재산권과 생존권

맬서스는 집요했다. 초판 『인구론』은 통계자료나 데이터가 거의 없는 추상적이고 관념적인 이론서였다. 통계적·경험적 근거가 부족하다고 느낀 맬서스는 영국과 프랑스 등 유럽의 주요국 인구통계뿐만 아니라 아메리칸 인디언, 남태평양 군도의 원시 부족, 고대 북유럽 주민, 아랍의 유목민, 아프리카 부시먼족, 시베리아 사냥꾼과 어부들, 투르크와 페르시아 제국, 인도와 티베트, 중국과 일본 등 온 세계의 인구 관련 자료를 모았다. 식인 풍습과 순장 제도, 유아 살해 등 인구 증감과 관련이 있는 민속자료도 뒤졌다. 유럽인의 편견으로 얼룩진 선교사와 탐험가들의 여행기까지 탐독했다. 고대 로마제국의 인구 변화까지 연구했다.

　이 모든 '편집증적 탐구'의 목표는 오로지 하나, 하층계급의 빈곤과 전쟁, 전염병의 창궐, 대기근 사태가 유사 이래 늘 인류와 함께했으며, 인간이 영원히 벗어날 수 없는 자연법칙의 필연적인 결과임을 논증하는 것이었다. 『인구론』은 판을 거듭할수록 점점 더 두꺼워졌다. 그러나 책의 가치가 비례해서 높아진 것은 아니었다. 부실한 데이터를 자의적·무비판적으로 인용하고 활용한 논증은 맬서스를 사로잡고 있던 편견과 아집이 얼마나 강한 것인지를 입증하는 효과를 냈을 뿐이다. 인간 지성의 발전사에서 이토록 기괴한 인물을 나는 알지 못한다.

　『인구론』 초판에서 콩도르세의 진보 사상을 주된 공격 목표로 삼았던 맬서스는 30년 가까운 세월이 흐른 뒤 정리한 제6판에서는 페인의

『인권』을 최종 표적으로 설정했다. 페인은 1790년대 초에 쓴 『인권』에서 왕정을 비판하고 공화정을 옹호하는 한편, 부자들에 대한 누진적 소득세를 재원으로 삼아 대중 교육과 실업 구제 등의 공공 사회정책을 실시하자고 주장해 일대 센세이션을 불러일으켰다. 프랑스대혁명이 낳은 1795년의 「인권선언」은 페인의 주장을 반영하여 "자신의 필요를 충족시킬 수 없는 모든 시민은 동포의 도움을 받을 권리를 가진다"라고 선언했다. 이른바 자연법의 토대 위에 '사회권적 기본권'을 세운 것이다.

시간이 흐르면서 페인의 사상은 모든 문명국가의 보편적 규범이 되었다. 자유권적 기본권과 아울러 사회권적 기본권도 인간의 천부적 권리로 인정받게 된 것이다. 대한민국도 예외가 아니다. 대한민국 헌법 제10조는 이렇게 말한다. "모든 국민은 인간으로서의 존엄과 가치를 가지며, 행복을 추구할 권리를 가진다. 국가는 개인이 가지는 불가침의 기본적 인권을 확인하고 이를 보장할 의무를 진다." 제34조는 다음과 같다. "모든 국민은 인간다운 생활을 할 권리를 가진다. 국가는 사회보장·사회복지의 증진에 노력할 의무를 진다. 신체장애자 및 질병·노령 기타의 사유로 생활능력이 없는 국민은 법률이 정하는 바에 의하여 국가의 보호를 받는다." 그렇지만 맬서스는 달랐다. 자연법에 의해서 성립되는 권리는 재산권 한 가지밖에 없다고 주장함으로써 사회권적 기본권 그 자체를 부정했다. 맬서스의 목소리를 들어보자.

페인의 『인권』이 야기한 해독을 상쇄하는 가장 유효한 방법은 참된 인권이 무엇인가를 널리 보급하는 일이다. (……) 사람이 실제로 가지고 있지도 않으며 또 가질 수 없음에도 불구하고 마치 가지고 있는 것처럼 일반적으로 생각되고 있는 하나의 권리가 있다. 자기의 노동력으로 정당하게 얻을 수 없는 경우의 생존권이라는 것이다. 영국의 법률은 이런 권리가 있음을 인정하여, 사회로 하여금 정규 시장에서는 먹고살 길을 찾지 못하는 사람들에게 그것들을 주어야 한다고 규정한다. 그러나 그 계획은 자연법에 위배되며, 따라서 그 목적을 이룰 수도 없고, 그 법률이 구제하려 하는 가난한 사람들은 그들 위에 놓이는 비인도적 사기 때문에 참혹한 고통을 당하게 되는 것이다. (……) 만약 이 문제에 관한 위대한 진리가 보다 더 널리 일반에게 보급된다면, 또 하층계급이 자연법(이 법은 더 큰 수입을 얻는 데 절대로 필요한 위대한 재산 사유 제도를 제외한 어떠한 특수 제도와도 관계가 없다.)에 의해서 누구도, 자기 스스로 일해서 생존권을 획득하지 않는 한, 사회에 생존권을 요구할 권리가 없다는 것을 이해하게 된다면, 사회제도의 불공평을 비난하는 대부분의 유해한 이론들이 힘을 상실하여 마침내 세상에서 사라지고 말 것이다. 『인구론 하』, 186쪽

『인구론』은 빈곤과 사회적 불평등을 해소하려는 모든 형태의 이상주의 사상과 사회운동에 유죄를 선고했다. 맬서스가 보기에 인간의 평등과 생존권을 옹호하는 모든 사상과 이론은 "자연법칙에 위배되는 유해한" 것이었다. 사회적 불평등과 불공정을 비판하는 이론은 존재하지 않는 자연법적 권리를 존재한다고 착각하는 데에서 비롯된 망상의 산물일 뿐이었다. 맬서스는 한 치의 흔들림도 없이 신념을 밀고 나갔다.

중세기의 봉건적 특권에 근거를 둔 사유재산과 노동자 농민에 대한 자본가들의 가차 없는 수탈, 해외 식민지에서 저지른 학살과 약탈에 대해 아무런 비판적 문제의식도 표출하지 않았다. 오히려 그런 것들을 토대로 진행된 '자본의 원시적 축적'을 자연법에 의거해 정당한 권리를 획득하는 과정으로 간주했다. "피도 눈물도 없는 부자의 이데올로그"가 아니면 할 수 없는 말이다. 처음 『인구론』을 읽었을 때, 나는 맬서스를 미워하고 저주했다. 내가 책과 현실에서 만난 어느 누구도 맬서스처럼 뻔뻔하고 냉정한 어조로 가난한 사람을 모욕하고 부자를 편들지는 않았다.

편견은
천재의 눈도 가린다

『인구론』은 빗나간 화살이었다. 그 책이 나온 후 유럽 산업국 노동자의 임금은 자꾸 올라가 최저 생존 수준을 현저히 넘어섰지만 인구가 기하급수적으로 증가하지는 않았다. 맬서스는 천재였지만 또한 '편견 덩어리'였다. 사회를 '가치 있는 상류계급'과 '가치 없는 하류계급'으로 나누었으며, 유럽 밖의 세계에 사는 인간을 '야만인'으로 취급했다. "하루 벌어 하루 먹고사는 하류계급"은 "성욕을 억제하지 못해서" 임신과 출산을 조절할 수 없다고 했지만, 그가 그 이론을 전개한 시점에서 유럽 산업국의 출산율은 이미 감소하고 있었다.

맬서스는 피임을 죄악으로 간주하고 여성의 순결을 인류를 구원하는 유일한 도덕적 억제 수단이라고 예찬했지만, 여성들은 순결보다는 성적 자기결정권을 선택했으며, 인류를 구하기 위해서가 아니라 자기 자신의 삶을 구하기 위해 스스로 출산을 통제했다. 오늘날 거의 모든 산업국에서 인구는 감소 추세를 보이고 있다. 대한민국은 그중에서도 최저 출산율을 기록하고 있다. 기근, 전쟁, 전염병의 '적극적 억제'가 아니라 보통 사람들이 실행한 '예방적 억제'가 원인이다.

그러나 어떤 의미에서 맬서스는 옳았다. 인간이 그가 생각하는 것만큼 어리석지 않았기 때문에 '적극적 억제'가 불가피하다는 주장은 빗나갔다. 하지만 그가 인간이 절대 피해 갈 수 없는, '생활환경의 제약'이라는 중대한 문제를, 상상할 수 있는 가장 극단적인 방식으로 제기한 인물이라는 사실은 변하지 않는다. 자본주의가 아직 완숙하지도 않았던 19세기 초반에 유효수요 부족으로 과잉생산 공황이 일어날 수 있다는 것을 최초로 논증한 천재적 경제 이론가였다는 사실도 그렇다. 빈약한 인구통계 자료를 무비판적으로 사용하기는 했지만, 인구구조의 변화에 동반되는 사회현상을 관찰하고 그 원리를 논증한 일급 인구사회학자였던 것도 부정하기 어렵다. 인구 증가와 국부 증진의 관계에 대한 다음 논증은 맬서스가 도달한 이론가로서의 수준을 짐작하게 한다.

> 인구문제에 대한 잘못된 편견은 그 옛날 정화(正貨)에 대해 가졌던 편견과 비슷한 점이 많다. (……) 정치가들은 강대한 국가는 거의 언제나 인구가 조밀했다는 사실을 보고 원인과 결과를 뒤집어 생각하여 많은 인구야

말로 국가 번영의 원인이라고 단정했다. 이것은 마치 지난날의 경제학자들이 정화가 많은 것을 국부의 결과가 아니라 그 원인이라고 단정한 것과 같은 이야기다. 두 경우에 있어서 토지와 노동의 연생산물은 2차적인 문제가 되며 국부의 증가는 자연스럽게 전자에서는 통화의 증가에, 그리고 후자에서는 인구 증가에 따르는 것으로 간주되었다. 어떤 나라의 정화의 양을 강제로 증가시키는 것이 어리석기 짝이 없다는 것, 그리고 어느 정도 이상으로 정화를 축적하는 일은 어떠한 법률로도 절대 할 수 없다는 것이 오늘날 충분히 확인되었는데, 스페인과 포르투갈이 그 잘못의 사례를 보여주었다. 그러나 인구에 관해서는 아직도 잘못된 생각에 사로잡혀 모든 정치 문헌들이 인구를 부양하는 방법의 문제를 완전히 무시한 채 무턱대고 인구 증가를 장려하고 있다. 어떤 나라에서 상품 거래량을 늘리지 않고 정화의 양을 증가시키려고 하는 것은, 인구를 부양할 식량을 증산하지 않으면서 인구를 늘리려고 하는 것과 조금도 다를 바 없이 어리석은 일이다. 『인구론 하』, 111~112쪽

현재 세계 인구는 80억이 넘었다. 130억까지 늘어나 정점에 이를 전망이다. 아프리카와 아시아, 라틴아메리카 여러 지역에서는 맬서스가 말한 것처럼 대기근, 전염병, 내전으로 인해 '죽음의 강물'이 흐른다. 그런데 더 중대한 문제는 다른 곳에서 진행 중이다. 북아메리카와 유럽, 동아시아의 산업국에 이어 중국과 인도 등 거대한 인구를 가진 나라가 산업화 대열에 뛰어들면서 맬서스의 이론은 새로운 의미를 획득했다. 지구 행성의 위기를 설명하는 유력한 이론이 된 것이다. 환경학

자들은 호모 사피엔스가 소비하는 에너지와 배출하는 폐기물을 지속적으로 감당하려면 지구가 서너 개는 더 있어야 한다고 말한다. 1인당 에너지 사용량 증가 실태를 보면 그 부작용이 지구 행성의 능력을 확실하게 넘어서는 것은 시간문제일 뿐이다.

맬서스의 인구법칙을 이렇게 바꾸어보자. "인구는 꾸준히 증가하며 1인당 에너지 사용량과 폐기물 배출량은 그보다 더 빠른 속도로 증가하는 경향이 있다. 반면 지구 행성의 온실가스 처리 능력과 생태계 재생 능력은 일정하게 유지되거나 줄어드는 경향이 있다." 그렇다면 결말은 예정되어 있다. 인구 증가가 지속되고 에너지 사용량과 폐기물 배출량이 계속해서 더 빠르게 증가한다면 조만간 지구 생태계가 붕괴할 것이다. 오존층 파괴, 이산화탄소 등 온실가스로 인한 지구온난화, 북극 빙하의 소멸과 해수면 상승 등 환경학자들의 예측이 현실화되는 날, 맬서스의 '음울한 예언'은 호모사피엔스의 멸종 또는 '지구 생태계의 위기'로 현실화할지도 모른다.

실로 기이한 일이다. 어째서 맬서스와 같은 천재가 세상과 인간에 대하여 그토록 음울하고 비관적이며 기괴한 결론을 낸 것일까? 사람이 어떤 문제를 인지할 수 있다면 그 문제를 해결하거나 최소한 회피할 능력을 가진 존재임을 왜 인정하지 않았을까? 빈곤을 극복하고 사회적 불평등을 제거하려는 모든 사상과 행동을 과학의 이름으로 비난하면서 어떤 기분을 느꼈을까? 식민지 수탈의 첨병 동인도회사가 운영하는 대학에서 영국 최초의 경제학 교수로 재직했던 맬서스의 삶에서 특별히 비관적이거나 허무주의적인 요소를 찾아볼 수는 없다. 오로지 철학과 이론의 영역에서 기괴했을 뿐이다.

그러나 맬서스를 "악의에 가득 찬 심술궂은 이데올로그"로 볼 수는 없다. 그 역시 진지한 자세로 나름의 선한 목적을 추구했다. 맬서스는 가난한 하층민들에게 자녀를 많이 낳지 말라고 충고했다. 마르크스는 혁명을 통한 프롤레타리아 해방을 예언했지만 맬서스는 오로지 인구 증가를 억제하는 것만이 빈곤을 탈출하는 유일한 해법이라고 역설했다. 인구 증가를 억제하면 임금이 오를 것이라고 걱정하는 자본가들에게 위선을 그만두라고 일갈했다. 다음 인용문을 보라. 그가 비난받아 마땅한 나쁜 동기에서 『인구론』을 썼다고 단정할 수는 없다.

만일 우리들이 일반적 연구의 목적이라고 생각되는 것, 즉 가난한 사람들의 생활 상태를 본질적으로 영구히 개선시키려고 하는 방법에 대해서 진실로 성의를 가졌다면 가난한 사람들에게 그들의 생활 상태의 본질이 무엇인지 설명해주어야 한다. 노동력의 공급을 제한하는 것만이 그 가격을 실제로 올릴 수 있는 유일한 방법이라는 것을, 그들 자신이 이러한 상품의 소유자이기 때문에 오직 그들만이 이를 실행할 수 있는 힘을 가졌다는 것을 가르쳐주어야 한다. (……) 만일 이렇게 한다면 시장에서 노동력이 오히려 부족해지는 사태를 초래하게 될 것이라고 하는데, 이 대안의 가치가 바로 여기에 있다. 물론 어느 정도 노동력 부족 현상이 생기는 것은 틀림없겠지만, 한 나라의 부와 번영에 영향을 미칠 정도로 우려되는 것은 아니다. 노동력 부족을 초래한다는 문제를 가장 불리한 관점에서 본다고 할지라도, 부자들이 언제나 입으로는 실현되기를 희망한다고 공언하던 것이 실제 이루어진다는데, 여기에 필연적으로 수반되는 사소한 불편을 참으려고 하지 않는다면, 그들은 그 공언에 대해서 진정으로 충실한 태도를 취했다고 할 수 없다. 그들이 가난한 사람들에게 베푸는 자선은 철없는 어린애 같은 장난이 아니면 위선임에 분명하기 때문이다. 『인구론 하』, 160~161쪽

맬서스가 진보적 사상가들의 모든 주장을 배척한 것은 아니었다. 국가가 모든 어린이들에게 기회를 주기 위해 대중 교육을 실시해야 한다는 주장을 받아들였다. 교육이 빈곤을 극복하는 힘을 기르는 데 도움이 된다는 것을 인정했기 때문이다. 한 걸음만 더 나갔더라면 밝고 쾌활한 미래를 볼 수 있었을 것이다. 그러나 그는 자기만의 '암울한 세계'에 스스로를 가두어버렸다. 그 한 걸음이란 바로, 피임을 죄악의 리스트에서 삭제하는 것이었다.

맬서스와 같은 현실주의자가 어째서 피임을 죄악으로 여기는 종교적 도그마를 죽을 때까지 추종했는지 이해하기 어렵다. 그는 출산율을 낮추는 '예방적 억제' 가운데 오로지 '도덕적 억제'만을 옹호했다. 결혼을 늦추고 성행위를 삼가라는 것이다. 예방적 억제 가운데 결혼을 하거나 성행위를 하면서 피임을 하는 것을 "죄악에 속한다"라고 비판했다. 게다가 '하류계급'은 성욕을 억제할 만큼의 도덕적 능력이 없다고 했다. 대중의 궁핍과 전염병의 창궐, 전쟁과 대기근의 도래를 불가피한 자연법칙의 산물이라고 한 확신은 스스로 만든 '편견의 폐쇄 회로'에서 생산된 것이었다.

피임을 반대하는 데 그 무슨 합리적인 또는 과학적인 이유가 있었던 것도 아니다. 여러 가지 복잡하게 설명했지만 핵심을 한마디로 정리하면 피임이 여성의 품격을 해친다는 것 하나였다. 예방적 억제의 유일한 도덕적 수단이 여성의 순결이라는 괴상한 결론에 도달한 것도 같은 이유에서였다. '순결이라는 미덕'에 대한 맬서스의 목소리를 들어보라.

> 예방적 억제 중에서 변태적인 성적 만족을 수반하지 않고 행해지는 결혼의 억제는 바로 도덕적 억제라고 부를 수 있을 것이다. 난교(亂交), 부자연한 정욕(情慾), 부부의 성 모독(冒瀆), 간통의 결과를 은폐하기 위한 간교(奸巧) 등은 분명히 죄악의 항목에 속하는 예방적 억제다. 「인구론 상」, 56~57쪽

> 임신을 저해하는 것과 같은 난잡한 성교 행위는 분명히 선한 심성을 약화시키며 특히 여성의 품격을 타락시킨다. 또한 그 밖의 성교는, 적어도 부당한 수단을 사용하지 않는 한, 결혼한 경우와 마찬가지로 많은 아이를 사회로 내보내게 될 것인데, 바로 이 어린이들은 사회에 매우 과중한 부담이 될 가능성이 없지 않다. 이렇게 생각해본다면, 순결이라는 미덕은 어떤 사람들이 상상하는 것과는 달리 인위적인 사회적 강제의 산물이 아니라, 자연과 이성에 가장 진실하고 공고한 기초를 둔 것이다. 이것이야말로 인구 원리에서 빈번히 발생하는 죄악과 빈곤을 회피하는 유일한 도덕적 수단인 것이다. 「인구론 하」, 142쪽

다시 『인구론』을 읽으면서 느끼는 감정은 두려움이다. 우리 모두는 갖가지 편견과 고정관념을 지니고 산다. 이 세상 모든 것들에 대한 모든 종류의 통념이 논리적·경험적으로 타당한 근거를 가지고 있는지 일일이 시험하고 검토할 수 없는 일이기에, 일반적으로 통용되는 관념과 사고방식을 어느 정도는 받아들일 수밖에 없다. 그렇다면 나는 맬서스와 얼마나 다른가. 내가 옳다고 믿는 것, 내 신념을 받치고 있는 수많은 통념들 가운데 그릇된 편견이나 고정관념이 없을 것인가? 지금 쓰고 있는 이 글 속에도 그런 것이 없다고 어떻게 장담할 수 있겠는가? 『인구론』과 맬서스는 금이 간 거울이다. 내 생각도 그릇된 편견과 고정관념으로 일그러져 있지 않은지 경계하면서 나를 비추어 본다. 생각은 때로 감옥이 될 수 있다!

05 ;   삶이 그대를
          속일지라도

알렉산드르 푸시킨,
『대위의 딸』

우리나라에서 가장 널리 사랑받는 외국 시인은 누구일까? 러시아 시인 알렉산드르 세르게예비치 푸시킨(Aleksandr Sergeevich Pushkin)이 아닌가 싶다. 나는 어렸을 때 동네 골목 이발소 액자에서 그 이름을 처음 보았다. 머리만 깎으면 왜 그렇게 졸음이 쏟아졌는지 모르겠는데, 이발사 아저씨가 졸지 말라고 머리통을 쥐어박는 바람에 눈을 번쩍 뜨면 이런 글귀가 적힌 액자가 보였다.

삶이 그대를 속일지라도 슬퍼하거나 노여워 말라. -푸시킨

삶이 아직 짧아서 그때는 뜻을 알지 못했지만, 그래도 어쩐지 마음에 착 감기는 글귀였다. 푸시킨이 러시아 시인이라는 사실은 자란 뒤에 알았다. 그런데 어째서 대한민국 방방곡곡 이발소와 식당에 붓글씨로 쓴 푸시킨의 시가 걸려 있게 되었을까? 누가 그를 이 나라에서 그토록 유명하게 만들었을까? 글씨는 누가 썼으며 그 싸구려 액자를 만든

회사는 왜 하필 푸시킨의 작품을 선택했을까? 인터넷 블로그와 카페를 다 뒤졌지만 경위를 알 수 없었다. 수많은 한글 버전 가운데 내 마음에 꼭 드는 것을 옮겨보았다.

삶이 그대를 속일지라도
슬퍼하거나 노여워 말라
힘든 날들을 참고 견뎌라
기쁨의 날이 오리니

마음은 미래에 사는 것
현재는 언제나 슬픈 법
모든 것 순간에 지나가고
지나가 버린 것 그리움 되리니

푸시킨의 대표작인 줄 알았다. 주한 러시아 대사가 이 시를 인용해 인사하는 것을 신문에서 읽은 적이 있다. 그런데 그는 푸시킨의 대표작이 아닌데도 한국에서 애송되는 것이 신기하다고 했다. 자료를 뒤져보니 특별한 정치적 역사적 배경이 있는 작품도 아니었다. 1825년 푸시킨이 어머니 영지에 가 있었을 때 자주 어울렸던 이웃 마을 지주의 딸 옙프락시야 브리프의 앨범에 적어준 것으로 추정된다.

그런데 왜 우리는 이 시를 그렇게 좋아할까? 나도 이것을 읽으면 가슴 밑바닥에서 잔잔한 파도가 밀려드는 느낌을 받는다. 어쩌면 일제강점기 때 누군가 일본어로 번역한 것이, 사는 게 노엽고 슬펐던 조선 민중의 마음을 울렸는지도 모른다. 푸시킨이 어떤 의도를 가지고 썼든, 누군가의 시가 다른 시대 다른 민족에게 큰 울림을 줄 수 있다는 게 신기하다. 차르의 학정과 일제의 압제는 똑같이 '힘든 날'이며 '슬픈 현재'였다. 우리의 선조들은 푸시킨의 시에서 큰 위안과 격려를 받았던 듯하다.

내가 소설가라면 장편소설을 하나 쓸 것 같다. 제정러시아 시인의 작품 하나가 어찌어찌하여 식민지 조선에 날아들어 민들레 홀씨처럼 사람들의 마음에 퍼져나가고, 해방과 분단, 산업화와 민주화를 다 거친 오늘까지 우리의 마음을 울리게 된 이야기를 쓰고 싶다. 무수한 필사, 해적판 인쇄, 번역을 거치며 내려오는 동안, 이발소 액자를 만든 사람, 조잡한 그림을 그려 넣은 사람, 나무판에 그것을 조각해 넣은 사람, 그것을 보고 감동과 위로를 받은 사람, 켜켜이 쌓인 그들의 마음을 그려보고 싶다.

로맨스를 빙자한 정치소설

푸시킨은 시인이었지만 시만 쓰지는 않았다. 19세기 유럽에 존재했던 거의 모든 문학 장르를 섭렵하면서 장르마다 걸출한 작품들을 남겼을 뿐만 아니라 새로운 장르를 창조하기도 했다. 그런데 장편소설은 딱 하나 『대위의 딸』뿐이다.

내가 왜 이 소설을 읽으려고 했는지 기억이 분명하지 않은데, 아마도 호기심과 허영심 때문이었던 것 같다. 푸시킨 같은 대문호의 작품을 알아야 어느 정도 교양인 행세를 할 수 있다. 그런데 시보다는 소설이 재미가 있고 이해하기도 쉽다. 게다가 『대위의 딸』에는 러시아 농민반란에 관한 내용이 있다고 해서 호기심이 더 일었다. 그 시절 나는 전설적인 러시아 농민전쟁 지도자를 노래한 러시아 민요 〈스텐카 라친〉을 흥얼거리면서 이반 투르게네프와 안톤 체호프(Anton Chekhov), 레프 톨스토이(Lev Tolstoi), 표도르 도스토옙스키 등 19세기 러시아 작가들의 소설을 틈틈이 읽는 중이었다.

소설은 상상했던 것과 크게 달랐다. 하지만 나는 이 소설 하나를 읽고 열렬한 푸시킨 추종자가 되었고, 러시아문학에 대해서도 다시 생각하게 되었다. 푸시킨은 19세기 다른 러시아 소설가들과는 크게 다른 사람이다. 『대위의 딸』은 매우 심각한 주제를 더없이 밝고 유쾌하고 따뜻하게 다룬 작품인데, 러시아 소설 중에서 이것과 비슷한 작품을 달리 보지 못했다. 나중 알렉산드르 솔제니친의 데뷔작 『이반 데니소비치의 하루』를 읽으면서 비슷한 느낌을 받긴 했는데, 그도 푸시킨만큼 낙천적 휴머니즘이 넘치는 작품을 쓰지는 못했다. 『암병동』과 『수용소 군도』는 너무나 어둡고 우울하다.

『대위의 딸』은 마치 동화 같다. 러시아군 장교로서 중앙아시아의 카자크 인 거주 지역으로 배치되었던 주인공이 기지 사령관인 대위의 순박한 딸과 사랑에 빠진다. 그런데 하필이면 그때 푸가초프의 농민 반란군이 쳐들어온다. 장인과 장모가 될 사령관 부부가 살해당하고 주인공은 포로가 된다. 그런데 반란을 일으키기 전 푸가초프에게 우연히 작은 호의를 베풀었던 인연 덕분에 구사일생 목숨을 건진다. 뿐만 아니라 반란 수괴의 도움을 받아 악당에게 빼앗길 뻔한 연인을 구해낸다. 그런데 바로 이 일로 인해 반란이 진압된 후 주인공은 푸가초프와 내통했다는 혐의로 체포당한다. 주인공은 사랑하는 여인의 이름이 법정에서 오르내리는 것을 원하지 않았기에 진상을 제대로 밝히지 않았고, 그래서 피할 수도 있었던 반역죄 선고를 받는다. 동화는 동화다운 해피엔드로 끝난다. 대위의 딸이 여제 예카테리나 2세에게 청원해 주인공은 무죄로 풀려났고 "두 사람은 결혼해서 오래오래 행복하게 살았다." 만화에나 나올 법한 스토리다.

그렇지만 『대위의 딸』은 단순한 연애소설이 아니다. 연애소설로 위장한 역사소설이며 정치소설이다. 푸가초프의 반란과 참혹했던 내전에 대한 이야기이며, 인간의 존엄을 해치는 농노제도와 차르의 전제정치를 통렬하게 비판한 혁명적 소설이다. 소설에는 푸가초프 반란에 관여한 여러 인물들이 실명으로 등장한다. 그 반란에 앞서 일어났던 바시키르나 카자크 반란 때, 거기 참가했던 사람들의 코와 귀를 베고 혀를 자르는 등 제정러시아 정부가 저질렀던 야만적 보복 행위에 대한 서술도 모두 실제 있었던 역사를 기록한 것이다. 푸시킨은 이 소설과 함께 황제의 검열관이 '푸가초프 반란사'라고 제목을 고친 논픽션 『푸가초프의 역사』도 썼다. 굳이 소설 『대위의 딸』을 쓴 것은 역사서에서는 표현할 수 없는 그 무엇인가를 말하고 싶었기 때문이었을 것이라고 나는 짐작한다. 이 소설에서 푸시킨은 이렇게 외친다. "인간은 모두 똑같이 존엄한 존재입니다."

　황제 니콜라이 1세와 검열관이 속속들이 들여다보는 가운데 쓴 소설에 이런 외침을 담았다니, 얼마나 놀라운 일인가. 여기서 아름답고 품위 넘치며 자애로운 통치자로 등장하는 예카테리나 여제는 농노제도를 비롯한 낡은 질서를 강화해 민중의 삶을 도탄에 빠뜨린 반동적 군주였다. 여제를 아름답고 현명한 황제로 그린 것은 '위험한 정치소설'이 황제의 검열을 통과하는 데 불가피하게 들어간 비용으로 이해하면 된다. 만약 검열이 없었다면 푸시킨은 전혀 다른 형태의 해피엔드를 꾸며냈을 것이다. 그렇지만 쓸데없이 지출한 비용은 아니었다. 황제를 참칭하며 반란을 일으킨 에멜리얀 푸가초프(Yemelyan Pugachov)를 뿔 달린 마귀가 아닌 인간으로 묘사한 소설을 출간할 수 있었으니까.

유쾌한 반란의 소묘

　　　　　　　　　　　푸가초프는 1773년 표트르 3세를 참칭했고 반란은 2년 넘게 계속되었다. 표트르 3세는 아내였던 예카테리나 2세에게 황제 자리를 빼앗기고 쫓겨나 살해당한 인물이다. 그런데도 푸시킨은 '참칭자' 푸가초프를 포함하여 모든 중요한 등장인물들을 저마다의 개성을 지닌 인간으로 그려냈다. 황제에서 반란군 두목까지 특별한 악인도 선인도 없다. 아주 나쁜 짓을 저지른 사람조차도 알고 보면 그럴 만한 이유가 있어서 그런 것으로 나온다. 심지

어느 주인공의 연인을 빼앗으려 했고 주인공을 모함하여 반역자로 만든 쉬바브린조차 타고난 악당은 아니다.

30여 년 만에 다시 만난 『대위의 딸』은 변함없이 '명랑한 소녀'처럼 보는 사람을 즐겁게 만든다. '대위의 딸' 마리야에 대한 묘사를 읽노라면 비죽비죽 웃음이 미어져 나오는 것을 참을 길이 없다. 다음은 전선 기지에 배치된 주인공 뾰뜨르 안드레예비치 그리뇨프가 대위 부인 바실리사 예고로브나의 식사 초대를 받고 그 집을 방문하여 '대위의 딸' 마리야 이바노브나(마샤)를 처음 만나는 장면이다. 내게는 이 대목이 소설 전체를 통틀어 가장 좋았다.

그때 열여덟 살쯤 되어 보이는 아가씨가 들어왔다. 그녀는 혈색 좋은 동그스름한 얼굴에 금발 머리를 귀 뒤로 매끈하게 빗어 넘겼는데 두 귀는 빨갛게 물들어 있었다. (……) 바실리사 예고로브나는 잠시도 쉬지 않고 나에게 질문 공세를 퍼부었다. 부모님은 어떤 분들이냐, 두 분 다 살아 계시냐, 어디 사시냐, 재정 상태는 어떠하냐 등등. 내가 아버님 영지에는 약 300명가량의 농노가 있다고 말하자 그녀가 말했다.

"저런! 세상에 그런 부자도 다 있구먼! 우리는 말이요, 젊은이, 농노라곤 빨라쉬까라는 계집애 하나뿐이라우. 다행히 그럭저럭 입에 풀칠은 하지만 문제는 우리 마샤라우. 혼기는 찼는데 주어 보낼 게 있어야지? 참빗 한 개에, 빗자루 한 개, 목욕탕에 갈 3꼬뻬이까짜리 동전 한 닢뿐이라우.(하느님 용서하소서!) 착한 신랑감이 나타나면 좋으련만, 안 그러면 평생 노처녀로 늙게 생겼수."

나는 마리야 이바노브나를 바라보았다. 그녀는 온통 새빨갛게 되어 접시 위에 눈물방울까지 떨어뜨리는 게 아닌가.

이 글의 인용문은 모두 석영중 선생이 번역한 책에서 가져왔다. 오래 전에 본, 어느 출판사에서 냈는지 기억할 수 없는 책에서는 마지막 문장이 "접시 위에 닭똥만 한 눈물방울을 똑똑 떨구었다"라고 번역되어 있었던 것으로 기억한다. 여하튼 나는 이렇게 '웃기는' 러시아 소설을 처음 보았다. 상황과 등장인물 모두 웃긴다.

주인공 그리뇨프의 아버지는 아직 아내의 배 속에 든, 아들인지 딸인지도 모를 아이를 태어나기도 전에 고위층에게 부탁해 황실 근위대 중사로 등록했다. 아들이 열일곱 살이 되자 "계집애들과 어울려 뛰어다니고 비둘기장에 기어오르는 짓 따위를 그만두게" 하려고 중앙아시아 우랄 지역 전선으로 보냈는데, 떠나는 아들한테는 생뚱맞을 정도로 품격 있는 덕담을 한다. "상관에게 복종하되 비위를 맞추려고 안달하지는 마라. 옷은 처음부터 곱게 입어야 하고 명예는 젊어서부터 지켜야 하느니라." 이 철없는 '도련님'을 돌보기 위해 몸종 사벨리치가 전선까지 따라가는데, '종의 직분'을 다하기 위해 물불을 가리지 않는 이 사나이는 반란 수괴 푸가초프를 상대로, 부하들이 약탈해 간 '도련님의 물건'을 변상하라고 떼를 써서 절반의 성공을 거두는 등 고비마다 좌충우돌 맹활약을 벌인다.

그리뇨프가 배치된 기지도 우스꽝스럽기 그지없다. 말이 좋아 전선의 기지일 뿐, 나무 울타리와 쓰러져 가는 오두막에다 포신에 쓰레기가 가득 찬 대포 따위가 고작이다. 병사들은 오른쪽과 왼쪽을 제대로 구분하지 못한다. 기지 사령관 이반 꾸즈미치 미로노프 대위는 마누라한테 꽉 쥐여살고, 부인 바실리사 예고로브나는 부엌일 살피듯 기분 내키는 대로 부대를 지휘한다. 오렌부르크 성을 지키는 장군과 작전 회의에 참석한 관리들의 상태도 별반 다르지 않다. 푸시킨은 이렇게 엉성한 무대를 배경으로 푸가초프의 행동과 전투 장면까지도 너무나 웃기게 그려냈다. 반란군이 미로노프 대위를 목매달고 그 아내를 칼로 쳐 죽이는 장면조차도 전혀 끔찍하지 않다. 푸가초프와 그 일당에 대한 푸시킨의 묘사도 그렇다.

상석에 앉은 뿌가쵸프(푸가초프)는 식탁에 팔꿈치를 괴고는 커다란 주먹 위에 시커먼 턱수염을 올려놓고 있었다. 이목구비가 번듯한 것이 꽤나 서글서글해 보였고 흉악한 데라고는 눈곱만큼도 없었다.

처형당할 운명에 처한 사내들이 부르는 이 교수대 민요가 나에게 얼마나 기이한 감동을 주었는지는 이루 다 말로 표현할 수도 없다. 그들의 무시무시한 얼굴, 화음이 잘 맞는 목소리, 그렇지 않아도 구성진 가사에 쏟아부은 그들의 애절한 감정—이 모든 것이 시적인 공포가 되어 내 가슴을 뒤흔들어놓았다.

『대위의 딸』 말미에는 이것이 주인공 그리뇨프의 수기라고 밝히는 편집자의 설명이 붙어 있다. 혹시 있을지 모르는 정치적 박해를 피하기 위한 안전장치였다. 이 '가짜 편집자'는 물론 푸시킨 자신이다. 그는 여기에서도 푸가초프에 대한 동정심과 애착을 표현했다. 푸가초프를, 죽음을 눈앞에 두고서도 여유와 위트를 잃지 않는 담대한 인물로 그려 낸 것이다.

뾰뜨르 안드레예비치 그리뇨프의 수기는 여기서 끝났다. 그의 가문에서 전해져 오는 이야기에 의하면 그는 1774년 말 특사로 석방되었으며 뿌가쵸프의 처형식에도 참석했다고 한다. 뿌가초프는 군중 틈에 섞여 있는 그를 알아보고는 1분 후면 피투성이가 되어 사람들에게 전시될 머리를 끄덕여 보였다는 것이다.

'출신 성분'만 보자면 푸시킨은 푸가초프와 농민 반란군에 대해 절대 우호적일 수 없는 인물이다. 러시아의 '뼈대 있는 귀족 가문'에서 태어나 프랑스 출신 가정교사에게 프랑스 말로 교육을 받았으며, 황제가 만든 특별한 귀족학교에 다니면서 일찍부터 문학적 천재성을 인정받은 전도유망한 청년이었다. 부모는 잘나가는 귀족으로서 제 인생을 즐기는 데 바빠 자녀 교육에는 도통 신경을 쓸 여유가 없었다. 프랑스인 가정교사와 문학과 철학과 역사를 공부했기에, 1799년 태어난 푸시킨은 그보다 10년 전에 터졌던 프랑스대혁명과 나폴레옹전쟁의 역사를 알았고 자유와 평등의 가치와 인간의 존엄성을 이해했다.

게다가 푸시킨은 러시아 민중의 문화적 전통을 유모한테 물려받았다. 러시아 말을 가르치고 구전되어온 옛이야기를 들려준 유모는 푸시킨의 여러 작품에 등장한다. 푸시킨은 시골 영지에서 만난 평민과 농노들에게서도 적지 않은 문화적 영향을 받았다고 한다.

얼어붙은 땅에서
꽃이 피다

푸시킨에게 제정러시아는 거대한 감옥이었다. 그는 『대위의 딸』 곳곳에서 인간의 존엄성과 자유에 대한 진보적 견해를 매우 조심스럽지만 분명하게 노출시켰다. 19세기 제정러시아에 이런 말을 하는 시인이 있었다는 것은 기적 같은 일이다. 최고의 문명국가라는 미국의 부시 행정부가 이라크전쟁 당시 '테러 혐의자'들에 대한 고문을 공식 허용했던 사실을 떠올려보자. 그와 비교하면, 『대위의 딸』에 등장하는 다음과 같은 문장들은 태양처럼 찬란하다. 겉보기에 황제의 자비로움을 칭송한 것 같지만 사실은 제정러시아의 전제정치를 통렬하게 비판한 것이다.

고문은 옛날부터 우리의 사법제도에 깊이 뿌리박혀 있었으므로 그것을 폐지하라는 여제 폐하의 은혜로운 칙령도 오랫동안 효력을 발휘하지 못하였다. 피고 자신의 자백은 그를 제대로 기소하는 데 불가피한 절차라고들 생각했지만 사실 그것은 전혀 근거가 없을 뿐만 아니라 건전한 법률적 사고에 정면으로 위배되는 생각이다. 피고의 범죄 부인이 그의 무죄에 대한 증거가 될 수 없다면 그의 자백은 더더욱 유죄의 증거가 될 수 없기 때문이다. 심지어 오늘날에도 이 야만적인 관습의 폐지를 유감으로 생각하는 늙은 판사들의 얘기를 나는 가끔 듣는다.

"좋아." 사령관이 말했다. "입을 열게 해주지. 애들아! 저놈의 멍청한 줄무늬 옷을 벗기고 등짝을 후려쳐라. 율라이, 매운맛을 보여주라고." 두 명의 늙은 병사가 바쉬끼르 인(바시키르 인)의 옷을 벗기기 시작했다. 죄수의 얼굴에는 불안스러운 빛이 떠올랐고 그는 아이들에게 잡힌 작은 짐승처럼 사방을 둘러보았다. 병사 하나가 그의 양손을 자기 목에 걸쳐 어깨에 짊어지듯 들어 올리고 율라이가 채찍을 치켜들었을 때 바쉬끼르 인은 희미하게 애원하는 듯한 신음소리를 냈다. 그러고는 고개를 내저으며 입을 벌렸는데 입안에는 혀 대신에 작은 나무토막 한 개가 대롱대롱 매달려 있는 것이 아닌가.

이것이 한때 우리 시대에 일어났음을 돌이켜 볼 때, 그리고 지금 내가 살고 있는 시대는 알렉산드르 황제의 온화한 통치하에 있음을 상기해볼 때 나는 문명의 급속한 발달과 박애주의 법규의 확산에 놀라지 않을 수가 없다. 청년들이여! 만일 나의 이 수기를 읽게 된다면 기억해주기 바란다. 보다 훌륭하고 항구적인 개혁은 일체의 폭력적 강요를 배제한 풍속의 개선으로부터 온다는 것을.

푸시킨은 자유분방한 연애 박사였으며 게으름을 즐기는 천재였다. 어떤 혁명 조직에도 가담하지 않았지만 수많은 혁명적 지식인들과 교분을 맺었다. 농노제를 비판하고 자유를 노래한 그의 시는 전제정치를 혐오한 청년 장교와 지식인들 사이에서 폭발적인 호응을 불러일으켰다. '불온한 자유주의 사상'을 가졌거나 '황제에 반대하는 활동'을 한 죄로 체포된 청년들의 집에서는 예외 없이 손으로 베껴 쓴 푸시킨의 시가 나왔다. 푸시킨은 스무 살 무렵에 벌써 '가장 위험한 시인'으로 지목되었고, 스물두 살에는 상트페테르부르크에서 남부의 시골로 쫓겨났다.

푸시킨의 육신은 러시아인의 피를 받았지만 정신은 프랑스대혁명과 나폴레옹전쟁의 세례를 받았다. 나폴레옹은 1812년 러시아를 침략했다가 참혹한 패배를 당했다. 이 전쟁을 러시아 사람들은 '조국 전쟁'이라고 한다. 이때 퇴각하는 프랑스 군대를 추격하여 서유럽으로 간 한 무리의 청년 장교들이 있었다. 평민 출신 병사들과 사선을 넘나들면서 고락을 나누었고, 서유럽에서 난생처음 자유의 공기까지 마시고 돌아온 청년 장교들은 혁명적 지식인들과 함께 차르 전제정치와 농노제도를 철폐하고 러시아를 입헌군주제, 공화제 또는 연방제 국가로 개조하는 것을 목표로 한 비밀결사를 만들었으니, 역사는 이들에게 '데카브리스트(12월당원)'라는 이름을 주었다. 푸시킨은 비밀결사에 가입하진 않았지만 데카브리스트의 정신적 지주나 다름없었다.

데카브리스트는 알렉산드르 1세에 이어 니콜라이 1세가 즉위한 1825년 12월 14일 상트페테르부르크에서 반란을 일으켰다. 니콜라이 1세는 낭만적 청년 장교들의 '철없는 반란'을 즉각 진압해버렸다. 120여 명의 주모자들이 재판에 넘겨져 다섯이 사형당하고 나머지는 시베리아 유배형을 받았다. 주로 귀족 출신 청년 장교와 지식인이었던 데카브리스트는 "너무 일찍 피어난 봄꽃"이었으며 "한겨울에 날아든 제비 떼"였다. 그들은 변함없는 위세를 떨친 제정러시아의 엄혹한 정치 상황 앞에서 참혹하게 꺾이고 스러졌다. 그러나 그들의 반란은 머지않아 찾아들 혁명과 내전의 예고였다. 문명의 흐름을 거역하고 변화를 거부한 제정러시아는 결국 볼셰비키 혁명과 적백 내전의 불지옥에 던져지게 된다.

유배형을 선고받은 데카브리스트들 중에는 기혼자가 적지 않았다. 어느 날 갑자기 사라졌던 남편이 시베리아 유배지에 있다는 사실을 안 아내들 가운데 11명이 사회적 지위와 재산을 버리고 남편을 따라 고난의 길을 걸었다. 데카브리스트와 아내들이 정착하면서 유배지의 중심이었던 이르쿠츠크는 러시아 문예부흥의 중심으로 떠올랐다. 러시아의 수많은 지식인과 문인과 청년들이 사랑하는 이와 함께 유배지의 삶을 선택한 여인들을 생각하며 눈물을 흘렸다. 대표적인 작품이 19세기 러시아의 가장 걸출한 시인 가운데 하나인 니콜라이 네크라소프(Nikolai Nekrasov)가 검열을 피하기 위해 '러시아의 여인들'이라는 제목으로 발표했던 장편서사시 「데카브리스트의 아내들」이다. 여기에는 목숨을 걸고 남편을 찾아 나선 공작부인들의 눈물 없이는 볼 수 없는 실화가 담겨 있다고 한다. 그들의 고귀한 희생은 러시아의 전설이 되었다.

데카브리스트의 반란은 세계 역사에서 달리 비슷한 예를 찾아보기 어려운, "철없는 청년들의 고결한 반란"이었다. 인간의 존엄성과 문명의 진보에 대한 신념, 낙후하고 퇴락한 조국 러시아를 살리겠다는 애국심, 체제를 전복하는 사업에 얼마나 큰 위험이 따르는지 전혀 헤아리지 못한 순진무구함, 전제 왕정과 계급제도의 최대 수혜자이면서 체제에 반기를 든 자기부정(自己否定), 데카브리스트의 비극적 최후는 이런 요소들이 버무려진 역설의 미학과 인간 정신의 위대함을 보여주었다. 푸시킨의 문학과 삶은 그 일부였다.

위대한 시인의
허무한 죽음

푸시킨은 먼 시골에 유배 중이었기 때문에 반란에 가담하지 않았다. 그러나 그 또한 이 사건으로 인한 삶의 비극적 전환을 피하지는 못했다. 1826년 9월 황제 니콜라이 1세는 남부로 추방당한 이후 6년째 여기저기 변방을 떠돌면서 '불온한 창작 활동'을 하던 푸시킨을 모스크바로 불러들여 독대했다. 러시아 민중의 가슴에 자유를 향한 갈망과 열정을 불어넣은 이 '반체제 시인'은 너무나 유명해서 죽일 수 없었기에 차라리 가까이 두고 감시하면서 황제의 아량과 포용력을 과시하는 쪽을 선택한 것이다. 황제는 시인의 작품을 자기 손으로 검열하겠노라고 선언했다.

푸시킨은 이날 이후 10년 넘게 황제의 검열 아래에서 살다가 1837년 1월 서른여덟 살 젊은 나이로 생을 마감했다. 『대위의 딸』은 죽기 얼마 전까지 3년 동안 쓴 작품이다. 이 소설을 쓰기 위해 오렌부르크와 카잔 등 푸가초프의 봉기가 일어났던 볼가와 우랄 지역을 넉

달 동안 여행하며 자료를 모았다. 『대위의 딸』을 읽을 때는 이 소설이 황제의 검열을 견디고 나온 작품이라는 사실을 잊지 말아야 한다. 검열이 없었더라면 달라졌거나 소설에 아예 등장하지도 않았을 것들이 무엇인지 살피면서 읽으면, 푸시킨이 죽는 날까지 제정러시아 사회의 야만성을 용납하지 않았음을 알 수 있다.

푸시킨의 때 이른 죽음과 관련하여 영원히 기억될 이름이 셋 있다. 살아서 가치 있는 무엇을 남긴 증거는 없으나 푸시킨의 이름이 살아있는 한 영원히 잊어질 수 없는 이름들이다. 첫 번째는 나탈리아 곤차로바. 열여섯 살 어린 나이에 푸시킨의 영혼을 사로잡았던 아름다운 여인. 경박함과 방탕함으로 남편에게 심각한 재정적 곤경과 불명예를 안겨주었으며 결국 죽음에 이르는 결투의 원인을 제공한 팜파탈(femme fatale). 다음은 네덜란드 공사의 양자로서 상트페테르부르크 사교계를 휘저었던 바람둥이 프랑스 남자 단테스. 그와 나탈리아의 공공연한 불륜, 그 소문을 이용한 음모가 결투라는 막다른 골목으로 푸시킨을 몰아넣었다. 결국 러시아가 낳은 가장 위대한 시인 알렉산드르 세르게예비치 푸시킨은 1837년 1월 27일의 결투에서 치명상을 입었고, 이틀 후 숨을 거두었다.

시인의 죽음에 가장 큰 책임이 있는 인물은 차르 니콜라이 1세였다. 푸시킨을 모스크바로 불러들여 독대하면서 민주정치와 농민 문제 해결을 약속했던 차르는 약속과 달리 반동 정치를 오히려 강화했다. 나탈리아에게 치근대면서 푸시킨을 시종보로 임명해 황제가 보는 앞에서 제 아내의 시중을 들게 하는 등 차마 할 수 없는 모욕을 주었다. 위대한 시인의 어처구니없는 죽음에 분노한 시민들이 푸시킨의 집으로 몰려들어 인산인해를 이루자, 황제는 마구간 부속 성당에서 형식뿐인 장례식을 치르게 함으로써 민중의 집결을 막았다. 푸시킨의 시신은 지푸라기로 덮인 채 썰매에 실려 외진 수도원으로 옮겨져 비밀리에 매장되었다. 차르는 푸시킨의 서재를 수색해 그가 남긴 기록과 원고를 모조리 파기해버렸으며, 시인의 죽음과 관련해 사교계와 황실을 비판하는 지식인들을 체포하고 추방했다.

푸시킨의 죽음에 직접적인 책임이 있는 세 사람은 아무 일 없었던 것처럼 여생을 누렸다. 나탈리아는 돈 많은 장군과 재혼해 부족할 것 없는 삶을 살았다. 단테스는 파리로 돌아가 정치가로 출세했다. 차르 니콜라이 1세는 31년 동안 군림했다. 그러나 그들의 이름은 세월이 하사하는 망각의 축복을 얻지 못했다. 반면 민중의 사랑을 받았던 푸시킨의 시는 지금도 세계인의 사랑을 받는다. 푸시킨의 시가 잊히지 않는 한 오욕으로 얼룩진 그들의 이름 또한 잊히지 않을 것이다.

푸시킨은 200년 전 전제정치와 농노제도가 실시되던 동토(凍土) 러시아에서 자유를 노래했다. 인류가 오늘날까지도 온전히 실현하지 못한 휴머니즘과 민중에 대한 사랑을 문학으로 꽃피웠다. 당대의 현실에 대해 그가 느꼈을 분노, 환희, 절망, 그 모든 것이 생생하게 전해 오기에, 『대위의 딸』을 읽으면 가슴 깊은 곳이 아려 온다. 푸시킨은 황제의 권력으로 모독할 수 없었던 고귀한 영혼이었다. 얼어붙은 땅에서 솟아오른 꽃이었다. 두꺼운 먹구름도 빛을 가리지 못한 밤하늘의 별이었다. 그 별은 오늘도 문명의 하늘에서 빛나고 있다. 푸시킨!

06 ; 진정한 보수주의자를 만나다

맹자, 『맹자』

맹자(孟子)는 나이 50에 세상으로 나갔다. 2400년 전 중국인의 평균수명이 얼마나 되었는지는 모르겠으나, 요즘 나이로 치면 정년퇴직을 하고도 남았을 노인이다. 그런데도 한 번 길을 떠나 20년 동안이나 천하의 대도(大道)를 펴면서 대륙을 '주유(周遊)'하였으니, 용기 있는 사람이었음에 틀림없다. 당시 중국 대륙은 기원전 7세기에 주(周)나라가 몰락한 이후 400여 년 넘게 전쟁이 끊이지 않는 춘추전국(春秋戰國)의 대참화에 휩쓸려 표류하고 있었다. 맹자는 여러 왕들을 만나 권력의 힘이 아니라 인의(仁義)로 다스리는 '왕도정치(王道政治)'를 펴라고 역설했다. 하지만 맹자의 시도는 참담한 실패로 끝나고 말았다. 어느 왕도 그의 철학과 이론을 받아들여 실천하려 하지 않았다.

맹자의 사상이 잘못이었던가? 그렇지 않다고 확신했기에 맹자는 나이 70이 되어 고향으로 돌아와 학문을 더 연구하고 제자를 길렀다. 기원전 372년에 태어나 기원전 289년에 죽었다는 역사 기록이 정확하다면, 맹자는 귀향한 뒤에도 10년 넘게 더 살았다. 2400여 년 전에

83년을 살았으니, 현대인 같았으면 백수(白壽)를 하고도 남았을 만큼 긴 인생이었다.

객관적으로 보면 맹자는 실패한 지식인이다. 살아서 뜻을 이루지 못했으며 죽은 후에도 크게 추앙받지 못했다. 위대한 사상가로 대접받게 되기까지는 1500년 가까운 세월이 필요했다. 12세기 남송(南宋) 시대에 와서야 유학자들은 『맹자』를 '사서(四書)'의 하나로 승격시켰으며 성리학의 대가 주자(朱子)가 주해(註解)를 썼다. 맹자는 그제야 비로소 공자(孔子)의 뒤를 잇는 성인(聖人)의 반열에 올랐다. 일곱 편으로 이루어진 책 『맹자』는 만년의 그가 고향에서 제자들과 나눈 담론(談論)의 기록이다.

역성혁명론을 만나다

이 유명한 고전을 언제 처음 읽었는지는 기억이 분명하지 않다. 초·중등 학생 시절 문교부가 주최하는 '자유교양대회'라는 게 있었다. 일선 학교들은 '책 읽기 선수'를 선발해 '자유교양 도서목록'에 올라 있는 책을 읽게 했다. 나도 학교 대표로 뽑혀 이 얄궂은 시합에 두어 번 참가한 적이 있는데, 신들끼리 또는 신과 인간이 벌이는 '19금 남녀상열지사'가 즐비한 『그리스 로마 신화』에서부터 근엄하기 이를 데 없는 『논어』까지, '자유교양 도서목록'에는 별별 책이 다 있었다. 『맹자』도 거기 있었던 것 같다. 나는 몇 번이나 『논어』와 『맹자』 읽기를 시도했는데, 결과는 당연히 신통치가 않았다. 『논어』는 말할 것도 없고 『맹자』도 축적된 삶의 경험이 제공하는 성찰의 능력이 부족하면 읽기 어려운 책이기 때문이다.

『논어』는 나이 들어서 읽어도 재미가 없다. 유교 경전을 깊이 연구한 분들의 말에 따르면 『논어』의 품격과 내공을 『맹자』가 따라오지 못한다고 한다. 내가 여전히 『논어』에 감동을 느끼지 못하는 것은 아직도 인생의 내공이 충분히 쌓이지 않은 탓이라고 생각한다. 그런데 『맹자』는 달랐다. 대학생이 되자 『맹자』는 읽을 만한 책으로 다가왔다. 나는 맹자를 '혁명적 사상가'라고 생각했다. 『맹자』의 첫 장 「양혜왕」 편에 나오는 이른바 '역성혁명론(易姓革命論)' 때문이었다.

세상에 나간 맹자는 제일 먼저 양나라 혜왕(惠王)을 만났고, 양 혜왕이 죽자 제(齊)나라 선왕(宣王)을 찾아갔다. 당시 제는 제법 강성한 나라 중 하나였다. 제 선왕과 맹자가 나눈 대화는 마치 한껏 당겨놓은 활 시위처럼 팽팽한 긴장이 흐른다. 그런 날카로운 질문을 할 수 있었다니, 제 선왕도 분명 보통 사람은 아니었던 모양이다. 이 글의 『맹자』 인용문은 모두 전통문화연구회가 펴낸 『맹자집주(孟子集註)』 개정증보판(1991)의 원문과 해석을 기본으로 삼고, 우재호 선생이 번역한 『맹자』를 참고해 독자들이 편히 읽을 수 있도록 표현을 조금 다듬은 것임을 밝혀둔다.

제 선왕이 물었다. "탕(湯)이 걸(桀)을 내쫓고 무왕(武王)이 주(紂)를 정벌하였다는데, 정말 그런 일이 있었습니까?" 맹자가 대답했다. "전해지는 기록에 그렇게 나와 있습니다." 왕이 다시 물었다. "신하가 자기의 임금을 시해(弑害)해도 되는 것입니까?" 맹자가 되받았다. "인(仁)을 해치는 자를 적(賊)이라 하고 의(義)를 해치는 자를 잔(殘)이라 하며 잔적(殘賊)한 사람을 일부(一夫)라고 합니다. 일부인 주(紂)를 죽였다는 말은 들었으나 임금을 시해하였다는 말은 듣지 못했습니다." 「양혜왕 하」 8

제 선왕은 주(周)의 정통성에 의문을 제기했다. 맹자는 공자와 마찬가지로 춘추전국시대 이전 주나라 때의 사회질서와 제도로 돌아가는 것이 바람직하다고 생각했다. 따라서 주나라의 정통성을 문제 삼은 것은 곧 맹자가 딛고 선 땅을 허무는 것과 다름이 없었다. 주나라는 원래 은나라의 제후국이었고, 주 무왕은 은나라 주왕(紂王)의 신하였다. 따라서 무왕이 주왕을 정벌한 것은 신하가 임금을 죽이는 반역이라고 할 수 있다. 만약 이것을 인정한다면 주는 반역자의 나라가 된다. 논리적으로 엄격히 따지면 그렇게 말할 수밖에 없다. 그런데 난감하기 짝이 없는 이 공격을 받아치는 맹자의 태도에는 추호의 망설임이 없다. 굵은 장작을 단번에 쪼개버리는 도끼날처럼 서늘한 논리를 폈다. 은 주왕은 인의를 해친 잔혹한 사내(一夫)에 불과했으니, 주 무왕은 한 사내를 죽였을 뿐 임금을 시해한 적이 없다는 것이다. 낭패를 본 제 선왕의 일그러진 표정이 눈에 보이는 듯하다.

폭군을 내쫓고 이성(異姓)의 왕을 세우는 일은 인류의 역사에서 숱하게 일어났다. 예컨대 탕왕(湯王)은 중국 최초의 고대 왕조 국가 하(夏)나라의 마지막 왕 걸(桀)을 축출하고 은(殷)나라를 세웠다. 힘이 천하장사였다는 걸왕은 50년 넘게 재임하면서 말희(매희, 妹姬)라는 여인과 함께 술을 채운 연못 위에 고기 안주를 매달고 젊은 남녀가 벌거벗은 채 마시고 먹으며 놀게 하는 '주지육림(酒池肉林)'을 만들었으며, 필설로 그릴 수 없이 잔혹한 방법으로 직언한 충신과 죄 없는 백성을 도륙한 중국형 폭군의 원조였다. 그는 천하의 민심을 얻은 탕왕에게 쫓겨난 뒤 비참하게 굶어 죽었다고 한다.

그렇게 해서 탕왕이 세운 은나라도 제31대 주왕 때 하나라의 전철을 밟았다. 주왕은 달기(妲己)라는 여인과 함께 '폭군 시즌 2'를 완벽하게 구현함으로써 조정과 백성을 혼란과 도탄에 빠뜨렸다. 결국 빈 낚시를 드리우고 때를 기다린 일로 유명한 '강태공'의 보좌를 받은 주나라 무왕이 천하의 민심을 얻어 주왕을 정벌했다. 백이와 숙제가 임금을 시해한 무왕을 비판하면서 주나라 곡식 먹기를 거부하고 굶어 죽은 사건이 일어난 것이 바로 이때였다. 주왕은 전쟁에서 패한 후 스스로 목숨을 끊었다고 한다.

폭군의 역사는 주나라 12대 유왕(幽王) 때 다시 나타났다. 유왕 곁에는 포사(褒似)라는 여인이 있었다. 유왕은 잘 웃지 않는 포사를 웃게 하려고 여러 차례 거짓 봉화를 올려 제후들을 농락했다. 봉화를 보고 제후들이 허겁지겁 달려오는 모습을 포사가 좋아했기 때문이다. 그래서 왕실이 정말로 견융(犬戎)의 침략을 받았을 때는 봉화를 보고도 제후들이 구원하러 오지 않았다. 유왕은 견융의 칼에 죽었고 포사는 끌려가 견융의 여자가 되었다. 주나라는 동쪽 낙양으로 도읍을 옮겼으나 이름만 유지했을 뿐 사실상 멸망하였다. 이것이 기원전 7세기의 일이었으며, 주나라의 몰락과 동시에 중국 대륙은 진시황이 대륙을 통일할 때까지 무려 500년에 걸친 춘추전국시대의 대전란에 휩쓸렸다. 하 걸왕과 은 주왕, 주 유왕의 폭정 책임을 말희, 달기, 포사라는 여인들의 책임인 것처럼 말하는 것은 옳지 않다. 그 여인들이 없었더라도 세 폭군은 다른 여자를 그 자리에 놓았을 것이기 때문이다. 나랏일을 팽개치고 환락에 빠진 책임은 왕에게 있지 여자에게 있는 게 아니다. 중국 고대 역사 기록을 담당한 것이 남자들이었던 만큼 이런 기록은 당대 남자들의 여성에 대한 편견과 고정관념을 반영하는 것으로 볼 수 있다.

맹자는 제후의 지위를 가진 자로서 왕을 죽이고 새 왕조를 세웠던 주 무왕의 행위를 정당화했다. 은나라 주왕이 폭정으로 인의를 해쳤고 간언하는 충신을 모두 죽였으며 백성을 도탄에 빠뜨렸으니 군주로서의 정당성 또는 정통성을 이미 상실했다고 본 것이다. 이 논리에 따르면 무왕은 반역자가 아니며, 주나라의 정통성을 의심할 필요도 없다. 그런데 왕조를 바꾸는 역성혁명이 정당하다고 말하는 사상을 반길 왕이 있을까? 백성을 근본으로 삼고 덕으로 선정을 펴라는 맹자의 왕도 정치 이론을 부국강병에 몰두하던 전국시대 왕들이 받아들이지 않은 것도, 그 이후 여러 통일 왕조들에서도 맹자가 제대로 된 평가를 받지 못한 것도 그 때문이 아니었을까 의심해본다.

백성이 가장 귀하다

백성과 임금, 그리고 신하의 관계에 대한 이론은 『맹자』의 다른 곳에서도 여러 형태로 드러나 있다.

두 군데만 더 살펴보자. 여기서도 제 선왕이 등장한다.

제 선왕이 공경(公卿)에 대해 묻자 맹자가 반문한다. "왕은 어떤 공경을 물으십니까?" "공경이 다 같지 않습니까?" "같지 않습니다. 귀척(貴戚)의 공경이 있고 이성(異姓)의 공경이 있습니다." "귀척의 공경을 묻습니다." 맹자가 말했다. "군주가 큰 잘못이 있으면 간언하고, 반복하여 간언해도 듣지 않으면 다른 사람으로 바꾸어 세웁니다." 왕의 얼굴빛이 갑자기 변하자 맹자가 말한다. "왕은 괴이하게 여기지 마십시오. 왕께서 신에게 물으셨기에 신이 감히 바른대로 대답하지 않을 수 없었습니다." 왕이 얼굴빛이 안정된 후에 이성의 공경에 대해 묻자 맹자가 말했다. "군주가 잘못이 있으면 간언하고, 반복하여 간언해도 듣지 않으면 자신이 떠납니다."「만장 하」9

백성이 가장 귀하고, 사직(社稷)이 그다음이며, 군주는 가벼운 것이다.「진심 하」14

권력에 대한 맹자의 견해를 요약해보자. 백성의 마음을 얻는 자가 천자(天子)가 되고, 천자의 신임을 받는 자는 제후가 되며, 제후의 신임을 받는 자가 대부가 된다. 그런데 천하에 가장 귀한 것은 백성이다. 큰 잘못을 하고도 신하의 간언을 듣지 않으면서 폭정을 계속하는 왕이 있다면, 왕족인 대신 가운데 누가 나서서 갈아 치워도 된다. 왕족이 아닌 대신은 그렇게까지 할 책임은 없으므로 떠나면 그만이다. 그러나 왕족도 다른 신하도 왕의 폭정을 바로잡지 못할 경우, 누군가 백성의 마음을 얻어 무력으로 왕조를 교체해도 된다. 나는 유학의 성인 반열에 오른 맹자가 이와 같이 '불온한 혁명 이론'을 펼쳤다는 사실을 알고 무척 놀랐다. 국민의 군대를 동원해 국민을 학살하고 권력을 찬탈한 정치군인이 대통령이 되어 국민의 기본권을 유린하며 강권 통치를 자행하던 시절이라, 맹자의 역성혁명론은 내 마음에 쏙 들어왔다.

도대체 맹자는 어떤 사람이기에 이런 사상을 감히 발설했을까? 맹자의 집안은 공자 집안과 멀지 않은 산동성(山東省) 추(鄒)라는 곳에 자리 잡고 있었다. 맹자 어머니는 아들만큼이나 유명하다. 맹모삼천(孟母三遷) 설화가 사실이라면, 맹자 어머니는 엄청난 교육열과 뚜렷한 교육철학을 가진 보기 드문 여성이었음에 분명하다. 묘지 근처와 시장통에서 살았던 것으로 보아 경제적으로 크게 부유한 가정은 아니었으리라고 추정할 수 있다. 맹자는 공자 사후 100여 년이 지나 태어났지만 공자와 연결되어 있다. 어렸을 때 공자의 손자 자사(子思)에게서 학문을 배웠다.

맹자는 공자와 마찬가지로 주나라를 숭상했다. 주나라는 사회적 위계가 분명한 봉건국가였다. 신분에 따라 정해진 권리와 의무가 있었으며, 정전법(井田法)에 의거해 소출의 9분의 1 정도를 세금으로 납부하는 안정된 경제제도와 조세체계를 보유하고 있었다. 공자와 맹자는 춘추전국의 대혼란을 종식하고 백성의 삶을 안정시키기 위해서는 주나라 시절의 규범과 법제로 복귀해야 한다고 믿었다. 공자는 문화와 교육의 힘을 깊이 신뢰했다. 그에게 학문 연구와 교육은 바른 가치관과 규범을 내면화한 군자(君子)를 길러냄으로써 사회 발전을 이루는 길이며, 인격을 도야하고 자아를 실현함으로써 개인이 행복한 삶을 실현하는 방법이기도 했다. 그런데 맹자는 공자보다 멀리 나갔다. 현대적 표현을 쓰자면 국가론과 사회정책론 분야로 유학의 영토를 넓혀나간 것이다. 맹자는 공자보다 훨씬 명료한 논리를 전개하면서 다른 사상과도 격렬하게 투쟁한 논쟁적 지식인이었다.

맹자는 왕이 백성의 삶을 윤택하게 만들어야 한다고 거듭 강조했다. 형벌과 조세를 경감하고 무역을 장려하며 부모 잃은 아이들과 의지할 곳 없는 노인들을 돌보는 것이 국가와 군주의 임무라고 주장했다. 경제생활을 안정시켜야 민심을 얻을 수 있으며, 이를 위해서는 힘으로 통치하는 패도(覇道)를 버리고 인의(仁義)로 나라를 다스리라고 역설했다. 그러나 가장 밀도 있는 대화를 나눈 제 선왕마저 말만 그럴듯하게 할 뿐 실천하려는 의지가 없었다. 맹자는 별 성과가 없는 가운데 공자보다 8년이나 더 긴 20년 세월을 그렇게 남의 땅에서 보냈다. 어찌 깊은 회의와 좌절감을 느끼지 않았겠는가.

아름다운 보수주의자, 맹자의 재발견

맹자는 현실에서 철저히 실패한 지식인이었다. 법가와 합종연횡가를 비롯하여 당대의 수많은 지식인들이 군주에게 부국강병의 비결을 제시함으로써 크고 작은 나라의 운명을 좌우할 기회를 누렸지만 맹자는 그렇게 하지 못했다. 그렇지만 전국시대 그 많은 지식인들 가운데 맹자만큼 오래 살아남은 지식인은 없다. 제자들이 그의 언행을 기록한 책 『맹자』가 있었기 때문이다. 기록을 남기는 자가 역사에서 승리한다는 격언은 여기도 어김없이 적용된다. 14권 7책으로 이루어진 『맹자』는 영원히 지워지지 않을 지식인 맹자의 사상을 세상에 남겼다.

『맹자』의 내용은 크게 둘로 나눌 수 있다. 「양혜왕(梁惠王)」, 「공손추(公孫丑)」, 「등문공(滕文公)」에 등장하는 맹자는 정치가 또는 현실 참여형 지식인으로서 왕도정치론과 역성혁명론, 국가론, 사회정책론을 역설한다. 「이루(離婁)」, 「만장(萬章)」, 「고자(告子)」, 「진심(盡心)」 네 편에서는 철학자 맹자를 만날 수 있다. 여기서 맹자는 사람의 본성, 선과 악, 군자의 도리, 인생관 등에 대한 깊은 성찰의 기회를 제공한다. 맹자가 공자의 제자임을 확연하게 느낄 수 있다.

여기까지가 젊은 시절 내가 『맹자』에서 보았던 '혁명적 사상가' 맹자의 모습이다. 다시 『맹자』를 읽으면서 반가운 책 한 권을 만났다. 이혜경 선생이 쓴 『맹자, 진정한 보수주의자의 길』이다. 책날개의 저자 소개를 보면 이혜경은 19세기 말 중국 근대화를 위해 변법자강운동을 주도했던 개명 유학자 량치차오(梁啓超)를 깊이 연구했고 중국 문화와 사상 전반을 공부한 학자다. 진보적 사상가라고 생각했던 맹자를 '진정한 보수주의자'로 규정한 것에 끌려 이 책을 읽었다. 그저 『맹자』를 읽었을 뿐 인간 맹자에 대한 해설서를 제대로 읽은 적이 없었던 나는, 이 책을 읽으면서 맹자라는 사람에 대해 다시 생각해보게 되었고 높이 우러러보게 되었다.

보수주의(保守主義, conservatism)란 무엇일까? 『브리태니커 백과사전』에 따르면 "오랜 시간을 통해 발전되어온 연속성과 안정성을 담보할 수 있는 전통적인 제도와 관습을 소중히 여기는 태도"를 말한다. 조심하자. 보수주의는 체계를 갖춘 이념이나 이데올로기가 아니다. 그것은 전통에 대한 '태도'를 가리키는 말이다. 보수주의는 마음의 상태, 감정, 정서, 살아가는 방식을 의미한다. 물론 보수주의를 이데올로기로 보는 이도 많다. 이혜경 선생은 보수주의를 "자유주의, 사회주의와 함께 서양 근대에 등장한 정치 이데올로기"로 규정했다. 한국어판 위키백과 필자는 기존의 "종교와 문화, 민족의 가치관 유지를 주장하는 정치 이념"이라고 서술해두었다. 이념, 이데올로기, 태도 어느 것으로 보든, 보수주의의 특징을 다음과 같이 규정한다면 맹자가 보수주의자라는 데 이견을 달 수는 없을 것이다.

> 보수주의는 보편 이성을 앞세워 세계를 균질의 문명화 대상으로 삼은 근대정신에 반대하며 자신들의 특수한 전통을 옹호한다. 그 점에서 각지의 전통과 관련된 보수주의는 그들의 고유한 전통과 문화만큼 고유성을 갖는다. 그렇다면 한국의 보수주의는 무엇보다 한국의 전통에 대한 애착을 보일 것이고, 한국의 역사를 생각하면 그것은 유학이 될 것이다. 맹자의 정신이 여전히 정치적 영향력을 행사할 수 있다면 그것은 바람직한 보수주의 모델을 제공하는 일이라고 생각한다. 『맹자, 진정한 보수주의자의 길』, 262쪽

보수주의가 고유의 전통과 문화와 가치관을 지키려는 태도라면 한

국 역사 속에서 형성된 보수주의의 이념적 토대는 역시 유학이다. 맹자는 공자와 더불어 유학을 창시한 인물로 널리 인정된다. 따라서 맹자를 보수주의자라고 하는 것은 매우 자연스러운 일이 된다. 만약 맹자가 유학의 정수를 체현한 인물이라면, 그가 지키려고 한 또는 실현하려고 한 가치는 무엇이었던가? 맹자는 요순(堯舜) 시절과 주나라 시대를 지배했던 가족적 질서와 가치를 지키고 그것을 국가 수준에서 실현하려고 했다.

인간 맹자는 매우 낙천적이고 적극적이며 시원시원한 사람이었던 것 같다. 현대의 보수주의자들이 인간을 이기적이고 악한 존재로 보는 것과 달리, 맹자는 인간이 근본적으로 선한 존재라고 믿었다. 인간은 선한 본성을 타고나지만 그것을 잘 가꾸고 키우고 지켜내지 못해서 악한 짓을 한다는 것이다. 그래서 백성들이 선한 마음을 잘 키워나가도록 하는 것이 국가와 지식인의 책무라고 보았다. 인간이 원래부터 내면에 선한 본성을 가지고 있다는 것을 맹자는 다음과 같이 표현했다.

사람은 다 다른 사람을 불쌍히 여기는 마음을 지니고 있다고 하는 까닭은, 어린아이가 우물에 빠지려고 하는 것을 보면 누구나 깜짝 놀라고 측은히 여기는 마음을 가지게 되니, 이는 아이의 부모와 교분을 맺기 위한 것도 아니요, 마을 사람과 친구들한테서 널리 명예를 얻기 위함도 아니며, 또한 이 어린아이의 울음소리를 싫어해서 그런 것도 아니다. 이렇게 볼 때 궁휼히 여기는 마음이 없으면 사람이 아니며, 부끄러워하는 마음이 없으면 사람이 아니며, 겸손히 사양하는 마음이 없으면 사람이 아니며,

옳고 그름을 가리려는 마음이 없으면 사람이 아니다. 측은지심이 인(仁)의 시작이며 수오지심이 의(義)의 시작이며 사양지심이 예(禮)의 시작이며 시비지심이 지(智)의 시작이다.

無惻隱之心非人也, 無羞惡之心非人也, 無辭讓之心非人也, 無是非之心非人也.
惻隱之心仁之端也, 羞惡之心義之端也, 辭讓之心禮之端也, 是非之心智之端也.

「공손추 상」 6

이것이 맹자의 유명한 '사단(四端)'이다. 이 중에서 제일 중요한 것이 측은지심이다. 측은지심은 타인의 고통과 불행을 함께 느끼고 공감하는 능력이다. 맹자는 절대 권력을 행사하는 군주에게는 이것이 특별히 중요하다고 생각했다. 제 선왕은 도살장으로 끌려가 제물이 될 소를 보고 불쌍하게 생각한 나머지 소를 살려주고 대신 양을 잡으라고 한 일이 있었다. 이 일 때문에 인색하다는 비난과 함께 소는 불쌍하고 양은 불쌍하지 않으냐는 비웃음을 샀다. 그런데 맹자는 눈에 보이는 소를 긍휼히 여기는 마음을 보였기에 통일된 천하의 왕이 될 자질이 있다고 제 선왕을 칭찬했다. 눈에 보이는 것에 대해서도 긍휼히 여기는 마음이 없다면 눈에 보이지 않는 백성을 어찌 긍휼히 여기겠느냐는 것이다.

사람은 누구나 인의예지로 발전할 수 있는 네 가지 마음을 타고났다. 그런데도 이것을 제대로 발현하지 못하는 것을 가리켜 맹자는 사람이 자기를 해치고 자신을 버리는 것이라고 했다. 맹자의 주장에 따르면, 백성이 이런 선한 마음을 잘 발현시켜나가도록 하려면 무엇보다 세금과 형벌을 줄이고 교역을 장려함으로써 경제생활을 윤택하게 해주어야 한다. 평범한 백성들이 부모를 봉양하고 아이들을 키우는 데 부족함이 없도록 해주지 않고는 예의를 말할 수도 없다는 것이다. 하지만 배불리 먹고 편안하게 지내기만 하면서 배우지 않으면 백성은 짐승에 가까워지므로, 국가와 지식인들이 백성에게 삼강오륜 등의 인륜을 가르쳐야 한다고 주장했다.

맹자는 공동체의 질서를 중시했다. 전국시대 대혼란을 몸소 겪은 지식인으로서 당연한 태도였는지도 모른다. 그는 공동체와 질서의 존재가치를 부정하는 사상과 단호하게 투쟁했다. 양주(楊朱)와 묵자(墨子)를 특히 격하게 비판했다. 양주는 극단적인 개인주의와 자연주의를 표방했다. 맹자는 양주를 "내 몸에 털 하나를 뽑아 온 천하를 이롭게 할 수 있다고 해도 그렇게 하지 않는" 이기주의자라고 비난했다. 양주의 사상이 과연 그런 비난을 받아 마땅한 것인지는 의문이지만, 어쨌든 맹자가 보기에 그것은 사악한 사상이었다. 묵자는 상호부조론과 반전평화주의, 자연주의 철학을 실천한 지식인이었다. 맹자는 묵자가 치안과 정치, 질서유지 등 공공재를 공급할 국가의 기능을 원천적으로 부정한다고 보았다.

맹자는 묵자를 비판하는 과정에서 인간의 선한 본성이 가까운 혈육에서 시작해 타인에게로 퍼져나간다는 논리를 전개했다. 이것은 보편적 사랑을 역설한 묵자의 겸애사상(兼愛思想)을 비판하는 데 효과가 있는 논리였다. 찰스 다윈 이래 생물학자들이 발견한 인간의 본능과 행동 양식에 비추어보면 맹자가 옳았다. 인간은 이타적 행동을 하는 이

기적 동물이다. 사회를 만들어 생활하는 과정에서 협동 정신과 타인에 대한 배려, 공동체를 위한 자기희생 같은 '사회적 재능'을 진화시켜왔다. 이타 행동의 가장 강력한 동기는 유전적 근친성이다. 이타 행동이라는 재능은 먼저 유전적 근친성이 높은 사람을 대상으로 표출되어 낮은 사람에게로 확장된다.

맹자는 아버지를 사랑하고 형을 공경하는 것, 다시 말해서 효제(孝悌)를 최고의 가치로 간주했다. 이 규범을 사회 전체로 확대하면 바람직한 공동체가 만들어진다고 생각했다. 맹자의 사회사상 중심에는 가족이 있고, 그중에서도 으뜸은 부모에 대한 효도다. 제자 도응(桃應)이 스승에게 던진 가상적인 '도덕적 딜레마'를 해결하는 맹자의 쾌도난마 논리에서 맹자의 보수적 사상은 그 본질을 남김없이 드러냈다.

"순임금이 천자가 되시고 고요(皐陶)가 법관이 되었는데, 만약 순의 아버지 고수(瞽瞍)가 살인을 했다면 고요가 어떻게 하였겠습니까?"
"그를 체포했을 것이다."
"그렇다면 순임금이 못 하게 하시지 않았겠습니까?"
"순임금이 어떻게 막겠는가? 고요는 맡은 임무가 있다."
"그렇다면 순임금은 어떻게 하셨겠습니까?"
"순임금은 천자의 지위를 헌신짝처럼 버리셨을 것이다. 몰래 아버지를 업고 도망쳐 바닷가를 따라 거처하면서, 평생 즐거워하며 천하를 잊으셨을 것이다." 「진심 상」 35

고요는 순임금의 중신 가운데 하나로서 법을 세우고 감옥을 만드는 등 형벌 제도를 도입했다는 전설적인 인물이다. 오늘날의 법무부장관이다. 고수는 순임금이 천자가 되기 전에 순의 이복동생과 함께 몇 번씩이나 아들을 죽이려고 했던 사람으로, 어리석고 사리에 어두운 아버지의 대명사로 통한다. 도응은 효와 법이라는 두 가치가 충돌하는 '도덕적 딜레마' 상황을 제시함으로써 스승을 골탕 먹이려 했지만 맹자는 단호하게 효를 앞세웠다.

맹자에게 효는 가치 규범의 알파요 오메가였다. 이런 점에서 보수를 넘어 퇴행적인 면도 있었다. 주나라 시절에 생산력이 발전하여 지방의 제후국이 주 왕조보다 강성해진 결과 춘추전국의 혼란이 찾아들었던 만큼, 그런 상황에서 다시 중국 대륙을 단일한 질서 아래 통합하려면 새로운 가치 규범이 나와야 했다. 그런데도 맹자는 여전히 가족적 가치인 '효제'를 국가 수준으로 확장하면 국가적 통합을 이룰 수 있다고 믿었다. '효제'는 예나 지금이나 변함없이 소중한 가치다. 그러나 변화하는 시대 환경에서 이러한 가족적 가치가 공동체를 전일적으로 지배하는 최고 규범의 지위를 유지할 수는 없는 일이었다.

그런데도 맹자는 포기하지 않았다. 군주들에게 만백성의 아버지로서 지켜야 할 도리를 지키라고 요구했다. 가족을 위해 절제하고 희생하는 아버지처럼 백성을 근본으로 삼아 인의예지에 입각한 왕도정치를 펴라고 설득했다. 실천하지 않는 왕들을 원망하거나 비난하지 않았지만 비위를 맞추거나 아부하지도 않았다. 맹자는 학자로서 이름이 널리 알려진 후에 세상으로 나왔기 때문에, 그가 만난 첫 번째 왕이었던 양

혜왕은 공연히 김칫국을 마셨다가 면박에 가까운 훈계를 들어야 했다.

양 혜왕이 말했다. "어르신이 천 리 먼 길을 마다 않고 오셨으니, 장차 우리나라에 큰 이익이 되지 않겠습니까?" 맹자가 대답했다. "왕께서는 하필이면 이익을 말씀하십니까? 중요한 것은 오로지 인의(仁義)일 뿐입니다. 왕께서 어찌해야 내 나라에 이익이 되겠는가 하시면, 대부들은 어찌해야 내 봉지(封地)에 이익이 될까 할 것이고, 일반 관리와 백성들도 어찌해야 내 한 몸에게 이익이 될까 할 것이니, 이와 같이 위아래가 서로 이익을 추구한다면 나라가 위태로워질 것입니다. 전차 만승(萬乘)을 가진 나라에서 임금을 시해하는 자는 반드시 천승(千乘)을 가진 공경이며, 천승의 나라에서 임금을 시해하는 자는 반드시 백승을 가진 대부입니다. 만승 중에서 천승을 가지고 천승 중에서 백승을 가지는 것이 많지 않다고 할 수는 없지만, 만약 의(義)를 경시하고 이(利)를 앞세운다면 모두 빼앗지 않고는 만족하지 못할 것입니다. 「양혜왕 상」 1

왕과 제후들은 맹자의 왕도정치 사상을 진심으로 받아들이지 않았다. 전국시대의 전란 속에서 그들이 의지한 것은 오로지 부국강병책뿐이었다. 당시는 지성과 능력을 가진 군주의 마음을 사로잡지 않고는 지식인이 뜻을 펼 방법이 없는 시대였다. 맹자는 현실에서 철저히 실패하고 고향으로 돌아왔다. 어떤 이는 아무것도 이루지 못한 맹자를 비웃었다. 또 어떤 이는 맹자를 알아주지 않는 세태를 안타까워했다. 그렇지만 맹자는 처음부터 끝까지 씩씩했다.

대장부는 의를 위하여
생을 버린다

보수가 이념이 아니라 "연속성과 안정성을 담보할 수 있는 전통적인 제도와 관습을 소중히 여기는 태도"를 말하는 것이라면, 맹자는 정말 멋진 보수주의자였다고 할 수 있다. 흔히들 보수가 물질적 이익과 세속적 출세를 탐낸다고 하지만 진짜 보수주의자는 이익이 아니라 가치를 탐한다. 진짜 보수주의자는 다른 누군가와 싸우는 전선이 아니라 자기 자신의 내면에 정체성의 닻을 내린다. 타인을 비난하기에 앞서 자신을 성찰한다. 누가 자신을 알아주지 않아도 실의에 빠지지 않으며 깊은 어둠 속에서도 스스로 빛난다. 맹자의 다음과 같은 말에서 나는 측정할 수 없는 사유의 깊이를 느낀다.

> 귀하게 되고자 하는 것은 누구나 마찬가지다. 사람은 누구나 스스로 귀함을 지니고 있건만 생각하지 않아서 모를 뿐이다. 남이 귀하게 해준 것은 진정 귀한 것이 아니다. 조맹(趙孟)이 귀하게 해준 것은 조맹이 천하게 할 수 있다. 「고자 상」 17

삶도 내가 원하는 것이고 의(義)도 내가 원하는 것이지만, 둘 모두를 가질 수 없다면 나는 삶을 버리고 의를 취할 것이다. 삶도 내가 원하는 것이지만 삶보다 더 절실히 원하는 것이 있기 때문에 구차하게 삶을 얻으려 하지 않으며, 죽음도 내가 싫어하는 것이지만 죽음보다 더 싫어하는 것이 있기 때문에 환란을 피할 수 있어도 피하지 않는 것이다. (……) 오직 현자(賢者)만 이런 마음을 가진 것이 아니라 사람마다 가지고 있지만 현자는 이를 잃지 않았을 뿐이다.「고자 상」 10

내가 남을 사랑해도 남이 나를 가까이하지 않으면 인자한 마음(仁)이 넉넉했는지 되돌아보고, 내가 남을 다스려도 다스려지지 않으면 지식과 지혜(智)가 부족하지 않았는지 반성해볼 것이며, 예로 사람을 대해도 나에게 답례를 하지 않으면 공경하는 마음(敬)이 충분했는지 살펴보아야 한다. 어떤 일을 하고도 성과를 얻지 못하면 자기 자신에게서 그 원인을 찾아야 한다. 자신이 바르다면 온 천하 사람이 다 내게로 귀의할 것이다.
「이루 상」 4

처음 『맹자』를 읽었을 때도 이 말들은 거기 있었다. 나는 분명 그것을 읽었다. 하지만 그때는 그저 '공자님 말씀, 맹자님 말씀'이었을 뿐이다. 옳은 것 같기는 한데, 뭘 어쩌라는 것인지 알 수 없는 그런 말이었다. 유홍준 선생은 『나의 문화유산답사기』에서 조선 문인 유한준의 말을 인용해 우리의 문화유산을 사랑하라고 권했다. "사랑하면 알게 되고 알면 보이나니, 그때에 보이는 것은 전과 같지 않으리라." 『맹자』를 읽으면서 나는 그 말을 바꾸어보았다. "알면 사랑하게 되고 사랑하면 보이나니, 그때에 보이는 것은 전과 같지 않으리라."

맹자는 항성(恒星)이다. 다른 별의 빛을 받아야 자기의 존재를 드러낼 수 있는 행성(行星)이나 위성(衛星)과 달리 스스로 빛을 낸다. 진짜

별이다. 별은 심장에서 원자핵을 융합해 만든 빛으로 행성과 위성을 비춘다. 그러나 별은 머물러 있지 않는다. 팽창하는 코스모스(cosmos)의 어떤 별도 제자리를 지키거나 예전에 있었던 곳으로 돌아가지 못한다. 맹자는 문명의 코스모스가 끝없이 팽창한다는 것을 직시하지 못했다. 카오스(chaos)에 빠진 코스모스를 구원하려고 몸부림쳤다. 시대의 변화를 거슬러 가려 한 보수주의자였던 것이다. 그러나 맹자는 내면의 힘으로 빛을 내는 아름다운 사람이었다. 그의 보수주의는 불편하지만, 그것을 떠받치고 있는 호연지기(浩然之氣)를 나는 사랑하지 않을 수 없다. 맹자는, 좌절마저도 아름다웠던, 진정한 보수주의자였다. 대장부였다. 나는 그것을 알고 나서야 그를 사랑하게 되었다.

> 천하라는 넓은 집인 인(仁)을 거처로 삼고, 천하의 바른 자리인 예(禮)에 서며, 천하의 대도(大道)인 의(義)를 실천하여, 뜻을 얻었을 때는 백성과 함께 그 길을 가고, 그렇지 못하면 홀로 그 길을 간다. 부귀(富貴)도 나를 흔들 수 없고, 빈천(貧賤)도 나를 바꿀 수 없으며, 위세와 무력도 나를 꺾을 수 없어야, 비로소 대장부(大丈夫)라고 하는 것이다. 「등문공 하」 2

07 ; 어떤 곳에도 속할 수 없는 개인의 욕망

최인훈, 『광장』

인간은 보고 싶은 것만 보고 듣고 싶은 것만 듣는 동물이라더니, 정말 그런가. 최인훈 선생의 소설 『광장(廣場)』은 기억과는 크게 다른 모습으로 나타나 나를 당황하게 만들었다. 『광장』은 여러 번 고쳐 쓴 작품이다. 잡지 〈새벽〉 1960년 11월호에 처음 실렸으며, 다음 해 단행본으로 나오면서 분량이 크게 늘었다. 작가는 그 후에도 여러 차례 문장과 내용 모두를 적지 않게 수정했다. 처음 읽었던 작품은 1976년 문학과지성사가 초판을 낸 『최인훈 전집』 제1권으로 소설 『구운몽』과 합본한 것이었다. 이번에 다시 본 『광장』은 1989년 재판을 내면서 작가가 약간 수정을 했지만 31년 전 읽었던 초판본과 사실상 똑같은 책이었다. 그런데도 이토록 다르게 읽히다니, 그렇다면 그때 본 건 도대체 무엇이었나.

　『광장』의 줄거리는 단순하다. 대학생 이명준은 월북한 공산주의자의 아들이라는 이유로 경찰에 끌려가 부당하고 불법적인 학대를 당한다. 인권이 짓밟히고 부정부패가 판치는 남(南)의 현실에 절망감과 두려움을 느낀 나머지 이명준은 북(北)으로 간다. 그렇지만 북에서도 절망에 빠진다. 그곳은 혁명이 일어난 공화국이 아니라 혁명을 팔아먹는 자들이 권력을 독점하고 인간을 억압하는 독재국가였다. 주인공은 한국전쟁에서 포로가 되었다가 전쟁 포로 석방 때 남도 북도 싫어서 중립국을 선택한다. 남에서 사랑한 여인은 자신을 사랑하지 않았고, 북에서 사랑한 여인은 아이를 가진 채 전사했다. 주인공은 인도로 가는 배에서 바다로 뛰어내려 스스로 목숨을 거둔다. 그런데 이 소설이 말하는 바는 결코 간단하지 않다.

대한민국의
민족사적 정통성

나는 그때 왜 『광장』을 읽었던가. 명성 때문이었다. 조국의 현실과 민족의 미래를 고민하는 지성인이라면 한 번은 읽어야 할 소설. 『광장』은 그런 명성을 지닌 작품이었다. 그때 내가 이 소설에서 본 것은 무엇이었던가. 강한 인상을 받았던 대목들을 챙겨보면서 이제야 깨닫는다. 아하, 그랬구나. 내가 본 것은 반쪽뿐이었구나. 주인공 이명준이 체험한 현대사를 한 측면에서만 보았구나. 작가가 그린 산봉우리를 한 곳에서만 보고 돌아섰던 것이구나. 문화재만 그런 게 아니라 소설의 아름다움도 읽는 이가 아는 만큼만 보이는 것인가. 다음은 이 소설을 처음 읽었을 때, 큰 공감을 느꼈던 주인공 이명준의 말이다.

한국 정치의 광장에는 똥오줌에 쓰레기만 잔뜩 쌓였어요. 모두의 것이어야 할 꽃을 꺾어다 저희 집 꽃병에 꽂구, 분수 꼭지를 뽑아다가 저희 집 변소에 차려놓구, 페이브먼트를 파 날라다가는 저희 집 부엌 바닥을 깔구. 한국의 정치가들이 정치의 광장에 나올 땐 자루와 도끼와 삽을 들고, 눈에는 마스크를 가리고 도둑질하러 나오는 것이지요.

그때는 유신 시대였다. 어떤 국민의 뜻도 대의(代議)하지 않는 '통일주체국민회의' 대의원들이 서울 장충체육관에 모여 단일 후보로 나선 현직 대통령을 만장일치 새 대통령으로 선출한 때였다. 국회의원의 3분의 1을 대통령이 임명했고, 정부와 정치인들이 돈과 권력으로 국민을 매수하고 협박하던 시대였다. 정부가 외국에서 꾸어 온 돈과 자체 조성한 산업자금을 권력과 결탁한 정치인과 기업인들에게 제멋대로 나누어 주어도, 누구 하나 나서서 항의할 수 없는 시절이었다. 이명준의 말은 한국전쟁 직전 이승만 정권 때의 정치를 겨냥한 것이었지만, 1978년에도 본질적으로 같은 정치 현실이 지속되고 있었다.

어깨, 허리, 엉덩이에 가해지는 육체의 모욕 속에서 명준은 오히려 마음이 가라앉는다. 아, 이거구나, 혁명가들도 이런 식으로 당하는 모양이지, 그런 다짐조차 어렴풋이 떠오른다. 몸의 길은 으뜸 잘 보이는 삶의 길이다. 아버지도?
처음, 아버지를 몸으로 느낀다.
"엄살 부리지 말고 인나라우. 너 따위 빨갱이 새끼 한 마리쯤 귀신도 모르게 죽여버릴 수 있어. 너 어디 맛 좀 보라우."

주인공 이명준은 공산주의자가 아니다. 만주에서 태어나 해방 직후 귀국했는데 아버지가 월북했고 어머니는 죽었다. 은행가인 아버지 친구의 집에 얹혀산다. 아버지를 좋아하지도 존경하지도 그리워하지도 않는다. 그런데 월북한 아버지가 대남 방송에 나왔다는 이유로 경찰서 정보 형사한테 개처럼 얻어맞는다. 그는 처음으로 월북한 아버지에 대한 정서적 연대감을 느낀다. "빨갱이 새끼 한 마리쯤 귀신도 모르게 죽여버릴 수 있"다는 협박은 내가 이 소설을 처음 읽었던 시절에도 여전히 유효했다. 그들은 납북되었다 돌아온 순박한 어부와 북에 가족을 둔 무고한 시민들을 숱하게 간첩으로 공산주의자로 만들었다. 나는 이 대목을 읽으면서 주인공 이명준에 대한 정서적 연대감을 느꼈다.

"그래 이 자식은 뭘 하는 놈이야?"
"철학자라네."
"철학? 새끼 꼭 아편쟁이 같은 게 그럴싸하군."
"이런 새끼들 속이란 더 알쏭달쏭한 거야. 내 사찰계 근무 경험으로, 극렬한 빨갱이들 가운데는 이 새끼 같은 것들이 꽤 많아. 보기는 버러지도 무서워할 것 같지. 이런 일이 있었어……."
그자는 명준을 젖혀놓고 동료 쪽으로 돌아앉아서 겪은 얘기를 늘어놓기 시작한다. 명준은 그의 얘기를 들으면서도 또 한 번 놀란다. 그는 자기 전성시대라면서, 일제 때 특고 형사 시절에 좌익을 다루던 이야기를 하고 있는 것이었다. 그는 특고가 마치 한국 경찰의 전신이나 되는 것처럼 이야기한다. (……) 명준은 자기가 마치 일본 경찰의 특고 형사실에 와 있는 듯한 생각에 사로잡힌다.

특고(特高)는 특별고등경찰, 일제가 정치운동과 사상운동을 탄압하기 위해 만들었던 경찰 조직이다. 조선인 특고 형사는 독립운동가와 민족 지사, 공산주의 운동가와 노동운동가들을 감시하고 체포하고 고문하는 등 가장 악랄한 친일 매국 행위에 종사했지만 아무도 그로 인해 처벌받지 않았다. 오히려 미군정과 이승만 대통령의 친일파 재등용 정책에 힘입어 신생 대한민국 경찰 조직의 심장부에 눌러앉았다. 이승만—박정희—전두환 시대 공안 기관들이 저지른 야만적 고문 행위는 모두 일제 특고에 역사적 뿌리를 두고 있었다.

박정희 대통령이 일본 육사 출신으로 관동군 장교 복무 경력이 있었기 때문에 이 장면은 그가 대통령으로 있었던 시대에도 변하지 않은 현실이었다. 친일 반민족 행위자를 처벌하지 않은, 아니 그 정도가 아니라 그들을 국가 건설의 주역으로 등용했던 대한민국은 민족사적 정통성을 의심받는 나라였다. 대한민국의 민족사적 정통성을 바로 세우는 노력은 아직도 끝나지 않았다. 민간 연구 단체들은 『친일인명사전』을 편찬하고 친일 반민족 행위자 명단을 공개하는 조사 연구 사업을 벌이고 있으며, 국회는 민족 반역자들이 친일 행위를 통해 축적한 재산을 국가가 환수하도록 하는 특별법을 제정했다. 이런 노력은 앞으로도 계속될 것으로 보인다.

소문뿐인 혁명

주인공 이명준은 배를 타고 북으로 갔다. 자진 월북이 아니라 강요된 월북이었다. 월북한 공산주의자의 아들이라는 이유로 죄 없는 청년을 모욕하고 폭행하고 위협한 남의 불합리한 현실, 대한민국 국민이면서도 법률의 보호를 전혀 받지 못한다는 절망감과 모멸감, 공포감이 그를 북으로 내몰았던 것이다. 그러나 그가 혁명의 공화국으로 생각했던 북에서 또 다른 절망과 모멸감에 빠지는 데는 그리 긴 시간이 필요하지 않았다. 다음은 주인공 이명준이 목격한 한국전쟁 직전 조선민주주의 인민공화국 설립 초창기의 현실이다.

명준이 북녘에서 만난 것은 잿빛 공화국이었다. 이 만주의 저녁노을처럼 핏빛으로 타면서, 나라의 팔자를 고치는 들뜸 속에 살고 있는 공화국이 아니었다. (……) 학교, 공장, 시민 회관, 그 자리를 채운 맥 빠진 얼굴들, 그저 앉아 있었다. 그들의 얼굴에는 아무 울림도 없었다. 혁명의 공화국에 사는 열기 띤 시민의 얼굴이 아니었다.

"일찍이 위대한 레닌 동무는 제×차 당대회에서 말하기를……." 눈앞에 일어나는 일의 본을 또박또박 '당사(黨史)' 속에서 찾아내고, 그에 대한 처방 역시 그 속에서 찾아내는 것. 목사가 성경책을 펴들며 "그러면 하나님 말씀 들읍시다. 사도행전……." 그런 식이었다. 그것이 코뮤니스트들이 부르는 교양이었다. 언제나, 어떤 일에 어울리는 '당사'의 대목을, 대뜸, 바르게, 입에 올릴 수 있는 힘. 그것을, 코뮤니스트들은 교양이라 불렀다.

어느 모임에서나, 판에 박은 말과 앞뒤가 있을 뿐이었다. 신명이 아니고 신명 난 흉내였다. 혁명이 아니고 혁명의 흉내였다. 흥이 아니고 흥이 난 흉내였다. 믿음이 아니고 믿음의 소문뿐이었다. 월북한 지 반년이 지난 이듬해 봄, 명준은 호랑이굴에 스스로 걸어 들어온 저를 저주하면서, 이제 나는 무얼 해야 하나? 무쇠 티끌이 섞인 것보다 더 숨 막히는 공기 속에서, 이마에 진땀을 흘리며, 하숙집 천장을 노려보고 있었다.

최인훈 선생은 1936년 함경북도 회령에서 태어났다. 이명준과는 반대로 한국전쟁이 터진 1950년 북에서 남으로 왔다. 소련 군대가 점령한 삼팔선 이북 지역에서 조선민주주의 인민공화국과 김일성 정권이 수립되는 과정을 직접 목격하고 체험하였다. 비록 월남할 당시 고등학교 신입생 나이였지만, 스물다섯 젊은 나이에 『광장』처럼 높은 수준의 지성적 사유를 담은 작품을 쓴 작가임을 고려하면, 그 체제의 본질과 근본 문제를 직관으로 파악했을 것이라고 볼 수 있다.

나는 『광장』만큼 명확하게 북의 체제를 분석하고 평가한 문학작품을 달리 보지 못했다. 비슷한 시기에 인민군으로 징집되었다가 막심 고리키(Maksim Gor'kii)의 문고판 에세이 한 권을 들고 단신 월남했다는 이호철 선생의 소설 『소시민』 등에서 그와 비슷한 느낌을 주는 북한 사회 묘사를 보기는 했지만, 『광장』처럼 정면으로 그 문제를 다룬 작품은 없었다. 1984년 나온 이문열의 『영웅시대』가 비슷한 내용을 담고 있기는 하지만, 그 맥락이 『광장』과는 전혀 다르다.

다음 문장들을 보면 최인훈 선생은 조선민주주의 인민공화국 체제가 실패로 끝날 것임을 분명하게 예견했다. 인간의 욕망을 억압하면서 사회적 사명감으로 사람을 강제하는 체제, 개인의 자발성과 신명을 말살해버리는 사회가 건전하게 발전할 수는 없다는 것이 작가의 진단이었다.

개인적인 '욕망'이 터부로 되어 있는 고장. 북조선 사회에 무겁게 덮인 공기는 바로 이 터부의 구름이 시키는 노릇이었다. 인민이 주인이라고 멍에를 씌우고, 주인이 제 일 하는 데 몸을 아끼느냐고 채찍질하면, 팔자가 기박하다 못해 주인까지 돼버린 소들은, 영문을 알 수 없는 걸음을 떼어놓는다. '일등을 해도 상품은 없다'는 데야 누가 뛰려고 할까? 당이 뛰라고 하니까 뛰긴 해도 그저 그만하게 뛰는 체하는 것뿐이었다. 사람이 살다가 으뜸 그럴듯하게 그려낸 꿈이, 어쩌다 이런 도깨비놀음이 됐는지 아직도, 아무도 갈피를 잡지 못해서, 행여 내일 아침이면 이 멍에가 도깨비방망이로 둔갑할까 기다리면서. 광장에는 꼭두각시뿐 사람은 없었다.

인민 정권은, 인민의 망치와 낫이 피로 물들여지며 세워진 것이 아니었다. '전 세계 약소민족의 해방자이며 영원한 벗'인 붉은 군대가 가져다준 '선물'이었다. 바스티유의 노여움과 기쁨도 없고, 동궁(冬宮) 습격의 아슬아슬함도 없다. 기요틴에서 흐르던 피를 본 조선 인민은 없으며, 동상과 조각을 망치로 부수며, 대리석 계단으로 몰려 올라가서, 황제의 안방에 불을 지르던 횃불을 들어본 조선 인민은 없다. 그들은 혁명의 풍문만 들었을 뿐이다. 30년 전에 흥분이 있었다는 풍문을 듣고 흥분할 수 있다면 그는 감정의 천재다. 1789년에 있었던 흥분의 얘기를 듣고 흥분할 수 있다면 그는 천재다. 북조선 인민에게는 주체적인 혁명 체험이 없었다는 데 비극이 있었다. 공문으로 명령된 혁명, 위에서 아래로, 그건 혁명이 아니다. 그 공문을 보낸 사람이 '전 세계 약소민족의 해방자이며 영원한 벗'이라도 그렇다는 일은, 이 사상에 발을 들여놓은 사람들에게는 좀처럼 받아들이기 어려운 무서운 일이었다.

이것이 최인훈 선생의 진심이었을까? 질문이 좀 이상하지만 어쩔 수 없다.『광장』을 다시 읽으면서, 나는 그랬을 것이라고 생각한다. 그러나 1978년에는 그렇게 보지 않았다.『광장』을 그저 대한민국의 불합리한 사회 현실을 비판하는 소설로 받아들였다. 북에 대해서는 잘 모르겠지만, 이 소설에서 작가가 북 체제를 신랄하게 비판한 것은 '호신용 양비론(兩非論)'일 것이라고 생각했다. 남을 비판하면서 북을 비판하지 않으면 자칫 일제 특고의 후예인 대공과 형사들과 공안 검사들에게 공산주의자로 지목당할 것 아니겠는가. 최인훈 선생은 1960년 11월『광장』을〈새벽〉에 발표하면서 머리말에 이렇게 써두었다.

아시아적 전제의 의자를 타고 앉아서 민중에겐 서구적 자유의 풍문만 들려줄 뿐 그 자유를 '사는 것'을 허락하지 않았던 구정권 하에서라면 이런 소재가 아무리 구미가 당기더라도 감히 다루지 못하리라는 걸 생각하면 저 빛나는 4월이 가져온 새 공화국에 사는 작가의 보람을 느낍니다.

민주주의 역사를 어느 정도라도 공부한 지식인이라면, "저 빛나는 4월이 가져온 새 공화국"이 불과 1년을 버티지 못하고 군부 쿠데타에 엎어지리라는 것까지 예측할 수는 없었다 할지라도, 그것이 그리 튼튼한 기반을 보유하지 못했다는 사실은 알고 있었을 것이다. 따라서 작가는 만일의 경우에 대비해 남북한 비판의 '정치적 균형'을 소설에 내장시켜두었지 않았겠는가. 그렇게 짐작하면서, 북 체제에 대한 작가의 비판을 진지하게 받아들이지 않았다. 왜 그랬을까? 이유는 두 가지다. 첫째, 나의 지적 수준이 너무 낮았기에. 둘째, 북에 대한 경험의 질적 차이 때문에.

먼저 지적 수준 문제. 『광장』은 수준 높은 지식인 소설이다. "바스티유의 노여움과 기쁨", "동궁(冬宮) 습격의 아슬아슬함", "기요틴에서 흐르던 피". 이런 짧은 표현에 담긴 내용을 나는 제대로 가늠하지 못했다. 프랑스 혁명사와 러시아 혁명사를 알기 전에 『광장』을 읽은 것이다. 나는 로자 룩셈부르크(Rosa Luxemburg)와 니콜라이 오스트롭스키가 누구인지도 몰랐다. 헤겔 변증법과 마르크스 유물사관의 관계도 제대로 이해하지 못했다. 김일성 정권을 인민민주주의 혁명의 산물이 아니라 소련 정권의 공문에 의해 하향식으로 조직된 사이비 혁명 정권으로 규정하고 북 체제의 정당성과 효율성을 근본적으로 의심한 최인훈 선생의 견해를 이해하기에는 지성의 키가 너무나 작았던 것이다.

더 본질적인 문제는 경험의 질적인 차이였다. 최인훈 선생 세대와는 달리 우리 세대는 북을 직접 체험한 적이 없었다. 북에 대한 간접 체험마저도 제대로 된 간접 체험이 아니라 중앙정보부가 검열하고 조작한 정보에 의거한 것이었다. 박정희 정권이 북에 관해서 오로지 거짓말만 한 것은 아니었다 할지라도, 국민의 기본권과 자유를 폭력으로 탄압하고 언론을 장악하여 국민 의식을 세뇌하고 지배하려 한 정권이 주는 북에 관한 정보는 기본적으로 믿을 수 없다고 생각했다.

1982년 가을, 북에 대한 정보를 있는 그대로 입수할 기회를 처음으로 얻었다. 고참 상병이었던 나는 동부 지역 DMZ 안 국군 GP 급수 시설 공사에 투입되었다. 당시 보병 소총중대는 늦여름부터 초겨울까지 석 달 정도 삽과 곡괭이를 매고 공사에 투입되곤 했다. 중대장이 고물 흑백텔레비전을 하나 가지고 왔다. 그런데 오후 5시 무렵 북에서 방송을 시작하면 남쪽 방송이 잡히지 않았다. 중대장은 자기 텐트가 좁다며 쓸모없는 텔레비전을 치우라고 했다. 보안대의 지침 때문에 소총수로 근무하는 것처럼 상부에 보고했지만 실제로는 중대 작전병으로 근무했던 나는, 중대 본부 텐트에 그 텔레비전을 옮겨놓고 저녁마다 북한 방송을 봤다. 채널이 둘 나왔는데, 그중 하나가 북의 중앙텔레비전방송이었던 것 같다. 매시간 10분씩 뉴스가 나왔고, 성실 근로를 부추기는 교훈적인 드라마와 동독에서 만들어진 첩보 드라마도 나왔다. 축구 시합이나 배구 경기를 중계하기도 했다. 홈드라마도 있었다.

마침 김일성 주석의 베이징 방문을 기록한 직후였는데, 두 시간짜리 특집 다큐멘터리가 나왔다. 2주일 동안 매일 저녁 7시부터 9시까지,

똑같은 필름을 돌렸다. 김일성이 베이징에 가서 무슨 논의를 했는지 궁금해서 처음부터 끝까지 열심히 보았다. 놀랍게도 아무 정보가 없었다. "위대한 수령님"이 어디를 방문해서 누구에게 "꽃다발을 하사하시었다"거나, "열렬히 환영받으시었다"거나, "만찬을 베푸시었다"는 등 오직 의전 행사뿐이었다. 나는 북한 정부가 인민을 바보로 만들고 있는 게 아닌가 의심했다.

뉴스는 더 놀라웠다. 10분 가운데 8분 정도가 모두 김일성의 동정, 현장 지도 관련 내용이었다. 거기에 사람다운 사람은 김일성 하나였다. 사람 좋은 표정을 한 김일성은 뒷짐을 진 채 싱글싱글 웃었고, 다른 모든 사람들은 경직된 자세와 긴장된 표정을 보였다. 각종 행사에서 사람들은 박수를 치고 종이꽃을 흔들고 발을 굴렀지만, 행복해 보이는 사람은 김일성 말고 아무도 없었다. 카메라맨은 필사적으로 앵글을 조종해 김일성 목 뒤쪽에 솟은 커다란 혹을 감추려고 노력했다.

그 무렵 북한 방송이 "영명하신 지도자 동지"라고 부르던 김정일이 「주체사상에 대하여」라는 '논문'을 발표했다는 보도가 나왔다. 그 논문의 요지가 무엇인지 궁금해 며칠 동안 틈날 때마다 뉴스를 챙겨보았다. 약 8분 동안 논문을 찬양하는 교수, 당 간부, 관리, 노동자들이 줄지어 등장했다. 리비아였던 것 같은데, 수로 공사를 하러 나가 있던 노동자들이 "김정일 동지의 위대한 논문"에 감동해 울면서 인터뷰하는 장면도 나왔다. 그러나 논문의 내용에 대해서는 아무런 정보도 제공하지 않았다. 그날 다른 모든 뉴스는 다 합쳐서 2분도 되지 않았다.

최인훈 선생이 한국전쟁 이전 고향 함경북도에서 본 것이 이런 것이었을까. 아마도 그랬을 것 같다. 백암산 허리 철책 앞에서 군 복무를 하면서 나는 조선민주주의 인민공화국 정부의 목소리를 직접 들었다. 그들의 텔레비전 뉴스를 보았다. 매일 밤 철책 근무를 하면서 밤새도록 나오는 그들의 방송을 들었다. 〈김일성 장군의 노래〉를 외울 수 있었으며, "미제를 향해 총부리를 돌려대라" 하고 선동하는 북의 군가를 따라 부를 수 있었다. 그렇지만 그런 나라에서는 살 수 없을 것 같았다.

주사파, 1980년대의 이명준

북한 방송 뉴스에서 제목을 들었던 「주체사상에 대하여」를 나는 2년 넘게 지난 후에 읽었다. 공안 당국에서 알았으면 국가보안법 위반죄로 체포했겠지만, 내가 "반국가 단체를 이롭게 할 목적"을 가지고 그것을 본 건 아니었다. 그저 지적 호기심에 이끌렸을 뿐이다. 「주체사상에 대하여」는 우리가 흔히 생각하는 논문이 아니다. 그 자체로서는 옳고 좋은 말들도 많이 있지만, 전체적으로 그 '논문'은 참고문헌도 각주도 없는, 김일성과 조선노동당의 전일적 지배를 합리화하는 이데올로기 해설서와 같은 것이다. 특별한 감동도 느낄 수 없었고, 두드러진 철학적 이론적 쟁점이 있는 것도 아니었다. 의아했다. 중동에 나가 있던 그 노동자는 이 '논문'을 받아 들고 도대체 왜 울었던 것일까? 여기 무슨 울 만한 감동이 있다는 말인가. 이런 '논문'이 나왔다고 해서 사람들이 우는 사회가 정상적인 사회일 수 있을까?

이 질문에 대한 답을 이미 들었다는 사실을 기억하지 못했다. 최인훈 선생이 이미 분명하게 다루었던 문제였다. 나는 여러 해 전에 그것을 읽었지만, 작가와 질적으로 전혀 다른 경험을 가졌기 때문에 그것을 내면에 접수할 수 없었다. 다시『광장』을 읽으면서, 이명준의 말을 내가 무의식 안에 담아두고 있었다는 것을 깨달았다. 다음은 이명준이 고위관리로 있던 아버지에게 퍼부은 말이다. 아버지는 아무런 반박을 하지 못한다. 혁명은 없고 혁명의 소문만 있는 잿빛 공화국에서도 아버지는 그저 아들을 사랑하는 아버지였을 뿐이다.

아하, 당은 저더러는 생활하지 말라는 겁니다. 일이면 일마다 저는 느꼈습니다. 제가 주인공이 아니고 '당'이 주인공이라는 걸. '당'만이 흥분하고 도취합니다. 우리는 복창만 하라는 겁니다. '당'이 생각하고 판단하고 느끼고 한숨지을 테니, 너희들은 복창만 하라는 겁니다. 우리는 기껏해야 "일찍이 위대한 레닌 동무는 말하기를……." "일찍이 위대한 스탈린 동무는 말하기를……." 그렇습니다. 모든 것은, 위대한 동무들에 의하여, 일찍이 말해져 버린 것입니다. 이제는 아무 말도 할 말이 없습니다. 우리는 인제 아무도 위대해질 수 없습니다. 아, 이 무슨 짓입니까? 도대체 어쩌다 이 꼴이 된 겁니까?

이명준은 하나가 아니었다. 공동선을 향한 불타는 열정에 사로잡혀 북으로 간 수많은 이명준들이 있었다. 이명준의 운명은 그들 모두의 운명이었다. 한국전쟁이 휴전에 들어갔고, 세계적 냉전 체제가 들어섰고, 수십 년 동안 자본주의와 사회주의 체제 경쟁이 진행되었다. 대한민국의 철강 산업 발전 덕분에 155마일 휴전선뿐만 아니라 삼면의 해안선과 큰 강의 하구에도 쉽게 넘을 수 없는 철책이 둘러쳐졌다. 그런데 30년 세월이 지난 뒤에 새로운 이명준들이 나타났다. 최인훈의 세대와는 질적으로 다른 북한 경험을 가진 세대의 이명준들이었다.

1980년대 중반 대한민국에서 한 무리의 청년들이 집단적으로 관념의 월북을 시도했다. 소위 '주사파(主思派)' 대학생들이다. 그들의 관념적 월북은 이명준의 월북과 마찬가지로 강요된 월북이었다고 생각한다. 그들을 관념적 월북으로 내몬 것은 광주에서 대학살을 저지르고 권력을 움켜쥔 정치군인들, 인권유린과 부정부패를 저지른 독재 권력의 압도적인 물리력에 대한 증오감과 좌절감이었다. 그들은 최인훈의 『광장』을 더 이상 읽지 않았다. 대신 「주체사상에 대하여」를 보면서 지도자를 받드는 법과 전사의 품성을 학습했고, 단파 라디오를 구입해 북에서 송출하는 '민민전(民民戰) 방송'을 들었으며, 「간첩 박헌영으로부터 무엇을 배울 것인가」 같은 팸플릿을 쓰고 그걸로 현대사를 공부했다. 이명준이 전쟁 포로가 되어 거제도 수용소에 갇힌 것처럼, 이 청년들은 국가보안법 위반 시국 사범이 되어 교도소에 갇혔다.

이명준은 남도 북도 싫어서 제삼국을 선택했다. 북으로 갔다면 주기적으로 자아비판을 해가며 비굴하게 살아남았거나 부르주아 근성을 청산하지 못한 죄로 숙청당했을 것이다. 남으로 왔다면 간첩단 사건에 엮여 들어가 '비전향 장기수'의 삶을 살아야 했을지도 모른다. 제

삼국을 선택한 것이 행운일 수도 있었다. 그러나 1980년대의 이명준들에게는 선택권이 없었다. 그래서 대부분의 주사파 청년들이 대한민국의 선량한 시민으로 복귀했다. 관념적인 북한 체류와 결별하지 못한 사람들도 아주 없지는 않은 것 같다. 그런데 그들 중 일부는 자신들을 관념적 월북으로 내몰았던 바로 그 세력의 품으로 들어갔다. 이명준이 다시 남으로 돌아와, 자기가 월북해서 목격한 북의 독재와 비인간적 사회질서를 폭로하고 규탄하는 강연을 하며 살아가는 반공 투사가 된 것과 같은 것이다. 이런 젊은이들은 스스로를 가리켜 뉴라이트, 또는 북한민주화운동가라고 했다. 서글픈 풍경이었다.

열정 없는 삶을 거부하다

이명준의 자살을 어떻게 받아들여야 할까? 소설 속에서 그는 망명자로서 자존심을 지키면서 소박하되 품격 있는 삶을 영위하는 자신의 모습을 상상한다. 그러나 그것은 "붉은 심장의 설레임"이 있고 "가슴속에서 자랑스러운 정열이 불타는" 가치 있는 삶일 수 없었다. 그래서 그는 바다의 심연에 몸을 던졌다. 바다에 뛰어들기 전 이명준은 자신의 아이를 가진 채 전사한 은혜가 "무덤 속에서 몸을 풀었고", 그 모녀가 두 마리 갈매기로 환생해 석방 포로를 실은 타고르호를 따라 마카오까지 왔다는 것을 "깨달았다." 그래서 기쁜 마음으로 그들과 하나가 되어 사랑하며 살아가기 위해 몸을 던졌다. 이것이 문학적 해석이다.

정치적 해석은 좀 다를 것이다. 나는 주인공을 자살에 이르게 한 것은 결국, 절망적인 두 조국의 현실이라고 생각했다. 그리고 이명준의 절망은 어느 정도 작가의 절망을 반영한 것이리라 짐작했다. 다시 생각하니 꼭 그런 것 같지도 않다. 1989년판 머리말에서 작가는 이명준이 실제 전개된 현실보다는 낙관적인 전망을 가졌을 것이라고 했다.

이 작품의 첫 발표로부터 30년, 소설 속의 주인공이 세상을 떠난 날로부터는 40년에 가까운 세월이 흘렀다. 이 소설의 주인공이 겪은 운명의 성격 탓으로 나는 이 주인공을 잊어버릴 수가 없다. 주인공이 살았던 것과 그리 다르지 않은 정치적 구조 속에 여전히 필자는 살고 있기 때문이다. 이명준은 그가 살았던 고장의 모습이 40년 후에 이러리라고 생각하였을까—이런 생각이 떠오르는 것이다. 당자가 아니기에 단언할 수는 없지만, 아마 현실의 결과보다는 훨씬 낙관적인 전망을 무의식적으로 지니고 있지 않았을까 싶다.

이렇게 보면 이명준을 바다에 뛰어들게 한 것은 조국의 미래에 대한 절망보다는 전쟁이 빼앗아 간 여인과 딸에 대한 그리움과 사랑이었다고 보는 게 맞을 것 같다.

『광장』은 우리 민족의 현대사를 압축한 역사소설이며, 전쟁의 포연 속에서 피어난 사랑을 간절하게 그려낸 아름다운 소설이다. 적에게 가담한 옛 친구를 풀어준 죄로 낙동강 전선에 투입된 명준, 연인을 배신하고 모스크바 공연을 떠난 것을 후회하면서 그를 다시 만나겠다는 막연한 희망을 안고 간호병으로 자원해 전선으로 온 발레리나 은혜. 둘은 전선 후미진 곳의 동굴에서 뜨겁고 절망적인 사랑을 나눈다. 그들의 사랑을 묘사한 대목은 신동엽 선생의 시「껍데기는 가라」를 연상시킨다. "한라에서 백두까지/향그러운 흙 가슴만 남고/그 모오든 쇠붙이는 가라."

오른손으로, 은혜의 군복 앞 단추를 끌렀다. 다음에는, 가죽떠를 끌렀다. 마디가 굵은 버클이 무디게 절그럭거린다. 이 고운 몸에, 이 무슨 흉한 쇠붙이란 말인가. 이 몸을 볼쇼이 테아트르의 대리석 기둥이 받치는 놀이마당에서, 전차가 피를 토하는 이 스산한 마당까지 불러온 자는 누군가. 이 예술가의 가냘픈 몸의 도움까지 받아가면서 해내야 할 사람 잡이에 내몰기 위해서? 안 된다. 너희들이 만일 인민의 이름을 팔면서 우리를 속이려 든다면, 우리도 걸맞은 분풀이를 해줄 테다. 사람을 얕잡아보지 마라. 너희가 한 푼을 속이면, 어김없이 한 푼을 속이우리라. 전차와 대포를 지키라고 너희들이 데려다 놓은 자리에서, 우리는 원시의 광장을 찾아가고 있다. 이렇게. 단추와 가죽 허리떠를 끌러낸 풀빛 루바시카 윗저고리를 벗긴다. 그녀의 드러난 가슴에 얼굴을 묻는다.

사랑의 일이 끝나고, 그들은 나란히 누워 있었다. "저……." 깊은 우물 속에 내려가서 부르는 사람의 목소리처럼, 누구의 목소리 같지도 않은 깊은 울림이 있는 소리로 그녀가 불렀다. "응?" "저……." 명준은 그 목소리의 깊이에 몸이 굳어졌다. "뭔데, 응?" "저……." 그녀는 돌아누우면서 남자의 목을 끌어당겨 그 목소리처럼 깊숙이 남자의 입을 맞췄다. 그러고는, 남자의 귀에 대고 그 말을 속삭였다. "정말?" "아마." 명준은 일어나 앉아 여자의 배를 내려다봤다. 깊이 팬 배꼽 가득 땀이 괴어 있다. 입술을 가져간다. 짭사한 바닷물 맛이다. "나 딸을 낳아요." (……) "딸을 낳을 거예요. 어머니가 나는 딸이 첫 애기래요."

명준은 사령부에서 떠도는 소문을 들었다. 총공격이 가깝게 있으리라는 것이었다. 그 말을 알렸을 때, 은혜는, 방긋 웃었다.
"죽기 전에 부지런히 만나요. 네?"
그날 밤 명준은 두 시간 가까이 기다렸으나, 끝내, 그녀는 나타나지 않았다. (……) 은혜는 부지런히 만나자던 다짐을 아주 어기고 말았다. 전사한 것이다.

이런, 여러 번 읽은 대목인데, 또 눈자위가 뜨끈해지고 콧날이 시큰하다. 소설을 읽으면서 눈물을 흘릴 만한 감성이, 내게, 아직도, 남아 있었던가.

08 ; 권력투쟁의 빛과 그림자

사마천,
『사기』

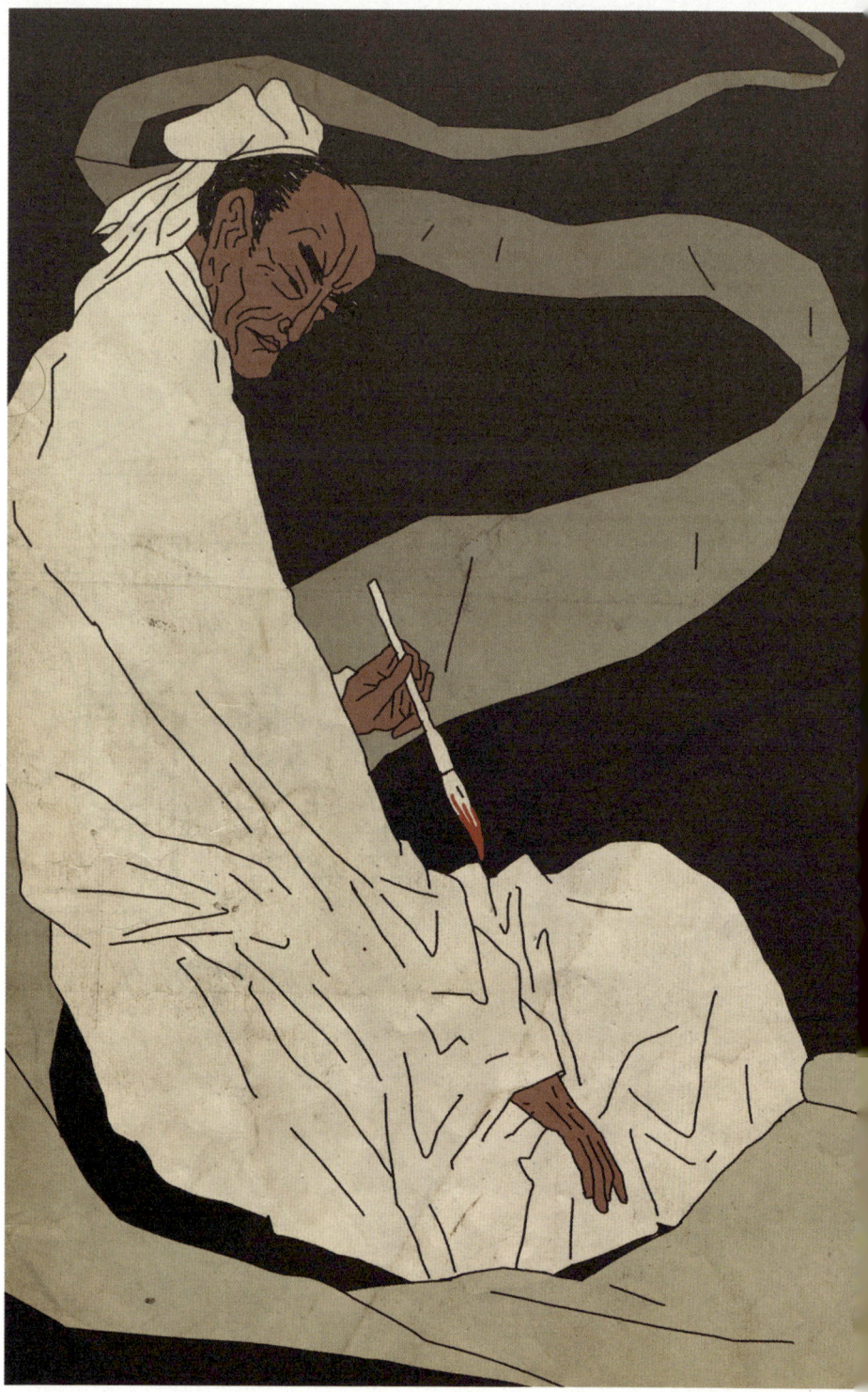

『사기(史記)』는 중국 역사에서 유래한 사자성어(四字成語)의 보물 창고다. 젊었을 때 먼저 「열전(列傳)」을 읽었다. 『사기』는 여러 얼굴을 가진 역사책이어서 한마디로 평하기가 어렵다. 하지만 역사 연구자가 아닌 평범한 독자로서, 약간의 만용을 부려 말하자면, 나는 사마천(司馬遷)이 『사기』에서 다룬 핵심 주제가 인간과 권력의 관계였다고 생각한다. 「열전」을 읽으면서 나는, 권력이 뿜어내는 찬란한 광휘의 이면에 인간의 참혹한 비극이 놓여 있음을 알았다. 행복하게 살려면 되도록 권력을 멀리해야겠다고 생각했다. 하지만 흔히 그런 것처럼 내 인생도 내가 바란 대로 풀리지는 않았다. 권력을 차지하기 위한 싸움에 가담했고, 권력을 행사하는 일에도 참여해보았다. 역시 그랬다. 권력은 마주서 있을 때보다는 함께 서 있을 때 더 큰 두려움을 느끼게 한다.

『사기』는 비극적 삶과 죽음에 관한 기록이라고도 할 수 있다. 「열전」의 등장인물 가운데 천수(天壽)를 누린 사람은 거의 없다. 대부분이 비참하게, 억울하게, 장렬하게, 더러는 멋지게 죽었다. 처음 읽었을 때

마음을 가장 크게 울린 비극의 주인공은 '토사구팽(兎死狗烹)'이라는 사자성어를 남긴 명장 한신(韓信)이었다. 한신의 죽음은 인간을 잡아먹는 권력의 비정함을 날것 그대로 보여준다. 전쟁의 천재였으나 정치의 둔재였던 한신은 의리를 지키려 했던 마음 때문에 턱밑까지 파고든 음모의 칼날을 보지 못했다. 반역을 꾀한 혐의를 쓰고 살해당했지만, 그는 반역할 뜻을 품은 적이 없었다. 권력의 생리를 몰랐기에 억울하게 죽었을 뿐이다.

『사기』의 주인공, 한고조 유방

『사기』 전체에서 가장 중요한 인물은 한고조 유방(劉邦)이다. 그는 시황제가 죽은 후 도처에서 반란이 일어나 진(秦)나라가 혼란에 빠졌을 때 군사를 일으켰고, 한나라 왕이 된 후 초패왕(楚覇王) 항우(項羽)를 상대로 극적인 승리를 거두고 황제가 되었다. 한신은 유방 군사의 총사령관으로서 항우를 제압하는 데 가장 큰 공을 세웠다. 그는 개천에서 난 용이었다. 회음(淮陰)이라는 시골 출신으로 흉중에 대망을 품었지만 아무도 알아주지 않는 건달에 불과했다. 끼니를 제대로 해결하지 못해서 알지도 못하는 동네 아낙한테 밥을 얻어먹기도 했고, 의미 없는 싸움을 피하려고 불량배의 가랑이 아래를 기어가기도 했다. 한때 항우 휘하에 있었지만 누구도 능력을 알아주지 않았기에 중용되지 못했다. 그가 탁월한 능력을 발휘한 것은, 한고조 유방의 무한 신뢰를 받았던 소하(蕭何)의 강력한 추천 덕분에 벼락출세를 해서 일약 한나라 군대의 총사령관이 된 이후였다.

한신은 기습, 매복, 기만, 수공(水攻) 등 신출귀몰한 전략 전술을 구사함으로써 수없이 많은 전투에서 승리를 거두었다. 초한전(楚漢戰)의 전황을 결정적으로 바꾼 큰 전투에서 이긴 것만 네 번이었으며, 사면초가(四面楚歌)라는 심리전을 써 항우를 자살로 몰아간 마지막 해하(垓下) 전투의 승리 역시 그의 작품이었다. 한신이 없었다면 유방은 황제가 되기는커녕 항우 군대의 칼날에 죽었을지도 모른다.

그런데 한신과 유방의 관계가 원만하지는 않았다. 한신은 한고조에게 충성했지만 한고조는 한신을 의심했다. 한신은 초한전이 끝나기도 전에 스스로 제나라 왕이 되었다. 유방은 마지못해 이를 승인했으며 나중에는 그를 초나라 왕으로 삼았다. 그런데 황제가 된 지 얼마 되지 않아 역모를 꾸몄다는 모함을 구실로 삼아 한신을 체포했다. 초한전을 승리로 이끌었던 위대한 전쟁 영웅 한신은 수갑과 차꼬를 차고 낙양으로 압송되었다.

한신은 거침없는 논리와 교만한 언행으로 여러 차례 한고조의 심기를 불편하게 만들었다. 나는 위선을 부리지 않는 직선적 성격 때문에 오해를 받았다고 생각한다. 그는 무명이었던 자신을 대장군으로 기용했던 유방의 은혜를 잊지 않고 끝까지 의리를 지키려 했다. 여러 책사들이 한신을 유혹했다. 특히 괴통이라는 인물은 유방을 떠나 항우와 함께 천하를 삼분하라고 권했다. 항우가 죽는 날 한신도 유방의 칼에 죽을 것이라고 예언했다. 그런데도 한신은 여러 책사의 권유를 모두 물리치고 한고조 편에 남았다. 역모의 혐의를 쓰고 체포되자 그는 이렇게 한탄했다.

정말 사람들의 말에 "날랜 토끼가 죽으면 훌륭한 사냥개를 삶아 죽이고, 높이 나는 새가 모두 없어지면 좋은 활을 치워버린다. 적을 깨뜨리고 나면 지모 있는 신하는 죽게 된다"라고 하더니, 천하가 이미 평정되었으니 내가 삶겨 죽는 것은 당연하구나!" 「사기열전 1」, 806쪽

한신은 힘의 집중을 추구하는 권력의 생리를 너무 늦게 이해했다. 황제를 원망하지 않고 '토사구팽'의 운명을 받아들였다. 그런데 한고조는 성정이 야비한 데가 있지만 또한 덕을 중시하는 사람이었다. 한신을 죽일 경우 은혜를 모르는 황제라는 비난을 들을 우려가 있었다. 한신을 대장군으로 임명한 직후에 나누었던 대화를 기억하고 있었는지도 모른다. 그때 한신은 유방이 덕의 중요성을 알기에 항우를 제압할 수 있다고 했다.

한신이 물었다. "왕께서는 용감하고 사납고 어질고 굳센 점에서 항왕과 비교할 때 누가 낫다고 생각하십니까?" 한나라 왕이 대답했다. "내가 항왕만 못하오." 한신은 두 번 절하고 한나라 왕이 자신을 정확히 알고 있음을 칭송하고 이렇게 말했다. "신도 그렇게 생각합니다. 그러나 신이 일찍이 그를 섬긴 적이 있으므로 항왕의 사람됨을 말씀드리겠습니다. (……) 항왕의 군대가 지나간 곳이면 학살과 파괴가 없는 곳이 없습니다. 천하

의 많은 사람이 그를 원망하고 백성은 가깝게 따르지 않습니다. 다만 그의 강한 위세에 눌려 있을 뿐입니다. (……) 그러므로 그 위세는 약해지기 쉽습니다. (……) 항왕은 진나라 투항병 20여만 명을 속여서 구덩이에 파묻어 죽였습니다. (……) 그러나 왕께서는 털끝만큼도 해를 끼치지 않았고, 진나라의 가혹한 법률을 없앴으며, 진나라 백성과 [살인과 상해와 절도를 금하는] 세 가지 법만 두기로 약속하였으니 진나라 백성들 가운데 왕께서 진나라 왕이 되기를 바라지 않는 사람은 없습니다." 「사기열전 1」, 780~782쪽

 이렇게 믿었기에 한신은 최선을 다했고 끝내는 유방으로 하여금 대륙을 통일하는 위업을 이루게 했다. 그런 사람한테 있지도 않은 역모 혐의를 씌워 죽이려니 한고조도 마음이 편치는 않았을 것이다. 그래서 한신을 초나라 왕에서 회음후(淮陰侯)로 강등하는 조처만 하고 살려주었다. 군사도 없이 홀로 수도에 연금당한 한신은 황제가 자기를 미워하고 두려워한다는 것을 확실하게 알았기에 황제를 피해 다녔다. 조회에 나가지도 않았고 황제를 수행하지도 않았다. 하지만 끝내 '토사구팽'의 운명을 벗어날 수 없었다. 유방이 미천한 시절 혼인했던 한고조의 조강지처(糟糠之妻), 여씨 성을 가진 황제의 아내 여후(呂后)가 남편을 대신해 한신을 죽였다. 한신을 함정에 빠뜨린 인물은 자신을 대장군으로 만들어준 은인이자 한나라 승상인 소하였다. 한신은 소하의 권유를 뿌리칠 수 없었기에 위험을 무릅쓰고 여후에게 황제의 승전 축하 인사를 하러 갔다가 비참한 최후를 맞았다. 사마천은 그 장면을 이렇게 기록했다.

한신이 들어가자 여후는 무사를 시켜 한신을 포박하여 장락궁(長樂宮)의 종실(鍾室)에서 목을 베도록 했다. 한신은 죽으면서 이렇게 말했다. "괴통의 계책을 쓰지 못한 것이 안타깝다. 아녀자에게 속은 것이 어찌 운명이 아니랴!" 여후는 한신의 삼족을 멸하였다. 고조는 한신이 죽은 것을 알고 한편으로는 기뻐하고 한편으로는 가엾게 여겼다. 「사기열전 1」, 809~810쪽

'개천에서 난 용' 한신은 큰 야망과 빼어난 재능을 가졌지만 불우한 환경 때문에 멸시와 조롱을 받았다. 하지만 모든 것을 참고 견딘 끝에 뜻을 이루었다. 한신은 젊은 시절 받았던 수모를 한순간도 잊지 않았다. 초나라 왕이 되자, 은혜에 보답하겠다는 허튼소리는 그만두고 제 앞가림이나 잘하라고 지청구를 하면서 밥을 주었던 아낙을 찾아내 거금을 주었다. 가랑이 아래를 기어가게 만들었던 건달을 높은 계급의 군인으로 특채했다. 이런 행동으로 미루어 보면 한신은 자기의 인격에 대한 승인을 받는 데 집착했던 것 같다. 표현 방식이 좀 촌스럽기는 했지만 드높은 자부심을 지녔고, 자신이 그런 자부심을 가진 인물임을 인정받으려고 노력했다. 소하와 한고조에게 끝까지 의리를 지키려고 한 것 역시 그러한 자부심을 표현하는 방법이었다고 나는 해석한다.

지식인 사마천의 울분

끊임없이 한신을 의심하고

시기했던 한고조가 미웠다. 제 손으로 죽이지는 않았지만 여후가 한신을 죽였다는 보고를 받았을 때 "한편으로는 기뻐하"면서 "한편으로는 가엾게 여"긴 그의 용렬함이 싫었다. 권력은 정녕 나눌 수 없는 것인가? 사냥이 끝나면 개를 삶는, 그런 비정함을 초월하는 권력이란 있을 수 없는가?

사마천은 한신에게 유방을 배신하라고 권유한 책사들의 논리와 그것을 거부한 한신의 언행을 '회음후열전'에 상세하게 적었다. 이것을 보면 역모를 꾀한 죄를 덮어쓰고 죽은 대역죄인 한신이 사실은 한고조에 대해 끝까지 신의를 지킨 충신이었음을 알 수 있다. 그런데 사마천은 어째서 그가 괴통의 계책을 물리친 내용을 그토록 상세하게 기록했을까? 나는 한자오치(韓兆琦)가 『사기 교양강의』, '전쟁의 신, 정치의 하수, 한신' 편에서 내린 해석에 동의한다. 사마천은 한신이 누명을 쓰고 억울하게 죽었다는 것을 기록으로 남기고 싶었던 것이다. 괴통과 한신이 밀실에서 나눈 대화를 마치 엿듣기라도 한 것처럼 문학적 상상력을 동원해 기술한 것은 사마천이 억울한 누명을 쓰고 죽은 비극적 인물들에 대해 특별한 연민을 느꼈기 때문이다. 사마천 역시 누명을 쓰고 억울하게 죽을 뻔했고, 죽음은 면했지만 치욕적인 처벌을 받은 비극의 주인공이었다는 사실을 고려하면, 이런 해석은 설득력이 있다.

한자오치의 분석에 따르면 『사기』 130편 가운데 112편이 인물 전기다. 인물 전기 112편 중에서 무려 57편이 비극적 인물을 제목으로 삼았다. 편명은 그렇지 않지만 비극적 인물을 다룬 것이 20여 편 더 있다. 주요하게 다룬 비극적 인물은 모두 120명이다. 한자오치는 이들을 여섯 부류로 나누었다. 법가의 대표 인물인 상앙과 반란을 일으켜 진나라를 사실상 무너뜨린 진승은 시대를 앞서갔다가 공격과 모함을 받고 살해당했다. 항우와 제 환공은 역사 발전에 중요한 역할을 했지만 실수나 착오 때문에 비참한 종말을 맞았다. 한신과 몽염은 큰 업적을 세우고도 군주의 시기와 견제를 받아 살해되었다. 굴원과 왕촉은 도의와 원칙을 고수하다가 희생되었다. 공자와 맹자는 학문을 전파하고 이상을 견지하기 위해 분투했으나 살아서 아무것도 이룬 게 없었다. 마지막으로 진시황과 유방은 성공한 것처럼 보이지만 결국은 실패했다.

『사기』가 전체적으로 비극적 인물에 대한 기록이 된 것은 저자의 인생 역정과 관계가 있다. 사마천은 기원전 145년경 대대로 역사 편찬과 천문, 역법, 제사를 관장하는 집안에서 태어났으며 그 자신도 한나라 무제(武帝) 때 태사령이라는 고위 관리로서 같은 일을 했다. 「열전」의 마지막 편인 '태사공자서(太史公自書)'에서 자신의 삶의 이력과 아울러 『사기』를 집필한 취지를 밝히고 해제를 썼다.

사마천의 생애를 자세히 서술할 여유가 없으므로 『사기』 집필과 직접 관련된 일화 두 가지만 이야기하겠다. 사마천은 역시 태사령을 지낸 아버지 사마담에게서 중요한 옛 역사 문헌 목록을 받았으며 그 문헌들을 모두 정리하여 공자가 『춘추』를 지은 것처럼 후세에 남을 역사서를 쓰기로 약속했다. 그러나 권선징악이라는 대의명분을 위해 사건과 인물에 대해 준엄한 가치판단을 내리고 주나라 왕실을 예찬했던 공자와 달리, 역사적 사실을 충실하게 간추려 정리하는 객관적 역사 서술 기법을 따르고자 했다. 이것이 『사기』 집필에 착수한 동기였다.

『사기』를 쓰기 시작한 지 7년이 지났을 때 사마천은 이른바 '이릉(李陵)의 화'를 당했다. 흉노와 전쟁을 하다가 투항한 이릉 장군이 황제에 대한 충성심을 버리지 않았을 것이라고 변호하다가 황제의 노여움을 사 사형에 처해지게 된 것이다. 이때 사마천은 55세 정도 되었을 것으로 추정된다. 이릉은 기원전 99년, 5000 별동대를 이끌고 8만 흉노 병력에 포위당한 가운데 결사 항전을 벌이다가 식량과 무기가 동나자 집단 학살 위험에 처한 부하들을 살리려고 항복했다. 흉노의 왕은 그의 능력을 높이 평가한 나머지 어떻게든 자기 사람으로 만들어보려고 눈물겨운 노력을 했지만, 이릉은 전혀 그럴 마음 없이 다시 한나라를 위해 흉노와 싸울 기회를 노리고 있었다. 그런데 무제가 항복한 죄를 물어 이릉의 일족을 몰살시켰다. 격분한 이릉은 흉노 왕의 딸과 결혼해 흉노의 장군이 되었으며 두고두고 한나라 군대를 괴롭혔다. 그의 비극은 전설이 되어 중국 민중들 사이에 퍼져나갔다.

사마천도 이 사건으로 비극의 주인공이 되었다. 어떻게 된 경위인지는 확실하지 않지만, 어쨌든 사형을 면하는 대신 궁형(宮刑)이라는 거세형을 받았다. 나중 사면을 받았지만 관직을 그만두고 역사 집필에 몰두했다. 사마천은 자신을 비극적 인물로 인식했다. '태사공자서'에서 명문(名文)을 남긴 비극의 주인공들을 예시함으로써 내면의 울분을 토로했는데, 역사서를 집필한 것이 누명을 쓰고 억울한 처벌을 받은 사람으로서 마음에 맺힌 울분을 발산한 것임을 숨기지 않았다. 역사 속의 비극적 인물들에 대해 일종의 동류의식을 지니고 있었던 것이다.

옛날 주나라 문왕 서백(西伯)은 유리(羑里)에 갇혀 있으므로 『주역』을 풀이했고, 공자는 진나라와 채나라에서 고난을 겪었기 때문에 『춘추』를 지었으며, 굴원은 쫓겨나는 신세가 되어 『이소』를 지었고, 좌구명은 눈이 멀어 『국어』를 남겼다. 손자는 다리를 잘림으로써 『병법』을 논했고, 여불위는 촉나라로 좌천되어 세상에 『여람(呂覽, 여씨춘추)』을 전했으며, 한비는 진(秦)나라에 갇혀 「세난(說難)」과 「고분(孤憤)」 두 편을 남겼다. 『시』 300편은 대체로 현인과 성현이 발분하여 지은 것이다. 이런 사람들은 모두 마음속에 울분이 맺혀 있는데 그것을 발산시킬 수 없기 때문에 지나간 일을 서술하여 앞으로 다가올 일을 생각한 것이다. 「사기열전 2」, 882쪽

사마천은 공자와 달리 역사를 사실에 입각해서 객관적으로 서술하려고 노력했을 뿐만 아니라 서술 형식도 단순히 시간의 흐름에 따라 사건을 기술하는 『춘추』의 편년체(編年體)보다 훨씬 입체적인 기전체(紀傳體)를 창안했다. 그는 역사를 다섯 가지 형식으로 서술했다. 중심은 제왕을 중심으로 거시 권력의 변화를 다룬 「본기(本紀)」다. 황제(黃帝)에서 순임금까지 다섯 명의 전설 시대 제왕을 다룬 '오제본기'부터 '진시황본기'와 '항우본기'를 거쳐 자신이 모셨던 무제 시대를 서술한 '효무본기'까지 사마천은 3000여 년에 걸친 중국 왕조의 역사를 편년체 형식으로 집대성했다.

그다음은 「표(表)」인데, 하, 은, 주 3대를 다룬 연표에서 뛰어난 장군과 신하 연표까지 10편으로 이루어졌다. 여러 왕조와 제후국들의 흥망성쇠와 복잡한 상호 관계를 한눈에 알아볼 수 있게 만든 것이다. 세

번째 「서(書)」 8편은 예법과 음악, 군사, 역법, 천문, 치수, 화폐 등 사회경제제도와 행정, 문화를 다룬 분야별 사회사라고 할 수 있다. 네 번째 「세가(世家)」는 중요한 제후국의 역사를 상세하게 다룬 것으로 모두 30편으로 이루어져 있다.

마지막이 뛰어난 인물들을 다룬 「열전(列傳)」이다. 70편인 「열전」은 「본기」와 짝이 되어 기전체 역사서인 『사기』의 두 축을 형성한다. 사마천은 황실의 공식 기록뿐만 아니라 제후국의 기록, 제자백가의 저술을 참고했으며 구전설화나 민담도 차용했다. 그렇게 하고서도 정황이 분명하지 않은 경우에는 문학적 상상력을 동원했는데, 특히 「열전」에서 이런 면이 두드러진다. 사마천은 큰 업적을 남긴 제후와 정치가, 군인, 지식인을 주로 다루었지만 거기에 한정되지는 않았다. 「열전」에는 큰 부자와 유명한 상인이 나오며 자객과 비적, 배우도 등장한다. 이런 인물들에 대해서 확실하고 정확한 역사 기록이 존재했을 가능성은 매우 낮다. 이런 점에서 『사기』는 위대한 역사서인 동시에 방대한 분량의 전기문학(傳記文學) 작품이라고 할 수 있다.

새 시대는 새로운 사람을 부른다

한신의 비극적 죽음이 정말 억울한 것이었는지 확인해보고 싶어서 「본기」와 「열전」의 관련 기록을 살펴보았다. 특히 '한고조본기'와 '여태후본기'를 보면서 예전에는 없었던 의문을 가지게 되었다. 한고조는 도대체 왜 한신을 죽이려 했을까? 권력이 원래 그렇게 비정한 것이라고 뭉뚱그리고 말 수는 없는, 어떤 특별한 사정이 있었던 것은 아닐까? 한신, 장량, 소하 등 소위 '건국 공신 삼총사' 중에 비참하게 죽은 사람은 한신뿐이었다.

당시 권력 실세는 소하였다. 소하는 한고조와 동향으로 미천한 신분이었을 때부터 인연을 맺었던 가신(家臣)이다. 전시의 참모였을 뿐만 아니라 평화 시에도 승상으로 오래 재직하면서 부귀영화를 누렸다. 그는 절대 흔들리지 않는 황제의 신임을 배경으로 권력의 핵심이 되었다. '장자방'으로 알려진 장량(張良)은 한때 시황제를 암살하려다 미수에 그쳤던 열혈 청년이다. 한고조의 휘하에 들어가 대중에게 보이지 않는 곳에서 대륙을 제패할 전략 전술을 제공했다. 그러나 그는 논공행상(論功行賞)을 할 때 공 다툼에 끼어들지 않았다. 고조가 3만호 봉토를 가진 제후의 직위를 내리자 너무 많다고 극구 사양해 1만호 제후를 받는 데 그쳤다. 여후가 한신을 죽이는 참극을 벌였을 당시에는 병을 핑계로 칩거했다. 신선술을 연마할 기회를 달라고 황제를 조른 끝에 결국 은퇴를 허락받고 숨어버렸다. 앉아서 천 리를 보며 싸우지 않고도 이겼다는 명성은 결코 헛것이 아니었다. 그는 독점과 집중을 추구하는 권력의 본성을 잘 알았던 듯하다.

『사기』를 다시 살펴보면서 나는 한신의 죽음이 적응의 실패에서 온 것이라는 결론을 얻었다. 그것은 단순한 인간적 비극이 아니라, 역사가 아널드 토인비(Arnold J. Toynbee)가 말한 것처럼 역사에서 늘 일어나는 '역할의 전도' 현상에 한신이 적응하지 못했거나 적응을 거부함으로써 일어난 사건이었다. 그리고 인간적 비극으로 말하면 한신을 버린 한고조의 삶도 크게 다를 바 없었다.

『사기』가 주로 비극적 인물에 관한 기록이지만, 높이 출세하여 권력의 단맛을 만끽하면서 천수를 누린 인물도 더러 나온다. 예컨대 소하는 전시뿐만 아니라 국가 건설 시기에도 전문 관료로서 능력을 발휘했다. 새로 등장한 관료도 있었다. 그들은 전쟁 때는 한 일이 없었지만 국가 제도를 정비하고 황제의 권력을 높이 세우는 일을 보좌하면서 전면에 나섰다. 전형적인 '역할의 전도' 현상이다. 역사는 도전과 응전의 연속이다. 시대가 바뀌고 도전의 성격이 달라지면 응전에 성공하는 주체 또한 달라질 수밖에 없다. 한 시기의 도전에 성공적으로 응전한 사람들은 새로운 도전에도 옛날 방식으로 응전함으로써 실패하는 경향이 있기 때문이다.

새 시대는 새 사람을 부른다. 구시대의 도전에 성공적으로 응전한 사람이라 할지라도, 새 시대의 도전에 제대로 응전하지 못하면 어떤 식으로든 도태되고 만다. 『사기』 전체를 통틀어 이러한 '역할의 전도' 현상을 가장 도드라지게 보여준 인물이 한신이다. 그런데 한신의 비극을 더욱 비극적으로 보이게 만드는 사람이 있었으니 바로 숙손통(叔孫通)이라는 지식인이다. 숙손통은 한신이 숙청당한 바로 그 시기에 황제의 총애를 받는 권력의 실세로 떠올랐다. 그의 성공은 한신의 비극과 대비되어 더욱 도드라진다. 숙손통에 대한 「열전」의 기록을 보면, 황제가 된 후 한고조는 최고 권력자로서 심각한 문제에 봉착했고, 그 문제를 해결하지 못해 우울증에 빠졌다는 것을 알 수 있다.

한나라 5년에 천하를 모두 손에 넣자 제후들이 다 같이 정도(定陶)에 모여 한나라 왕을 황제로 추대하였는데, 숙손통이 그 의식의 예절 및 군주와 신하의 직책상 호칭을 정하였다. 고조는 진나라의 복잡한 의례를 모두 없애고 간편하고 쉽게 만들었다. 그런데 신하들이 술을 마시면 자신의 공을 다투고, 술에 취해서는 함부로 큰 소리를 지르고 칼을 뽑아 들고 기둥을 치기도 하므로 고조는 걱정스러웠다. 숙손통은 황제가 이러한 것을 싫어한다는 것을 알고 이렇게 건의했다. "선비들은 함께 나아가 천하를 얻기는 어렵지만 이루어진 사업을 함께 지킬 수는 있습니다. 바라건대 노나라 선비들을 불러들여 신과 함께 조정의 의례를 정하도록 해주십시오." 「사기 열전 2」, 106~107쪽

숙손통은 처세의 달인이었다. 진나라 2세 황제에서 시작해 항우를 거쳐 한고조와 그 아들 혜제까지, 무려 열 명이 넘는 왕과 황제를 섬기면서도 목숨과 자리 둘 다를 지켜냈다. 황제로 즉위한 한고조를 위해 왕실과 조정, 종묘의 모든 중요한 예법과 의전을 만들어낸 숙손통은 학식이 많고 지혜로운 인물이었다. 전쟁 중에는 유방에게 무공에 능한 인재만 천거했으며, 전쟁이 끝난 후에는 황제에게 국가 운영에 기여할 지식인을 대거 추천해 벼슬을 주었다. 한고조의 고민을 풀어주려고 노력했다.

한고조의 첫 번째 두통거리는 '개국공신'들이었다. 전쟁이 끝났으니 칼을 녹여 보습을 만들고 법제를 정비하여 민심을 안정시키는 것이 황제가 할 일이었다. 그런데 사선(死線)을 함께 넘나들며 전쟁을 치렀

던 '개국공신'들은 그런 방면에 재능이나 경험이 없었다. 그러다 보니 옛날과는 달리 황제를 알현할 기회가 갈수록 뜸해졌다. 반면 예전에는 존재도 없었던 책상물림들이 더 잘나갔다. 그래서 개국공신들은 "술을 마시면 자신의 공을 다투고, 술에 취해서는 함부로 큰 소리를 지르고 칼을 뽑아 들고 기둥을 치기도 하"게 되었다. 역사에서 일어나는 '역할의 전도' 현상을 받아들이지 못했다.

권력을 스스로 일구어낸 사람은 이런 '걱정'을 피할 수 없다. 선거로 대통령이나 총리를 뽑는 현대 민주주의 국가도 예외가 아니다. 그들은 선거를 통해 권력을 차지한다. 선거에 이기는 데 큰 공을 세운 참모들이 있기 마련이다. '개국공신'들은 높은 직위를 얻어 정권에 참여하기를 원한다. 그런데 선거전에 능한 사람이라고 해서 국정 운영이나 국가행정을 잘한다는 보장이 없다. 공은 있으나 능력이 없는 사람에게 자리를 주면 국정이 꼬이고 국민의 지지를 잃기 쉽다. 그러나 자리를 주지 않으면 불만을 터뜨리고 권력자를 원망한다. "술을 마시면 자신의 공을 다투고, 술에 취해서는 함부로 큰 소리를 지르고 칼을 뽑아 들고 기둥을 치기도 하"는 것이다. 이런 사람들에게 중요한 자리를 주면 국정은 망가지고 최고 권력자는 민심을 잃게 된다.

숙손통은 한고조의 두통을 해소해주었다. 유학의 본산인 노나라에서 수십 명의 지식인을 스카우트해 왔다. 황실 주변의 선비와 제자들을 모아 예법을 제정하고 리허설을 했다. 황제가 기거할 장락궁(長樂宮)이 완성되자 제후 왕에서부터 봉급 받는 관리에 이르기까지 만조백관이 황제 앞에서 신고하게 하는 장엄한 의식을 집행했다. 이로써 모든 신하들이 황제의 위엄을 인식하게 되었는데, 사마천의 기록에 따르면 "의식이 끝나고 주연을 열었는데, 시끄럽게 떠들며 예절에 어긋나게 행동하는 사람이 하나도 없었"다. 한고조도 감동에 겨워 "나는 오늘에야 황제가 고귀하다는 것을 알게 되었다"라고 말했다. 숙손통이 황실과 조정에서 전문 관료의 주도권을 확고히 세운 순간이었다.

권력의 광휘, 인간의 비극

황제의 일상은 고통과 번민의 연속이었다. 한고조는 인간적인 행복을 느낄 만한 일이 없었다. 아직 나라가 안정되지 못해 진나라와 항우의 잔당들이 여기저기에서 반란을 일으켰고, 도처에 도적 떼가 출몰했으며, 흉노를 비롯한 외적이 쳐들어왔다. 직접 반란을 진압하러 다니던 황제는 전쟁 때보다 더 고달팠다. 장자방은 떠났고 한신은 죽여버렸으며 소하는 황제가 수도를 비운 시기에 나라 살림을 대신 살펴야 했기 때문에 가까이에 둘 수 없었다. 항우와 목숨을 건 내전을 치렀던 한고조는 황제에 오른 뒤에도 8년 남짓한 재위 기간 내내 여기저기 반란을 진압하러 다니다가 어느 전투에서 '빗나간 화살에 맞아' 부상을 당했다. 이것이 화근이 되어 심한 병이 났다. 기원전 195년의 일이다. 그런데 죽음을 맞이하는 한고조의 태도가 이상했다.

병이 심해지자 여후가 명의를 불러왔다. 의원이 들어가 고조를 보자, 고조가 의원에게 물어보았다. 의원이 말했다. "폐하의 병은 치료될 수 있습니다." 고조는 그를 꾸짖으며 말했다. "나는 평민의 신분으로 세 자 길이 칼을 들고 천하를 얻었으니, 이것은 천명이 아니겠는가? 명은 하늘에 달려 있으니, 비록 편작인들 무슨 도움이 되겠는가!" 결국 의원에게 치료시키지 않고 황금 50근을 내려주며 물러가게 했다. 「사기본기」, 362쪽

천명을 핑계로 삼았지만 사실은 치료를 거부한 것이다. 불확실하기는 하지만 기원전 247년에 태어났다는 역사 기록을 인정하면 당시 고조의 나이는 53세밖에 되지 않았다. 그런 젊은 황제가 치료를 거부하고 죽음을 택하다니, 합리적으로 해석하기 어렵다. 혹시 더 살고 싶지 않았던 것이 아닐까? 누구와도 고민을 나눌 수 없는 절대 고독에 빠져 있었던 것이 아닐까?

객관적으로 보면 한고조에게는 이루어야 할 삶의 목표가 남아 있지 않았다. 그는 농민의 아들로 태어났지만 젊어서 농사는 짓지 않고 건달들과 어울려 다녔다. 30대가 되어 시골의 말단 공무원이 되었지만 임무 수행에 실패하자 처벌이 두려워 직무를 버리고 산으로 달아났다. 시황제가 죽고 진승의 난이 터져 진나라가 혼란에 빠지지 않았다면 산적 두목이 되었을지도 모른다. 그런 사람이 촌구석에서 몸을 일으킨 지 10여 년 만에 대륙을 통일하고 황제가 되었으니 더 무엇을 바라겠는가.

한고조의 꿈은 무엇이었을까? 도탄에 빠진 민중을 구원하려는 사명

감이었을까? 아니면 그저 권력을 잡고 부귀를 누리는 것이었을까? 둘 모두였을까? 누구도 알 수 없다. 그러나 어떤 동기에서 천하의 패권을 잡았다 할지라도, 한고조가 살아갈 의욕과 신명을 잃었다는 것은 부정하기 어렵다. 그는 사실 천하의 주인이 아니라 주어진 배역을 각본대로 수행하는 역사의 꼭두각시였는지도 모른다. 황제가 되기까지 치른 전투가 헤아릴 수 없이 많았는데, 황제가 되고 나서도 천하의 평온을 위해 밤낮 반란을 진압하러 다녀야 했다. 앞으로 얼마나 더 전쟁을 해야 할지도 모를 일이었다. 생사를 함께했던 옛 동지들은 쓰임새가 적어지거나 떠나거나 권력투쟁에서 밀려나 죽었다.

　주변의 살벌한 권력투쟁은 거기서 끝나지 않았다. 황실에서는 늙은 조강지처 여후가 제 아들을 황제로 만들려는 권력욕과 시기심에 사로잡혀, 고조가 왕이 된 후 정식으로 얻은 척왕후와 그 아들 여의를 죽이려고 혈안이 되어 있었다. 황제는 총명한 여의를 사랑했기에 그에게 왕위를 넘겨주고 싶었지만 신하들의 반대가 심해서 뜻을 이루지 못했다. 자기가 죽은 후에도 척부인과 여의가 안전하게 살 수 있는 방법을 고민하고 여러 가지 조처를 해두었지만 안심할 수 없었다. 『사기』에는 이 문제 때문에 번민하는 한고조의 모습이 여러 곳에 나온다. 그런데 뚜렷한 해결책이 없었다. 이런 상황이라면 근원적인 회의에 빠질 만도 하지 않은가? 고통스럽기만 할 뿐 더 이상 의미를 찾을 수 없는 삶에서 도망치고 싶었던 것이 아닐까? 그게 아니라면 치료를 거부한 동기를 달리 찾을 길이 없다.

　「본기」는 황제들에 대한 기록이지만 예외가 둘 있다. 첫째는 '항우본기'다. 사마천은 항우가 황제가 되지는 못했지만 한 시대를 지배했다는 이유로 「본기」에 넣었다. 항우가 잔인한 짓을 많이 해 지도자로서 문제가 있었지만 성정이 순박하고 인정이 많은 인물이었다고 기록해두었다. 특히 마지막 전투의 결정적 패배를 앞두고 사면초가의 궁지에 몰린 상황에서 사랑하는 여인을 위해 울면서 노래를 불러주는 항우의 모습은 무척 인간적이다. 둘째가 바로 '여태후본기'다. 여태후는 황제가 아니었지만 사실상 황제 역할을 했다. 사마천은 여태후가 나라를 지배한 시기에 형식적으로 제위에 올랐던 황제들을 「본기」에 포함시키지 않았다. 실제로 권력을 행사하지 못했기 때문이다.

사마천은 냉정한 기록자여서 「본기」와 「열전」에 당대의 황제였던 무제에 대해서까지 비판적인 기록을 남겼다. 죄 없는 자신에게 형벌을 내린 것 때문에 원한을 가졌는지도 모르지만, '효무본기'는 무제가 귀신과 무당과 방술에 빠져 국정을 팽개친 이야기로 가득하다. 여러 가지 정황으로 미루어 '효무본기'는 원본과 다른, 누군가 후대에 창작한 것이라는 주장이 맞을 수도 있다. 그러나 어쨌든, 사마천이 당대 황제에 대해서도 특별히 우호적으로 서술하지 않은 것만은 분명하다.

특히 '여태후본기'에 기록한 여태후의 행위는 사람이 한 일로 차마 믿기 어렵다. 이것이 모두 사실이라면 한고조가 치료를 거부하고 서둘러 세상을 떠난 것이 현명한 선택이었을지도 모르겠다는 생각이 든다. 다음 기록을 보라. 여태후는 보통 사람의 상상력을 뛰어넘는 절대 악의 화신이었다. 범죄심리학 전문용어로 '사이코패스'였다. 여기서 '조왕'은 척부인이 낳은 한고조의 셋째 아들 여의다.

효혜제 원년 12월, 혜제는 새벽에 활을 쏘러 나갔는데, 조왕은 아직 어려서 일찍 일어날 수가 없었다. 태후는 그가 혼자 있다는 말을 듣고, 사람을 시켜 독주를 가지고 가 그에게 먹였다. 날이 밝을 무렵 효혜제가 돌아와 보니 조왕은 이미 죽어 있었다. (……) 태후는 끝내 척부인의 손과 발을 잘라내고 눈을 뽑고 귀를 태우고 벙어리가 되는 약을 먹여서 돼지우리에 살게 하며 '사람돼지'라고 불렀다. 며칠이 지나자 효혜제를 불러서 '사람돼지'를 구경하게 했다. 이것을 본 효혜제는 사람들에게 물어보고 나서야 그녀가 척부인임을 알고 큰 소리로 울었고, 이 일로 병이 나 1년이 지나도록 일어날 수 없었다. 『사기본기』, 370~371쪽

    어머니 여후에게 눌려 숨도 제대로 쉬지 못했던 혜제는 즉위 7년 만에 병으로 죽었다. 여후는 혜제의 어린 아들을 황제로 세워놓고 친정의 여씨들을 불러들여 왕과 제후로 삼고 조정의 요직을 주는 등 전횡을 일삼았다. 그런데 어린 황제에게 문제가 생겼다. 그는 황후가 낳은 아들이 아니었다. 황후가 아들을 낳지 못하자 임신한 것처럼 꾸미고 지내다가 궁녀가 낳은 아들을 빼앗아 태자로 만들었고 비밀을 유지하기 위해 생모를 죽였다. 이 모든 것이 여태후가 꾸민 일이었다. 어린 황제는 뒤늦게 이 사실을 알고 생모를 죽인 자들에게 복수하겠다고 별렀다. 이 말을 들은 여태후는 황제를 정신병자로 몰아 폐위시킨 다음 암살해버리고는 또 다른 허수아비 황제를 세웠다.
    사마천은 여태후가 한 일을 모두 기록했다. 원시적 시기심과 야수적 탐욕에 눈먼 여태후는 보통 사람이라면 상상으로도 차마 하지 못할 악

행과 패륜을 저질렀지만 살 만큼 산 뒤에 병들어 죽었다. 여씨들의 횡포에 넌덜머리가 난 대신들이 어질고 덕이 있는 한고조의 넷째 아들을 황제로 추대했으니 그가 바로 문제(文帝)였다. 문제는 23년 동안 재위하면서 근검절약하면서 백성과 고락을 나누는 덕치를 실천해 나라를 안정시키고 문화를 발전시켰다.

정치의 위대함을 생각한다

2000년도 더 지난 옛날 중국에서 벌어졌던 일들을 보면서 인간에 대해 생각했다. 인간은 생물학적으로 진화하지 않았다. 2000년은 생물학적 진화가 일어나기에는 짧은 시간이다. 인간의 유전자에 새겨진 시기심, 권력욕, 공격성, 독점욕은 그대로 살아 있다. 제도와 문화와 의식이 진화했기에 그런 욕망의 표출을 억제할 따름이다. 히틀러가 저지른 홀로코스트, 크메르루주의 대학살, 스탈린의 대숙청, 중국의 문화대혁명, 보스니아 내전에서 벌어진 인종 청소, 후세인의 쿠르드족 학살과 미국의 이라크 침공, 우크라이나 전쟁과 이스라엘의 가자지구 공격 등을 보라. 2000년 전 중국 대륙에서 터져 나왔던 인간의 야수성은 그럴듯한 환경만 조성되면 언제든 재현될 수 있다는 것을 알 수 있다. 만약 지금 태어나는 아이들을 2000년 전으로 던져놓는다면, 그들 중에서 틀림없이 유방과 항우, 소하와 한신, 숙손통과 여태후가 나올 것이다. 반면 여태후를 타임머신에 태워 현재로 데려와 어느 나라의 퍼스트레이디로 세운다고 해도 '사람돼지'를 만드는 악행은 결코 저지르지 못할 것이다.

각자 나름의 인간적 비극을 겪었던 한고조와 한신의 생애를 살피면서 권력에 대해서 생각해본다. 그들은 권력의 광휘를 좇는 본능에 끌려 제 몸을 태운 불나방이었는가? 새로운 권력을 세움으로써 이룬 것은 무엇이었던가? 권력은 허망하며 권력투쟁은 부질없는 짓인가? 권력을 쥔 자의 야수적 탐욕을 제한 없이 터뜨렸던 여태후의 시대에 대한 사마천의 평가를 보면 그렇게 말할 수 없다는 생각이 든다.

> 효혜황제와 고후의 시절, 백성들은 전쟁 국가의 고통에서 벗어날 수 있었다. 군주와 신하는 모두 쉬면서 아무것도 하지 않으려 했기 때문에, 혜제도 팔짱을 끼고 아무 일도 하지 않았다. 고후가 여주인으로 정사를 주재하여 정치가 방 안을 벗어나지 못하긴 했어도 천하가 편안하고 조용했다. 형벌이 드물게 사용되어 죄인이 드물었다. 백성들이 농사에 힘을 쓰니 옷과 음식은 더더욱 풍족해졌다. 「사기본기」 390쪽

놀라운 일이다. 황제와 대신들이 팔짱을 끼고 아무 일도 하지 않았던 여태후의 시대가 민중에게는 태평성대였다. 중국 민중은 유왕(幽王)의 폭정으로 주나라가 무너진 기원전 8세기 이후 무려 600여 년 만에 처음으로 평화를 누린 것이다. 진시황이 통일 왕조를 세우기는 했지만 잠시였고, 더욱이 분서갱유와 만리장성 건설 등 폭정과 토목공사 때문에 백성들은 실제적인 평화를 얻지 못했다. 춘추전국시대와 진나라 멸

망으로 이어진 600여 년의 대전란을 종식시킨 인물이 한고조 유방이었고, 그 위업을 달성하는 데 기여한 일등공신이 바로 한신이었다.

유방과 한신은 야수적 탐욕이 판치는 정치·사회적 혼란과 전쟁의 한복판에 몸을 던졌다. 때로 짐승의 비천함을 감수하고 때로 스스로 야수가 되어 싸운 끝에, 탐욕이 지배한 혼란의 시대를 역사의 뒤안길로 밀어냈다. 그리하여 수없이 많은 민중의 아들이 고향으로 돌아가 창과 칼을 녹여 쟁기를 만들게 했다. 민초들이 공포감에서 벗어나 생업에 힘쓰면서 아이들을 배불리 먹이고 늙은 부모를 편안히 모실 수 있는 기회를 제공했다. 비록 그 평화의 시기가 몇백 년에 지나지 않았다 할지라도, 이것은 공자와 맹자 같은 고귀한 성인도 이루지 못한 위대한 일이었다.

정치는 위대한 사업이다. 짐승의 비천함을 감수하면서 야수적 탐욕과 싸워 성인의 고귀함을 이루는 일이다. 설사 한신과 유방이 빛을 좇는 불나방처럼 권력을 향한 본능에 이끌려 투쟁의 소용돌이에 뛰어들었다 할지라도, 그들은 덕(德)이 중요하다는 것을 알았고 인의(仁義)를 존중하려고 노력했다. 그만하면 충분하지 아니한가. 비록 성인의 반열에 오를 만한 덕성을 갖추지 못했다 할지라도, 때로 맹목적 욕망과 시기심에 휘둘렸다 할지라도, 그러한 마음과 능력을 발휘하여 결과적으로 성인의 고귀함을 이루었지 않은가.『사기』를 덮으며, 한신과 한고조가 겪었던 인간적 고통과 비극적 죽음에 대해, 이 모든 것들을 기록해 인류에게 선사한 역사가 사마천의 삶에 대해 깊은 존경과 높은 찬사를 바친다.

09 ; 슬픔도 힘이 될까

알렉산드르 솔제니친,
『이반 데니소비치의 하루』

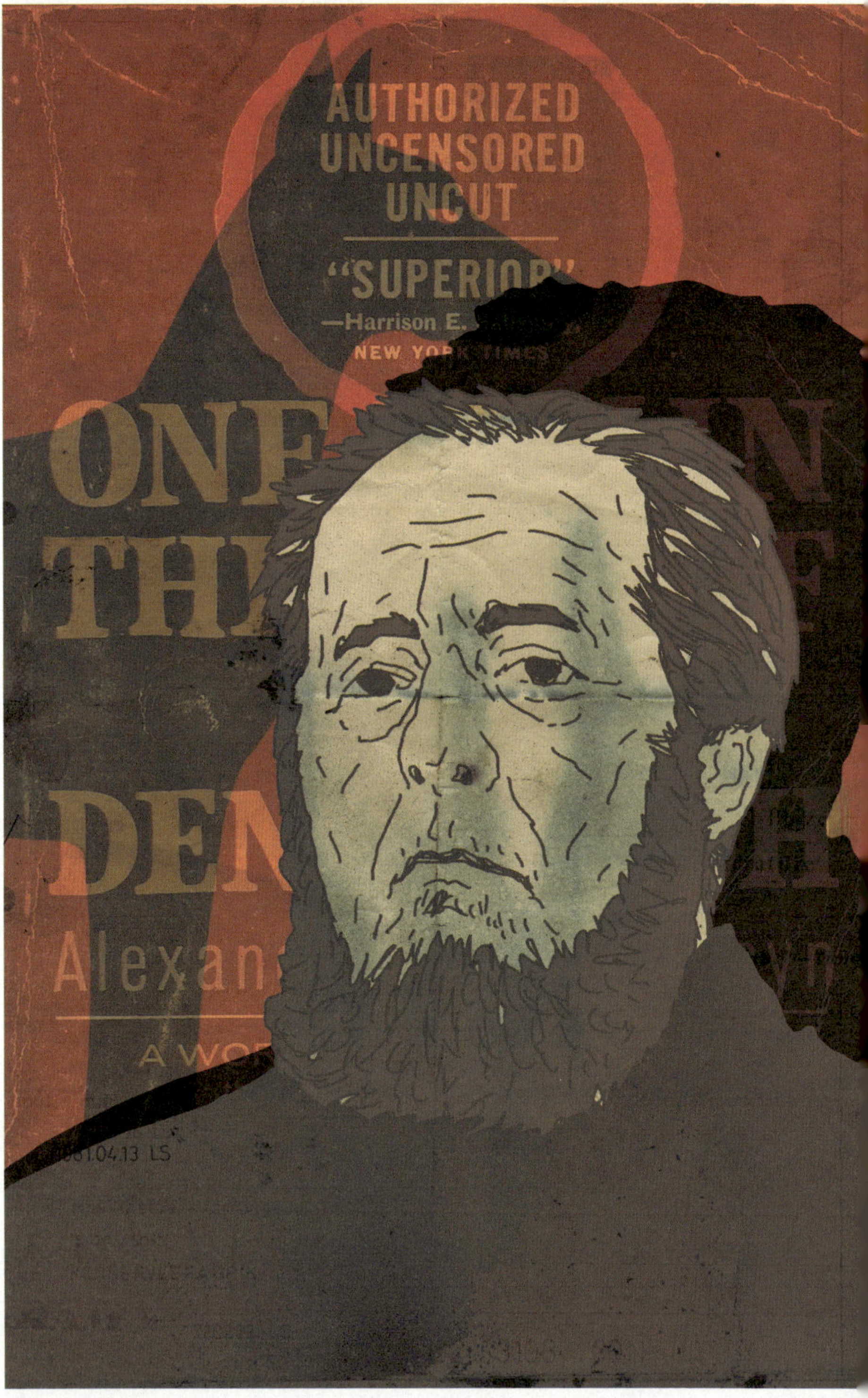
AUTHORIZED
UNCENSORED
UNCUT
"SUPERIOR"
—Harrison E.

영등포 구치소 7사(舍) 상(上) 1호실. 0.7평짜리 독방에서 작가 알렉산드르 이사예비치 솔제니친(Aleksandr Isajevich Solzhenitsyn)의 데뷔작 『이반 데니소비치의 하루』를 읽었다. 1985년 봄, 내 나이 스물여섯이었다. 솔제니친은 문학작품만이 아니라 삶 전체로 소비에트 러시아 체제의 비인간성을 만천하에 고발한 예술가였다. 하루 종일 책 읽는 것 말고는 아무 할 일이 없었던 그때, 나는 그저 그렇고 그런 '반공 소설'이 아닐까 하는 의심을 품은 채 이 소설을 펼쳤다. 그런데 열 쪽을 채 읽기도 전에 근거 없는 의심은 연기처럼 흩어졌다. 반공 소설이 아니라 위대한 문학작품이었다.

『이반 데니소비치의 하루』는 1962년 11월 소련 문학잡지 〈노브이 미르(Novyi Mir)〉에 실렸다. '노브이 미르'는 '신세계'라는 말이다. 그때 내가 본 번역서에는 편집장이었던 시인 알렉산드르 트바르돕스키(Aleksandr Tvardovskii)의 서문이 붙어 있었다. 나는 그 서문에서 19세기 러시아 시인 니콜라이 네크라소프의 시 한 구절을 보고 첫눈에 반해버렸다. "슬픔도 노여움도 없이 살아가는 자는 조국을 사랑하고 있지 않다." 1심에서 유죄 선고를 받았던 나는, 이것을 항소심 재판부에 제출한 '항소이유서' 마지막 단락에 인용했다. '항소이유서'가 '불법 복사'되어 널리 나돈 탓에 네크라소프는 대한민국에서 제법 유명한 시인이 되었다.

지금도 블로거들이 이 구절을 애송하고, 신문 칼럼에도 인용하는 것을 보면 많은 사람들이 나처럼 감동받은 것 같다. 확실히 네크라소프는 뛰어난 시인이다. 그런데 당시 나는 네크라소프가 어느 시대 사람이고 어떤 작품을 썼는지 전혀 몰랐다. 출소한 다음에 도서관을 뒤져보았지만 한글로 번역된 작품은 하나도 없었다. "슬픔도 노여움도 없이 살아가는 자는 조국을 사랑하고 있지 않다"라는 시구가 어느 작품에서 인용된 것인지는 끝내 확인하지 못했다. 네크라소프는 19세기 중후반에 활동한 시인인데, 이번에 자료를 찾다 보니 제목만 알고 있었던 『누구에게 러시아는 살기 좋은가?』(홍기순 옮김, 보고사, 2003)가 우리말로 출판되어 있었다. 하지만 이 작품에도 그 대목은 들어 있지 않았다.

존엄을 빼앗긴 사람의
지극히 평범한 하루

『이반 데니소비치의 하루』는, '스토리'라고 할 만한 게 하나도 없는데도 일단 읽기 시작하면 중간에 그만두기 어려운, 놀라운 소설이다. 전체를 통틀어 사건이라고 이름을 붙일 만한 일은 없다. 처음부터 끝까지 수용소의 일상생활과 등장인물의 성격에 대한 세밀한 묘사뿐이다. 마치 수용소 풍경과 죄수들의 일상을 찍은 동영상을 보는 느낌이다. 줄거리만 알고 싶은 독자가 있다면 다음과 같은 소설의 마지막 두 단락을 읽으면 될 것이다.

슈호프는 아주 흡족한 마음으로 잠이 든다. 오늘 하루는 그에게 아주 운이 좋은 날이었다. 영창에 들어가지도 않았고, '사회주의 생활 단지'로 작업을 나가지도 않았으며, 점심때는 죽 한 그릇을 속여 더 먹었다. 그리고 반장이 작업량 조절을 잘해서 오후에는 즐거운 마음으로 벽돌쌓기도 했다. 줄칼 조각도 검사에 걸리지 않고 무사히 가지고 들어왔다. 저녁에는 체자리 대신 순번을 맡아주고 많은 벌이를 했으며, 잎담배도 사지 않았는가. 그리고 찌뿌드드하던 몸도 이젠 씻은 듯이 다 나았다. 눈앞이 캄캄한 그런 날이 아니었고, 거의 행복하다고 할 수 있는 그런 날이었다.

이렇게 슈호프는 그의 형기가 시작되어 끝나는 날까지 무려 10년을, 그러니까 날수로 계산하면 삼천육백오십삼 일을 보냈다. 사흘을 더 수용소에서 보낸 것은 그 사이에 윤년이 들어 있었기 때문이었다.

주인공 이반 데니소비치 슈호프는 지극히 평범한 러시아 사람이다. 수용소에서 보낸 삼천육백오십삼 일 동안 그가 한 일은 오로지 하나, 생존을 위한 투쟁뿐이다. 그런데 이 평범한 러시아 남자는 그 절박한 생존 투쟁의 와중에도 나름의 원칙과 품격을 지킨다. 절대 꾀병을 부리지 않는다. 편하게 살기 위해 다른 수형자를 밀고하는 비열한 자를 맹렬히 혐오한다. 아무리 허기가 져도 남이 먹고 난 죽 그릇은 핥지 않는다. 공짜로 무언가를 얻으려 하지도 않는다. 작업을 할 때는 성의 있게, 즐거운 마음으로 한다. 좋은 사람을 알아보고 존중한다. 근거 없이 누군가를 경멸하거나 미워하는 일이 없다.

그런데 이 남자는 마치 어디선가 한 번 만났던 것처럼 친숙하게 다가온다. 어디에서였을까? 생각해보니 슈호프는 '도스토옙스키의 연인들'과 닮았다.『죄와 벌』에 나오는 소냐와 두냐가 수용소에 갇혔다면 꼭 이렇게 행동했을 것이다.『대위의 딸』마리야 이바노브나를 연상시키기도 한다. 러시아의 대문호들은 대체로 이런 사람을 건전하고 전형적인 러시아인이라고 생각했던 것 같다. 그들은 단순한 원칙에 따라 소박하게 살면서, 자기에게 맞는 분수와 품격을 지킨다.

생존 투쟁의 핵심은 먹는 일이다. 여기서는 그야말로 밥이 하늘이다. 식사는 성스러운 사업이다. 슈호프는 작업을 마치고 돌아오자마자 소포를 받을 동료를 대신해서 미리 줄을 서 자리를 맡아주었다. 덕분에 편안하게 소포를 수령한 동료는 감사 표시로 저녁밥을 선사했다. 솔제니친은 슈호프가 국 두 그릇을 해치우는 장면을 정밀하게 묘사했다. 처음 이 대목을 읽었을 때, 마치 가톨릭 사제가 미사를 집전하는 장면을 보는 듯한 착각에 빠졌다.

슈호프는 모자를 벗어 무릎 위에 얹는다. 한쪽 국그릇에 담긴 건더기를 숟가락으로 한 번 휘저어 확인한 다음, 다른 그릇에 담긴 국도 똑같이 확인한다. 웬만큼은 들어 있다. 생선도 걸려든다. (……) 슈호프는 먹기 시작한다. 우선, 한쪽 국그릇에 담긴 국물을 쭉 들이켠다. 따끈한 국물이 목을 타고 배 속으로 들어가자, 오장육부가 요동을 치며 반긴다. 아, 이제야 좀 살 것 같다! 바로 이 한순간을 위해서 죄수들이 살고 있는 것이다. (……) 두 그릇에 담겨 있던 국물만을 모두 마신 다음에는 한쪽 그릇에 다른 쪽 건더기를 옮긴다. 그다음, 그릇을 흔들어 정리를 하고 다시 숟가락으로 모조리 긁어낸다. 이제야 어느 정도 마음이 놓인다. 다른 쪽 그릇이 계속 마음에 걸렸기 때문이었다. (……) 슈호프는 남은 국물과 함께 양배추 건더기를 먹기 시작한다. 감자는…… 작지도 않고 크지도 않고 게다가 얼어서 상한 것이었지만, 흐물흐물한 것이 달짝지근한 데가 있기도 하다. 생선살은 거의 없고, 앙상한 등뼈만 보인다. 생선 지느러미와 뼈는 꼭꼭 씹어서 국물을 쪽쪽 빨아 먹어야 한다. 뼈다귀 속에 든 국물은 자양분이 아주 많다. (……) 슈호프는 드디어 거나한 저녁 식사를 마쳤다. 그러나 빵은 남겨두었다. 국을 두 그릇이나 먹고 빵까지 먹는다는 것은 어쩐지 분에 넘치는 일이다. 빵은 내일 몫으로 남겨둘 필요가 있다. 인간의 배는 배은망덕한 것이라서, 이전에 배불렀던 것은 금세 잊어버리고, 내일이면 또 시끄럽게 조를 것이 뻔하니까 말이다.

'수용소 생활'과 '굶주림'이 낯설지 않았다. 대한민국의 평범한 남자들은 대부분 여러 해 수용소 생활을 경험한다. '병영'이라는 이름을 가진 수용소다. 요즘은 신세대 병사들의 까다로운 입맛 때문에 국방부장관이 속을 썩는다는 이야기가 있는데, 예전 군대는 그렇지 않았다. 논산 훈련소에서부터 강원도 최전방 소총중대에 이르기까지 병사의 삶은 늘 허기와 함께였다. 음식의 맛 따위야 아무래도 좋았다. 중요한 건 양이었다. 훈련병 시절은 특히 그랬다. 훈련 강도는 높았고 피엑스 출입은 허용되지 않았기에, 언제나 배가 고팠다. 누가 달랄까 봐 밤중에 '푸세식' 변소에 숨어서 단팥빵을 먹은 '끔찍한 추억'의 주인공들, 알고 보면 많다.

굶주림 앞에서 인간은 나약하고 비열한 짐승이 된다. 논산 훈련소에서 내 자신이 '머리 좋은 짐승'처럼 느껴지는 순간을 여러 차례 겪었다. 야외훈련 때마다 '운명적인 선택'의 시간이 찾아왔다. 멀리 야외 교장으로 가서 각개전투나 사격 훈련을 할 때는 훈련병끼리 돌아가며 점심 배식을 했다. 숙달되지 않은 훈련병들이라 밥이 남거나 모자라는 일이 자주 일어났다. 그러니 줄을 설 때는 신중하게 선택해야 했다. 앞이냐 뒤냐? 밥주걱과 국자를 든 훈련병이 어떤 친구인지 잘 아는 경우에는 고민할 필요가 없었다. 문제는 그렇지 않은 경우였다. 소심한 친구가 주걱을 잡으면 뒤가 유리하다. 밥이 모자랄지 모른다는 두려움 때문에 처음에는 조금씩 푸기 때문이다. 대책 없이 사람 좋은 친구가 주걱을 들었다면 무조건 앞이 유리하다. 뒤에 섰다가는 자칫 밥이 모자라 점심을 굶을 수도 있다.

계산이 맞아떨어져 육군 정량에 접근하는 푸짐한 식판을 받아들었을 때의 기쁨을, 나는 지금까지 간직하고 있다. 오전 훈련 종료가 임박한 시간, 조금 일찍 훈련을 마치고 배식 준비에 들어가는 동료 훈련병의 평소 성격이 어땠는지를 기억하려 애쓰고, 어디에 설 것인지 불안감과 설렘 사이에서 선택하고, 푸짐한 식판을 받아 들고서 미어져 나오는 행복감을 주체하지 못해 안면 근육에 힘을 주어 표정 관리를 하는 스무 살 청년의 모습을 상상해보라. 나는 당시 그렇게 행동하는 내 자신에 대해 슬픔을 느꼈다. 명색이 지성인이 되고자 했던 제 잘난 인간이, 불과 넉 달 전에는 정치군인들의 권력 찬탈을 저지하기 위해 목숨 걸고 투쟁하자고 외쳤던 자가, 그래 겨우 밥 한 숟가락 더 먹어보겠다고 잔머리를 굴리고 있다니! 기껏 반찬 한 입 더 먹게 되었다고 행복을 느끼다니, 그대 비천한 짐승이여!

그런데 국 두 그릇을 해치우는 슈호프의 모습은 결코 비천해 보이지 않았다. 장엄하고 성스러운 광경이었다. 나는 이것이 솔제니친 자신의 모습이었다고 생각한다. 직접 경험해보지 않고는 이런 글을 쓸 수 없다. 이 대목을 읽으면서 슈호프를 수용소에 가둔 소련의 정치체제와 권력자들에 대해 억누르기 어려운 적개심을 느꼈다. 솔제니친이 독자의 가슴속에 이런 감정이 일어나기를 원했는지는 모르겠지만, 인간의 존엄성을 옹호하는 사람이라면 누구나 그럴 것이다.

슬픔과 노여움의 미학

『이반 데니소비치의 하루』는 슬픔과 노여움으로 쓴 소설이다. 슬픔은 슬쩍슬쩍 비추었고 노여움은 극단적으로 억제했지만, 소설이 묘사한 상황은 그 자체로서 깊은 슬픔과 뜨거운 노여움으로 팽팽하게 당겨진 활시위 같다. 주인공 슈호프는 용감하고 정직한 러시아 병사였다. 전투 중 독일군 포로로 잡혔다가 목숨 걸고 탈출했지만, 독일군 포로였기 때문에 첩자일 수도 있다는 혐의를 받아 수용소에 갇혔다. 종종 소포를 받는 '범털' 체자리는 제작하던 영화가 사상 면에서 의심을 받는 바람에 영화를 다 만들지도 못한 채 붙잡혀 왔다. 유능한 반장인 추린은 부모와 절연하고 붉은 군대의 병사로서 열심히 복무했지만 아버지가 부농이었다는 사실이 탄로 나는 바람에 끌려왔다. 전직 해군 중령 부이노프스키도 순박한 침례교도 알료쉬카도, 모두 도무지 말이 되지 않는 이유 때문에 죄수가 되었다.

강제노동수용소의 죄수는 인간이 아니었다. 맞아 죽거나 얼어 죽거나 병들어 죽어도 하소연할 곳이 없었다. 정해진 형기를 다 채워도 "상부의 특별한 지시"가 없는 한 계속해서 형기가 추가되기 때문에 언제 풀려날지 알 수 없었다. 그런데 누군가 악의를 가지고 일부러 이렇게 만든 것은 아니다. 수용소를 만든 책임자는 소설에 아예 등장하지도 않는다. 죄수를 학대하는 간수와 죄수를 감시하는 군인들도 나름 고충을 겪으면서 체제에 적응해 살아가는 생활인일 뿐이다. 어디나 그렇듯 수용소에도 착한 놈, 나쁜 놈, 이상한 놈, 비열한 놈들이 뒤섞여 산다.

소련의 강제노동수용소는 아무래도 차르 시대 유형지의 전통을 계승한 것이 아닌가 싶다.『죄와 벌』의 주인공 라스꼴리니꼬프가 소냐 앞에 엎드려 울었던 곳이 시베리아 유형지 작업장 통나무 더미였다. 높은 지위와 재산을 모두 버리고 유배당한 남편을 찾아갔던 데카브리스트의 아내, 그 지체 높은 공작부인이 흙투성이 남자의 발에 입 맞추었던 곳은 이르쿠츠크 근처 지하 탄광이었다. 소련의 강제노동수용소에는 러시아의 전통이 흐르고 있다.

그런데 『이반 데니소비치의 하루』에 등장하는 강제노동수용소는 제정 시대 유형지 작업장과는 크게 다르다. 이 수용소들은 1917년 사회주의 정권이 들어선 이후에 생겨나기 시작해 스탈린 시대에 절정을 이루었다. 솔제니친이 묘사한 것은 수용소가 아니었다. 그가 그려낸 것은 소비에트연방, 다시 말해서 옛 소련 사회 자체였다. 혁명의 이름으로 분칠한 공산당 독재와 개인숭배, 자유에 대한 억압, 위아래가 서로를 속이는 공동 생산, 비효율을 제도화한 생산 목표 할당제, 출신 성분으로 피아를 구분하는 신분제도, 자기 머리로 생각하고 행동하는 자를 격리하는 강제노동수용소. 길지 않은 소설 한 편에 스탈린 시대 소련 사회의 모든 것을 축약해 놓았다. 단순한 '수용소 문학'이 아니다.

『이반 데니소비치의 하루』를 이렇게 해석할 경우, 지금 내가 읽은 민음사 세계문학전집 13번은 아쉬운 점이 많다. 무엇보다 '이반 데니소비치, 수용소의 하루'라는 출처 불명의 제목이 마음에 걸린다. 원래의 러시아 제목도 그대로 번역하면 '이반 데니소비치의 하루'다. 편집자가 굳이 왜 이렇게 제목을 바꾸었을까? 원래 제목이 더 큰 의미를 함축하고 있고 울림도 더 크다고 생각한다. 이반 데니소비치의 하루는 수용소의 하루일 수도 있고, 소련이라는 병영국가의 하루일 수도 있으며, 심지어는 생존을 위해 고통스럽고 비인간적인 노동과 억압을 견뎌야 하는, 소련과 아무 관계도 없는 그 누구의 하루일 수도 있지 않은가.

감옥에서 읽은 책은 번역자도 출판사 이름도 기억나지 않지만 거기

실려 있던 트바르돕스키의 서문은 분명히 기억한다. 민음사 번역본은 번역자의 작품 해설이 맨 뒤에 붙어 있는데, 그것은 그것대로 의미가 있다고 할지라도 그 서문을 왜 누락시켰는지 모르겠다. 트바르돕스키가 쓴 그 서문은 이 소설의 탄생 과정을 증언하는 역사적 문서이며 작품의 일부이기도 하다. 그것도 되살려서 독자가 볼 수 있도록 했으면 좋겠다.

그런데 영문판 서문을 구해서 읽어보니 트바르돕스키의 서문에는 네크라소프의 시구가 없다. 어찌 된 일일까? 내가 착각한 모양이다. 예전에 읽었던 번역본에 번역자의 해설이 있었는데 거기 인용되어 있었던 것인지도 모르겠다. 국회도서관을 다 뒤졌지만 그 책은 없었다. 결국 그 시구는 현재 출처를 확인할 길이 없는, 내 기억 속에만 존재하는 문장인 셈이다.

이반 데니소비치 탄생의 비밀

처음 읽었을 때 이런 의문이 머리를 쳤다. 1962년 소련 국내에서 이런 소설이 정식으로 발표되었다니, 공산주의 국가에는 사상과 표현의 자유가 없다는 주장은 거짓이 아닌가? 사상과 표현의 자유가 없는 나라에서 이런 소설이 발표될 수 있는가? 그런데 그렇지가 않았다. 옛 소련에는 사상과 표현의 자유가 없었다. 이 소설은 원래 소련 국내에서는 출판할 수 없는 작품이었다. 시인이자 〈노브이 미르〉 편집장 트바르돕스키가 '그때' 바로 '거기'에 있지 않았다면, 빛을 보지 못하고 묻혀버렸을지도 모른다.

솔제니친은 포병 장교로 제2차 세계대전에 참전했다. 그런데 전쟁 막바지였던 1945년 반체제 활동을 한 혐의로 붙잡혔다. 실제 반체제 활동을 한 것은 아니었지만, 친구한테 보낸 편지에 전쟁 초기 스탈린 정권의 실책을 지적하는 내용을 가볍게 적은 것이 빌미가 되어 8년 노동교정형을 선고받았다. 정해진 형기를 다 마친 다음에는 또 3년 유배형을 더 살았다. 1956년 복권되어 러시아 중부 지역 랴잔이라는 작은 도시에 정착했고 수학 교사로 일하면서 글을 쓰기 시작했다.

『이반 데니소비치의 하루』는 스탈린 격하 운동이라는 시대 상황 덕분에 세상에 나올 수 있었다. 1953년 스탈린이 사망한 후 공산당 서기장이 된 니키타 흐루쇼프는 1956년 2월 제20차 소련 공산당대회에서 독재와 대숙청, 농정 실패와 개인숭배 등 스탈린 체제의 야만성과 권력 남용을 비판하는 비밀 연설을 했다. 소련에서는 알게 모르게 스탈린 격하 움직임이 일어났다. 솔제니친은 용기를 얻어 자신의 수용소 경험을 농축한 소설을 썼다. 그렇지만 겉은 '수용소 문학'처럼 꾸몄지만 사실은 소련 체제를 전면 비판한 이 소설을 발표할 방법이 없었다. 여러 잡지에 기고했지만 어느 곳에서도 게재를 수락하지 않았다. 솔제니친은 당시 최고 권위를 자랑하는 문학잡지 〈노브이 미르〉에 원고를 보냈다. 편집장 트바르돕스키는 처음에는 대수롭지 않게 읽기 시작했는데, 원고를 읽는 동안 말할 수 없이 큰 충격과 감명을 받았다. 문학평론가 비사리온 벨린스키가 도스토옙스키의 데뷔작『가난한 사람들』

원고를 읽다가 그랬던 것처럼, 정장을 다시 입고 넥타이까지 맨 다음 책상에 반듯이 앉아 원고를 마저 읽었다.

위대한 작가의 탄생을 예감한 트바르돕스키는 원고를 들고 공산당 서기장 흐루쇼프를 만나 발표를 허락해달라고 요청했다. 흐루쇼프도 혼자 결정을 내리지 못해 공산당 중앙위원회 확대회의까지 열었다. 트바르돕스키는 무슨 문제가 생기면 편집장으로서 모든 책임을 지겠노라는 서약을 하고 소설을 잡지에 게재했다. 푸시킨과 도스토옙스키가 황제의 검열을 받았던 것과 마찬가지로, 솔제니친은 공산당의 검열을 받아야 했던 것이다.

『이반 데니소비치의 하루』는 소련 내에서부터 엄청난 반향을 불러일으켰다. 스탈린 체제의 야만성을 생생하게 그려낸 내용도 내용이었지만, 소위 사회주의 리얼리즘이라는 구호에 질식해버렸던 러시아문학의 전통을 살려낸 작가의 필치가 독자를 끌어당겼다. 소련 국민들은 이 소설 발표를 공산당 중앙위원회가 최소한 묵인한 것을 스탈린 비판 허용 신호로 해석했다. 공산당 독재에 영합해 활동했던 소련작가동맹은 모든 비용을 대겠다면서 솔제니친을 모스크바로 불러들이려 했다. 그러나 그는 작가동맹의 제의를 단호하게 거절하고 계속 랴잔에 머무르면서 소련 사회와 정치의 모순을 비판하는 산문을 잇달아 발표했다. 『이반 데니소비치의 하루』를 게재하면서 문제가 생기면 모든 책임을 지겠다고 했던 트바르돕스키는 편집장 자리에서 물러나야 했다.

1964년 흐루쇼프가 소련공산당 보수파의 쿠데타로 실각했다. 반동적 분위기가 되살아나자 솔제니친과 정부의 갈등은 더욱 깊어졌다. 솔제니친은 단순히 글을 쓰는 데 머무르지 않았다. 정부의 검열제도를 폐지하기 위한 싸움을 시작했다. 『암병동』과 『수용소군도』 등 후속 작품은 소련에서 출간할 수가 없게 되었다. 그는 원고를 몰래 내보내 외국에서 소설을 출판했다. 작품이 주요 언어로 번역되면서 솔제니친은 세계적으로 유명한 작가가 되었고, 1970년도 노벨 문학상 수상자로 지명되었다. 그러나 소련 정부의 반대로 인해 수상식에 참석하지 못했으며, 1974년에는 체포되어 조국에서 추방당하는 처지가 되었다. 솔제니친은 소비에트연방이 해체된 후인 1994년에야 무려 20년에 걸친 망명 생활을 접고 조국 러시아로 귀환할 수 있었으며, 2007년에는 러시아 정부가 주는 국가공로훈장을 받았고 2008년 90세의 나이로 삶을 마감했다. 말년의 솔제니친은 젊은 솔제니친과 무척 다른 인물이 되었다. 러시아 역사와 문화의 고유성을 지나치게 찬양하는 국수주의자로 보이기도 했다. 그러나 어쨌든 그는 우리에게 『이반 데니소비치의 하루』를 남겨주었다.

나에게는 『이반 데니소비치의 하루』가 솔제니친의 여러 작품들 가운데 가장 감명 깊었다. 그는 이 소설을 통해 인간의 자유와 존엄성을 파괴하는 전체주의 독재의 끔찍한 폐해를 어떤 문학작품보다 생생하게 '폭로'했으며 어떤 정치학 논문보다 설득력 있게 '논증'했다. 『암병동』과 『수용소군도』 등 후속 작품에서도 이것을 더 강력하게 '폭로'하고 '논증'했다. 그런데 『이반 데니소비치의 하루』에는, 후속 작품에서는 선명하게 감지하기 어려운, '폭로'와 '논증'을 넘어선 '그 무엇'이 있다. 극도로 절제된 슬픔과 노여움의 미학(美學)이다. 『이반 데니소비치의 하루』에 담긴 슬픔과 노여움의 미학은 푸시킨의 문장이 지닌 발랄함과 낙관, 톨스토이의 작품과 삶이 풍기는 농염한 휴머니즘 위에 서 있다. 나는 이런 것이 푸시킨 이래 형성된 러시아 근대문학의 위대한 전통이라고 생각한다.

노동하는 인간은 아름답다

『이반 데니소비치의 하루』를 처음 읽은 후 긴 세월이 흐르는 동안 많은 일이 있었다. 솔제니친과 소련 국민을 가두고 죽였던 강제노동수용소와, 그런 야만적 장치를 불가결한 구성 요소로 보유했던 사회주의 체제는 사라졌다. 동서 이데올로기 전쟁의 포화 속에서 때로는 부당하게 비난받았고 때로는 터무니없이 찬양받았던 작가 솔제니친도 역사 속으로 들어갔다. 다시 『이반 데니소비치의 하루』를 읽으면서, 엄청난 세상의 변화를 다 견디고 내 마음에 남는 것이 있는지 살펴보았다. 결국 남은 것은 사람의 모습이 아닌가 싶다. 아무리 혹독한 상황에서도 자신의 존엄을 지켜내는 사람. 땀 흘려 일하는 사람. 때로 보상받지 못하는 노동이라 할지라도 인간에게 유용한 것을 만드는 일에 즐거움을 느끼면서 최선을 다하는 사람. 그런 사람의 모습에서 얻는 감명이 세월을 견디고 내 마음에 그대로 남아 있음을, 나는 알게 되었다.

주인공 슈호프는 수용소의 104반 동료들과 함께 모르타르가 금방

얼어붙는 혹한 속에서 전심전력을 다해 벽돌을 쌓는다. 작업 종료 신호가 울린다. 집합에 늦으면 자칫 낭패를 볼 수 있는데도 그들은 마지막 순간까지 마치 그 일에 목숨이라도 걸린 것처럼 벽돌을 쌓는다. 아무 죄도 없이 억울하게 수용소에 갇혀 제대로 먹지도 못하면서 힘든 강제 노역에 동원된 죄수들이, 노동 그 자체가 주는 순수한 즐거움에 몰입하는 것이다. 이 대목을 읽으면 마치 캄캄한 방으로 햇빛이 쏟아져 들어오는 장면을 보는 듯하다.『안나 카레니나』에서 레빈이 농부들과 함께 풀 베는 장면을 묘사한 레프 톨스토이를 다시 만나는 것 같기도 하다. 언어가 있다는 것, 문자를 쓴다는 것, 소설이라는 문학 장르가 있다는 것, 솔제니친과 같은 작가가 있다는 것, 그것은 기적과도 같은 축복이다.

슈호프는 흙손으로 김이 모락모락 나는 모르타르를 퍼서, 밑줄에 있는 벽돌의 접합점이 어디인지 잘 기억해두었다가, 그곳에 쏟아놓는다.(접합선이 윗줄 벽돌 중앙에 오도록 해야 한다.) 그다음에 옆에 부려놓은 벽돌 중에서 알맞은 놈을 하나 골라잡는다.(이때, 주의를 해야 할 것은 벽돌의 날카로운 모서리에 장갑이 찢기지 않도록 하는 것이다.) 그런 다음에는 흙손으로 모르타르를 고루 펴 바르고, 그 위에 벽돌을 빨리 올려놓는다. 방향이 잘못되었으면, 재빨리 흙손 자루로 두드려서 바로잡아야 한다. 바깥쪽 벽이 수직선에 맞게 오고, 옆으로나 수직으로나 기울어진 데가 없도록 해야 하기 때문이다. 그러면, 어느새 벽돌을 얹은 모르타르가 얼기 시작하는 것이다. (······) 이젠 됐다. 다음! 작업이 진행된다. 두 층만 더 쌓으면, 예전에 잘못

쌓아놓은 곳도 바로잡을 수 있을 것이고, 그런 다음에는 훨씬 수월하게 작업이 진행될 것이다. 지금은 정확하게 잘 살펴야 한다. (……) 슈호프와 다른 벽돌공들은 아예 추위도 잊어버렸다. 빨리 일을 하느라고 서두르다 보니 몸에 땀이 다 날 정도로 더워진다.

모든 작업장과 중앙난방장치 건물이 있는 곳까지 레일 두드리는 소리가 들린다. 작업 끝을 알리는 신호다. 모르타르가 조금 남았다. 너무 욕심을 부린 모양이다!
"모르타르! 모르타르!" 반장이 소리친다.
아래서는 지금 막 모르타르 한 통을 반죽해놓고 있다. 이젠 어쩔 수 없이 벽돌을 더 쌓는 수밖에 별도리가 없다. 모르타르통을 그대로 두면 내일 아침에는 완전히 굳어서 곡괭이로 내리쳐도 깨지지 않을 판이다. "자 모두 기운을 냅시다!" 슈호프가 소리친다.

10 ; 인간은 이기적인 존재인가

찰스 다윈,
『종의 기원』

ON
THE
OF SPECIES
SELECTION,
PRES
IN THE STRUGGLE
SOCIETIES;
VOYAGE

초등학교 앞 문방구에서는 '불량 식품'을 판다. '불량 식품'은 색깔과 냄새, 모양, 가격이 다 매력 있다. 그래서 예나 지금이나 아이들은 '불량 식품'을 먹으면서 자란다. 반면 필수영양분이 풍부한데도 맛을 몰라서, 또는 몸에 좋은 것인지 몰라서 먹지 않는 식품도 있다. 책도 그런 것 같다. 돌이켜 보면 읽지 말았더라면 더 좋았겠다 싶은 책을 적잖이 읽었다. 균형 잡힌 지성을 키우려면 꼭 읽어야 할 책인데도 잘못 생각하거나 몰라서 빠뜨린 것이 적지 않다. 찰스 로버트 다윈(Charles Robert Darwin)의 『종의 기원』도 그런 책이다.

위대한 철학자는 시간의 무게를 견디며 살아남는다. 21세기까지도 큰 영향력을 행사하는 19세기의 철학자들이 있다. 대표적인 인물이 카를 마르크스, 지그문트 프로이트, 찰스 다윈이다. 마르크스는 사회적 존재로서의 인간을 관찰함으로써 "우리는 서로에게 무엇인지"를 밝히려 했다. 프로이트는 "내가 누구인지"를 알기 위해 무의식의 세계에 발을 들여놓았다. 다윈은 "인간이 어디에서 왔는지"를 밝혀냈다. 1859년 출간한 『자연선택에 의한 종의 기원(On the Origin of Species by Means of Natural Selection)』은 우리가 어디에서 왔는지에 대해 말이 되는 설명을 제시한 최초의 책이었다. 다른 방식으로 인간의 유래를 다윈보다 더 잘 설명한 사람은 아직 없다.

해설을 먼저 읽어야 할 고전

다윈은 생존경쟁과 변이, 유전, 그리고 자연선택의 작용을 통해 이루어지는 진화의 원리를 밝혀냈다. 진화론은 사상의 혁명이었다. 『종의 기원』이 나온 뒤에도 긴 시간 동안 사람들은 다윈이 얼마나 엄청난 위력을 지닌 혁명을 일으켰는지 인식하지 못했다. 다윈은 지구 행성에서 살아가는 모든 생물이 공통의 조상에서 유래했다는 것을 논증했다. 우리가 관찰할 수 있는 모든 사실이, 종이 따로따로 창조되었다는 낡은 고정관념과 충돌한다고 했다. 인간이 인간 자신과 자연을 보는 관점을 혁명적으로 바꾸었다.

다윈은 단순한 박물학자나 생물학자가 아니라 생명과 자연의 본질을 천착한 철학자였다. 그의 사상과 이론은 유전과학과 첨단 기술의 발전으로 위력을 배가했으며, 이제는 자연과학의 울타리를 뛰어넘어 인문학과 사회과학에도 강력한 파장을 보내고 있다. 같은 세기를 살았던 마르크스와 프로이트의 철학이 시간의 무게 아래서 지속적으로 힘을 잃어가는 것과 비교하면 놀라운 현상이 아닐 수 없다. 20세기 세계사는 자본주의 종말과 공산주의 사회의 도래를 예언한 마르크스의 역사법칙을 비껴갔다. 마르크스주의는 자본주의 비판 이론으로서만 그 생명력을 유지하고 있다. 무의식의 세계를 포착한 프로이트의 학설은 여전히 수많은 추종자를 거느리고 있지만 검증할 수 없는 가설이라는 논란에서 벗어나지 못했다. 프로이트는 이제 예전처럼 많은 사람을 매혹시키지 못한다.

나는 젊은 시절에 다윈을 읽지 않았다. 『인구론』을 읽지 않고도 인구법칙을 안다고 믿었던 것과 마찬가지로, 『종의 기원』을 읽지 않았지만 진화론을 안다고 생각했다. 다윈은 토머스 맬서스나 허버트 스펜서처럼 '불쾌한 이름'들과 함께 등장하곤 했기 때문에 읽고 싶은 마음이 들지도 않았다. 나는 빈곤을 정당화하고 빈민 구제를 비난한 맬서스를 미워했고, 적자생존이라는 개념으로 사회적 강자를 편든 스펜서를 싫어했다. 그들이 펼친 '사회진화론' 또는 '사회다윈주의'가 부자와 강자를 예찬하고 불평등을 합리화하는 천박한 이데올로기라고 생각했다. 진화론이 올바른 생물학 이론이기는 하지만 사회적으로는 나쁜 영향을 미쳤다고 생각했다. 한마디로 말해서, 다윈에 대해서 별로 아는 게 없었다.

『종의 기원』은 읽기 좋은 책이 아니다. 150년 전에는 새로운 정보와 참신한 논리로 무장한 책이었겠지만 이제는 그렇지 않다. 우리는 다윈이 무엇을 논증하려고 애썼는지 잘 알고 있으며, 진화론의 요지를 이해한다. 오늘의 평범한 독자들은 다윈은 상상도 하지 못했을 유전학 지식을 가지고 있다. 그래서『종의 기원』은 빤한 결론에 도달하기 위해 수많은 예증과 지루한 추론을 펼치는 책으로 보일 수 있다. 다양한 개별적 사실을 연결하고 해석함으로써 일반화된 결론에 다가서는, 절묘한 논리적 추론의 미학을 즐기는 호사가가 아니라면 처음부터 끝까지 정독하기 어렵다.

다윈의 사상을 제대로 알고 싶으면 다른 책부터 읽는 게 좋겠다. 예컨대 리처드 도킨스(Richard Dawkins)가 쓴 『이기적 유전자』, 스티브 존스(Steve Jones)의 『진화하는 진화론』, 마크 리들리(Mark Ridley)의 『HOW TO READ 다윈』 같은 책이다.

『이기적 유전자』는 유전과학을 바탕으로 삼아 진화론을 재해석한 책이다. 여기서 도킨스는 생존경쟁과 자연선택이 집단이나 개체 차원이 아니라 유전자 차원에서 벌어지는 현상임을 논증했다. 『진화하는 진화론』은 유전과학 지식을 활용하여 『종의 기원』을 재집필한 책이다. 존스는 서론에서부터 마지막까지 자신의 문장과 다윈의 문장을 구별할 수 없게 섞어놓았다. 리들리는 『종의 기원』부터 다윈이 만년에 집필한 『인간의 유래』와 『인간과 동물의 감정표현』까지 주요 저서에서 눈여겨보아야 할 철학적 이론적 쟁점이 무엇인지를 자상하게 안내한다. 이런 책들을 다 읽고 나서, 관찰로 얻은 개별적 사실에서 일반적 명제를 끌어내는 논증의 아름다움을 즐기고 싶다는 생각이 들면, 그때 『종의 기원』을 읽는 것이 좋겠다.

다윈과 월리스,
진화론의 동시 발견

인류 역사에 큰 족적을 남긴 천재들 중에는 남들이 천재성을 알아보지 못한 탓에 어린 시절 큰 어려움을 겪은 사람이 적지 않다. 20세기 최고의 천재 과학자로 알려진 알베르트 아인슈타인(Albert Einstein)은 학교에 잘 적응하지 못했으며, 성적이 나빠 대학에 들어가지도 못할 뻔했다. 상대성원리를 발표한 시점에서는 스위스 베른에 있는 특허사무소의 평범한 직원으로 일하면서 생계를 해결하고 있었다. 다윈도 그랬다. 초등학교 시절 암기식 수업에 적응하지 못해 교사에게 욕을 들어먹곤 했다. 의사였던 아버지의 영향을 받아 의과대학에 들어갔지만 마취제 없이 수술을 받느라 고통에 몸부림치는 환자를 보고 의대를 중퇴해버렸다. 신학대학을 졸업했지만 성서 공부보다 생물학에 더 관심이 많았다.

다윈은 대학을 졸업한 후 영국 군함을 타고 세계를 여행할 기회를 잡았는데, 결국 여기에서 『종의 기원』이라는 대작이 나왔다. 1831년 영국 플리머스항을 떠난 비글호는 브라질, 우루과이, 아르헨티나, 칠레, 에콰도르를 찍고 태평양을 가로질러 오스트레일리아와 뉴질랜드에 들렀다. 그러고는 아프리카 남단을 돈 다음 대서양 섬들을 탐사하고 브라질을 거쳐 1836년 다시 영국으로 돌아왔다. 5년 넘게 걸린 항해였다. 『종의 기원』 머리말에서 다윈은 이 여행이 진화론을 잉태했다는 사실을 다음과 같이 밝혀두었다. 이 글의 인용문은 모두 홍성표 선생이 번역한 책에서 가져왔다.

나는 군함 비글호에 박물학자로 승선하여 항해하는 동안 남아메리카의 생물 분포와 과거 이 대륙에서 서식하던 생물과 현존하는 생물 사이의 지질학적 관계에 대한 여러 사실들을 알고 깊은 감동을 받았다. 이러한 사실은 한 위대한 철학자가 말한 것처럼 가장 신비로운 일의 하나인 종의 기원에 대해 약간의 빛을 던져주는 듯했다. 귀국 후 1837년에 이 의문과 관계있다고 생각되는 여러 사실들을 모아서 검토해보면 무엇인가 알 수 있을지도 모른다고 생각했다. 5년 동안 끈질기게 그 일을 계속한 결과, 그 주제에 대한 생각을 통합시킬 수 있어서 짤막한 메모를 남겨두었다. 1844년에 그것을 바탕으로 확신하고 있던 어떤 결론의 개요를 만들었다. (……) 지금 나의 연구는 거의 끝나가지만 마무리까지는 2, 3년은 더 걸릴 것이다. 그러나 나의 건강 상태가 그리 좋은 편이 아니어서, 이 초본(抄本)을 간행하지 않을 수 없게 되었다. 그 밖에도 이 책을 간행하게 된 특별한 동기가 있는데, 그것은 말레이 군도에서 박물학을 연구하고 있는 월리스 씨가 종의 기원에 대해 나와 거의 똑같은 결론에 도달하고 있기 때문이다. 「종의 기원」, 5쪽

다윈은 매우 신중한 사람이었다. 비글호 탐험이 끝난 직후에 종의 기원을 밝힐 아이디어를 얻었고 5년 작업 끝에 잠정적인 결론을 내렸다. 그런데도 이론을 발표하지 않고 15년 동안이나 더 연구했다. 마무리 작업에 시간이 더 필요하다고 했다. 그런데도 1859년에 책을 출간한 것은 종의 기원에 관해 똑같은 결론에 도달하였다고 알려 온 월리스의 존재 때문이었다. 진화론은 다윈이 단독 발견한 것이 아니었다.

진화론은 과학의 역사에서 종종 일어나는 동시 발견의 대표적 사례다.

앨프리드 러셀 월리스(Alfred Russel Wallace, 1823~1913)는 다윈과는 상관없이 자연선택을 통한 종(種)의 기원 이론을 발전시켰다. 그는 주로 식물과 곤충을 연구하면서 아마존 지역과 말레이 열도를 탐사했다. 모든 종이 시간적·공간적으로 밀접하게 연관된 종에서 유래했다고 생각했는데, 1858년 2월 어느 날 맬서스의 인구이론을 생각하다가 '적자생존'이라는 개념에 도달했다. 월리스는 생각을 정리해 다윈에게 보냈고, 다윈은 다른 학자에게 보낸 편지에서 "나는 이보다 더 놀라운 일치를 결코 보지 못했다"라고 했다. 두 사람의 이론은 공동 논문 형식으로 학회지에 실렸는데 놀랍게도 특별한 관심을 끌지 못했다. 진화론이 다윈의 단독 발견처럼 알려진 것은 아마도 다윈이 월리스보다 먼저 책을 냈고, 대중이 이해할 수 있는 일상의 언어로 진화론의 학술적 쟁점을 정리하고 제시했기 때문일 것이다.

종의 기원을 해명하기 위해 수없이 많은 사례를 제시했지만 다윈이 말하고자 한 것은 분명하고 단순했다. 자연에는 다양한 종이 있다. 모든 종은 생존할 수 있는 것보다 많은 개체를 만들어내며, 개체는 생존을 위해 서로 경쟁한다. 같은 종에 속하는 개체들 사이에는 변이(變異)가 있다. 개체의 생존에 유리하게 작용하는 변이는 보존되고 유전되며 불리한 변이는 소멸된다. 이러한 자연선택을 통해 생물의 진화가 일어난다. 모든 생물 종은 따로따로 창조된 것이 아니라 공통의 조상에서 유래했으며, 이러한 자연선택 과정을 통해 수없이 다양한 종이 진화해 온 것이다. 이런 이론을 다윈은 다음과 같은 평범한 언어로 설명했다.

나는 생존경쟁이라는 말이, 하나의 생물이 다른 생물에 의존한다는 것, 개체가 사는 일뿐만 아니라 자손을 남기는 일에 성공한다는 것(이것이 더욱 중요한 일이다.)을 내포하고 있으며, 넓은 의미에서 또 비유적인 의미로도 쓰인다는 점을 미리 말해두겠다. (……) 생존경쟁은 모든 생물이 높은 비율로 증식하고자 하는 경향 때문에 불가피하게 일어난다. (……) 생존할 수 있는 수보다 더 많은 개체가 탄생하기 때문에 같은 종에 속하는 개체들 사이에, 다른 종의 개체 사이에, 생활의 물리적 조건과의 사이에 반드시 생존경쟁이 일어난다. 이것은 맬서스의 학설을 확대시켜 모든 동식물계에 적용시킨 것이다. 「종의 기원」, 62~63쪽

생존경쟁에 의해 일어나는 변이는 아무리 사소한 것이라도, 어떤 이유로 생긴 것이든, 어느 종이든 그 개체에 얼마간의 이익을 주는 것이라면 (……) 그 개체를 보존하도록 작용할 것이고, 보편적으로 그것이 자손에게 유전될 것이다. (……) 아무리 미미한 변이라도 유용하기만 하면 보존된다는 이 원리를 (……) 분명히 나타내기 위해 '자연선택'이라는 단어를 쓰기로 한다. 그러나 허버트 스펜서가 사용한 '적자생존(survival of the fittest)'이라는 표현이 한층 더 정확하며 때로는 편리하다. 「종의 기원」, 59~60쪽

온갖 식물이 자라 숲에는 새가 노래하고, 갖가지 곤충이 날아다니며, 습기 찬 흙 속을 벌레가 기어다니는 것을 천천히 살피면서 그런 생물들이 제각기 기묘한 구조를 가지며, 서로 매우 다르고, 서로 아주 복잡한 연쇄에 얽혀 있지만, 그런 생물들이 모두 우리 주위에서 작용하는 법칙에 의

해 만들어졌다는 것을 생각하면 참으로 흥미롭다.

이 법칙을 가장 넓은 의미로 취할 때 '생식'을 수반한 '성장', 거의 생식 속에 포함된다고 해도 좋을 '유전', 생활의 외적 조건이 간접적·직접적으로 작용하여 생기는, 또 용불용에 따라 생기는 '변이성' 및 '생존경쟁'을 일으키고, 또 그 결과로서 '자연선택'이 일어나고, '형질의 분기'와 개량이 덜 된 종류의 '절멸'을 수반하는 높은 '증가율'이 산출될 것이다. 이와 같이 하여 자연과의 투쟁에서, 즉 기아와 죽음에서, 우리가 생각할 수 있는 최고의 일, 다시 말해 고등동물의 생성이 귀결되는 것이다. 생명은 그 여러 가지 능력과 함께 맨 처음에 '조물주'에 의해 소수의 것, 혹은 단 하나의 형태로 불어넣어졌다는 이 견해, 그리고 이 혹성이 확고한 중력의 법칙에 의해 회전하는 동안에 그토록 단순한 발단에서 극히 아름답고, 이와 같이 가장 경탄할 만한 무한의 형태가 생겨나고, 또한 진화되고 있다는 이 견해 속에는 장엄함이 깃들어 있다. 『종의 기원』, 511~512쪽

월리스가 맬서스의 『인구론』에서 '적자생존'이라는 개념을 착안해낸 것처럼, 다윈도 맬서스의 이론을 모든 생물 종에 확대 적용함으로써 생존경쟁과 자연선택의 원리를 도출해냈다. 그러면서 자신이 만든 말 '자연선택'보다도 스펜서가 사용한 '적자생존'이라는 용어가 더 정확한 표현이라고 했다.

허버트 스펜서(Herbert Spencer, 1820~1903)는 다윈과 월리스의 진화론이 널리 알려지기 전부터 진화론을 주장한 사회학자로 사회진화론을 창안했다. 그는 사회 진화를 '개별화'가 심화되는 과정으로 파악했

다. 인간 사회가 노동의 분화와 발전을 통해 차별이 없는 군집 상태에서 복잡한 문명 상태로 진화한다고 보고, 사회를 강제적인 협력이 지배하는 군사형 사회와 자발적 협력으로 운영되는 산업형 사회로 분류했다. 군사형 사회는 원시적 독재가 지배하는 반면, 산업형 사회는 문명적 개인주의가 토대를 이룬다. 강제에서 자발적 협력으로, 집단주의에서 개인주의로, 단순성에서 다양성으로 가는 것이 사회 진화의 정향성이라고 주장했다.

다윈주의는 진보의 적인가

사회정의와 평등을 중시하는 진보주의자들이 다윈을 별로 좋아하지 않는 데는 이유가 있다. 그들이 정말로 싫어하는 것은 진화론 그 자체가 아니다. 보수주의 철학의 기초를 이루는 맬서스와 스펜서의 사회진화론, 경쟁과 적자생존을 예찬하고 정당화하는 그 이론을 싫어한다.

다윈은 보수주의와 무관하다. 보수주의자들은 진화론을 별로 좋아하지 않는다. 특히 기독교 보수주의자들은 진화론을 증오하거나 혐오하기까지 한다. 다윈은 진화론을 창안하는 과정에서 맬서스와 스펜서의 이론을 참고했고, 그래서 그들과 함께 자주 거명될 뿐이다.

어느 대학 사회복지연구소가 주최한 학술 심포지엄에서 발제를 한 적이 있다. 내 발제문의 제목이 「대한민국 사회복지 정책에 대한 다윈주의적 고찰」이었다. 그 바람에 분위기가 험해졌다. 어떤 토론자가 처음에 제목을 보고 '다원주의적 고찰'의 오자인 줄 알았다고 하자, 다른 토론자가 자기도 그랬노라고 맞장구를 쳤다. 사회복지 분야에서 일하는 진보적 연구자들 사이에서 다원주의는 암묵적 '금칙어'다. 사회복지를 논하는 자리에 다원주의를 끌어오는 행위 자체를 불경스럽게 생각하는 기색이 완연했다. 그날 나는 어떤 청중의 표현에 따르면, "코민테른 대회에서 사회민주주의를 역설한 베른슈타인" 꼴이 되고 말았다.

다윈은 『종의 기원』에서 '진화'라는 말 대신 다른 다양한 표현을 사용했다. 종이 따로따로 창조된 것이 아니라 공통의 조상에서 진화해왔음을 치밀하게 논증했지만 창조론을 명시적으로 비판하지 않았다. 그에게 창조론은 과학이 아직 발전하지 못한 시대에 사람들이 지니고 있던 여러 신화 가운데 하나에 지나지 않았다. 과학적 발견과 과학적 사고의 발전이 이루어지면서 자연스럽게 사라질 낡은 관념일 뿐이었다. 그러나 유전과학이 더욱 발전하고 인간의 유전자지도를 완전하게 해독한 오늘날에도 창조론은 여전히 살아 있으며 오히려 진화론을 비판하고 공격한다. 진화론과 창조론의 이데올로기적 대립은 기독교가 진화론을 거부하고 공격한 데서 시작되었으며, 지금도 이어지고 있다. '지적 설계론'이라는 현대적 창조론에 대한 다원주의자의 본격적인 비판을 구경하고 싶은 독자들에게는 리처드 도킨스가 쓴 『눈먼 시계공』과 『만들어진 신』을 추천한다.

다윈은 창조론을 직접 비판하지 않고 인간중심주의 또는 인간이 만든 신중심주의의 논리적 허점을 노출시키는 방식으로 임했다. 그에게는 최초의 단순한 생명체에서 무한히 큰 종 다양성으로 발전한 생명과 자연 그 자체가 숭배하고 싶은 절대자였는지도 모른다. 다음은 창조론에 대한 다윈의 매우 온화한 비판 가운데 한 대목이다.

> 그 사람들은 많은 구조가 인간이나 창조자의 눈에 아름답게 보이기 위하여, 또는 단순한 변화를 위하여 창조되었다고 믿고 있다. 이러한 생각이 만약 옳다면, 나의 학설에 매우 치명적인 것이 된다. (……) 생물체가 인간을 기쁘게 하기 위해서 아름답게 창조되었다는, 모든 이론에 완전히 반대되는 것으로 여겨지는 견해에 대해서는, 나는 우선 미의 관념은 그 찬탄 대상에 존재하는 어떤 진정한 성질과는 관계없이 분명코 마음의 성질에 의한 것이며, 또한 어떤 것이 아름다운가라는 관념은 본질적이거나 불가변의 것이 아니라는 점을 말해두고 싶다. 만일 아름다운 사물이 단지 인간을 만족시키기 위해 창조되었다면 인간이 나타나기 전에는 그 후보다 지구의 표면이 덜 아름다웠다는 것이 증명되어야 한다. 에오세의 아름다운 나사형 또는 원추형의 조개나, 아름답게 조각된 제2기 시대의 암모나이트는 인간들이 후세에 이르러 표본실 속의 그것을 보고 찬탄하기 위하여 창조된 것일까? 『종의 기원』, 195~196쪽

진화론은 정치적 오남용의 위험을 내포한 이론이다. 다윈은 『종의 기원』 제1장을 인간이 사육하고 재배한 동식물의 변이를 서술하는 데 할애했다. 인간은 오랜 세월에 걸쳐 인간에게 유익한 개체를 선택하고 교배시킴으로써 사육·재배하는 동식물의 '품종을 개량'했다. 이것이

'인위선택'이다. 인위선택은 인간에게 유익한 동식물을 만들기 위한 합목적적 행위다. 우리는 사육·재배 동식물에게서 인위선택을 통해 이루어진 진화의 증거를 확실하게 볼 수 있다.

다윈은 사육·재배 동식물의 예를 통해 진화의 증거를 보인 다음 자연도 똑같은 일을 한다는 것을 논증하기 위해 생존경쟁, 자연선택, 변이 등의 개념으로 넘어갔다. 자연은 생존에 유리한 변이를 가진 개체를 선택하며, 그렇게 생존한 개체의 변이가 보존되고 유전되고 확산되면서 진화가 일어나고 다양한 종이 생겼다는 것이다. 그런데 변이는 무작위적이며 자연선택은 맹목적이다. 자연선택은 특정한 기준이나 목적을 갖지 않는다. 그저 생존에 유리한 변이를 가진 개체를 선택할 뿐이다.

진화의 법칙을 승인한다면 곧바로 이런 질문을 떠올리게 된다. 인간도 사육동물처럼 개량할 수 있는가? 한 걸음 더 나아가면 이렇게 물을 수도 있다. 인간에게 '바람직한 변이'와 '바람직하지 않은 변이'가 있다고 한다면, 인위선택을 통해 '바람직한 변이'를 가진 개체를 선택하고 '바람직하지 않은 변이'를 가진 사람을 도태시키는 것은 정당한 일인가? 이 질문에 대한 긍정적 대답이 나왔으니, 다름 아닌 우생학(優生學, eugenics)이었다.

『종의 기원』이 세상에 나온 지 10년 되던 해인 1869년, 역시 영국 과학자 프랜시스 골턴(Francis Galton)이 『유전적 천재(Hereditary Genius)』라는 책을 출간했다. 골턴은 잘난 남자와 돈 많은 여성을 계속해서 결혼시키면 천부적 재능을 지닌 종족을 만들 수 있다고 주장했다. 우생학이라는 용어도 그가 창안했다. 우생학은 진화론이 처음부터 내포하고 있던 잠재적 위험을 드러냈다.

곳곳에서 우생학회가 만들어졌는데 대표적인 것이 1926년 결성한 미국 우생학회였다. 이 학회는 부자와 권력자들이 우수한 유전적 재능을 가지고 있다고 주장했다. 아시아와 아프리카는 말할 것도 없고 유럽에서도 남부와 동부는 열등한 민족이 살기 때문에 이민을 받지 말아야 한다고 했다. 정신병, 발달 장애, 간질 환자들에 대해서는 강제로 불임 시술을 하자고 제안했다. 실제로 미국의 수많은 주들이 불임법을 도입했다. 독일 나치 정권은 미국의 불임법을 복제한 법률을 만들었으며, 우생학에 의거해 순수한 독일인 혈통을 보존하는 사업을 벌였고, 유대인과 유색인종과 동성애자 학살을 정당화했다. 진화론은 확실히 오남용의 위험이 큰 이론이다.

이타적 인간의 가능성

다윈은 자기가 세운 이론이 오남용의 위험을 내포하고 있다는 것을 알았을까? 그랬던 것 같다. 고통에 몸부림치는 환자를 볼 수 없어서 의과대학을 그만두었던 동정심 많은 천재가 진화론의 오남용을 예측하지 못하거나 우려하지 않았을 리가 없다. 다윈은 1871년 『인간의 유래』라는 두 번째 대작을 출간했다. 그는 여기서 인간 진화와 관련한 최대 수수께끼를 해명하려고 했다. 이타주의라는 인간의 도덕적 재능이 어디에서 왔느냐는 의문이다. 이타주의 또는 자기희생은 같은 종 내부에서 필연적으로 개체 사이의 생존경쟁이 벌어진다는 진화론의 기본 원리와 충돌한다. 도대체 인간의 이타주의와 도덕관념은 어디서 왔으며 인간은 무엇 때문에 이런 재능을 키워온 것일까? 다윈은 이것 역시 자연선택의 산물이라고 주장했다.

같은 지역에서 살아가는 두 원시인 부족이 경쟁 관계에 놓이게 되었다고 해보자. 다른 조건이 모두 같은 상황에서 한 부족에 용기 있고 공감을 갖고 충실한 구성원이 많았다고 하자. 이들은 위험이 닥쳤을 때 항상 서로에게 위험을 알리고 서로 돕고 방어할 준비가 되어 있으므로 다른 부족보다 더 빛나는 성공을 거두고 결국은 다른 부족을 정복했을 것이다. (……) 집단을 이루는 구성원의 사고력과 선견지명이 향상됨에 따라 각 구성원은 동료를 도와주면 자기도 그 답례로 도움을 받게 된다는 것을 곧 알게 되었을 것이다. 이런 단순한 동기 때문에 그는 동료를 돕는 습관을 획득했을지도 모른다. (……) 높은 도덕 기준은 한 개인이나 그 후손에게 부족 내의 다른 구성원에 비해 약간의 이득을 줄 수도 있고 전혀 주지 않을 수도 있다. 그렇더라도 좋은 품성을 갖춘 사람이 늘어나고 도덕성의 기준이 진보할수록 부족 전체는 다른 부족에 비해 막대한 이익을 얻게 된다는 것을 잊어서는 안 된다. 높은 수준의 애국심, 충성심, 복종심, 용기, 동정심이 있어서 항상 남을 도울 준비가 되어 있고 공동의 이익을 위해 자신을 희생할 준비가 되어 있는 사람들이 많은 부족은 다른 부족에 비해 성공을 거둘 것이다. 이것이 바로 자연선택이다. 「인간의 유래」, 「HOW TO READ 다윈」, 108~111쪽 재인용

이것은 이른바 '집단 선택론'이다. 생존경쟁과 자연선택이 집단 차원에서도 일어난다는 것이다. 종 사이의 경쟁보다는 같은 종의 상이한 개체들 사이에서 벌어지는 생존경쟁과 자연선택을 진화의 동력으로 본 『종의 기원』과 비교하면 다윈이 논리적 일관성을 허물었다는 느낌을 준다. 이타 행동과 자기희생을 적극적으로 하는 개체는 죽을 가능성이 높기 때문에 그렇지 않은 개체보다 후손을 남길 가능성이 적은데, 어떻게 그 집단이 높은 수준의 이타주의와 도덕관념을 보유할 수 있느냐는 논리적 반박이 나오는 것이 당연하다. 이 문제는 매우 흥미로운 논쟁거리로 남아 있다. 여기서 눈여겨볼 것은 다윈이 인간을 순전히 이기적 본능에 휘둘리는 존재가 아니라 진화의 과정에서 이타주의와 자기희생의 정신을 발전시킨 고귀한 도덕적 재능의 소유자로 보았다는 사실이다. 다윈은 인간 사회를 벌거벗은 생존의 욕망과 경쟁이 지배하는, 적자생존이라는 이름의 약육강식이 정당화되는 정글이라고 생각하지 않았다.

다윈은 자연에 대해서는 냉혹한 관찰자였지만 인간에 대해서는 그렇지 않았다. 우생학이나 '인종 개량'의 망상이 지닌 위험을 충분히 인지하고 있었다. 예방접종과 환경 개선 등 국가의 공중 보건 정책과 빈민을 구제하는 복지 정책이 '열등한 개체를 제거'하는 자연선택의 작동을 저지하는지 살폈다. 이것이 종국적으로 호모사피엔스라는 '문명

에 길들여진 종'을 생물학적으로 퇴화시킬 가능성이 있는지 검토했다. 그의 결론은 다음과 같았다.

> 미개인 사회에서 몸이나 마음이 허약한 사람은 곧 제거된다. 그리고 생존하는 사람의 건강 상태는 일반적으로 강하다는 것을 알 수 있다. 그러나 문명화한 우리들은 몸이나 마음이 허약한 사람이 제거되지 않도록 하기 위해 최대한의 노력을 기울인다. 우리는 저능한 바보나 병든 사람을 위해 보호시설을 세우고 빈민구제법을 제정한다. 의료인은 모든 사람의 생명을 구하기 위해 최후의 순간까지 최대한의 기술을 발휘한다. (……) 의지할 데 없는 사람에게 제공해야 한다고 생각하는 도움은 주로 본능적인 동정심의 부수적인 결과다. (……) 확실한 이유가 있을 때에도, 우리 본성의 고결한 부분이 악화되지 않는 한 동정심은 저지되지 않았다. (……) 만약 우리가 약하고 의지할 데 없는 사람을 의도적으로 무시한다면 어느 정도의 이익이 있을지는 모르지만 극도의 죄악도 함께 존재할 것이다. 우리는 약한 사람들이 생존하고 자신과 똑같은 후손을 퍼뜨리는 것이 틀림없이 나쁜 효과를 미친다는 사실을 명심해야 한다. 그러나 이러한 작용이 계속해서 일어나지는 않는 것 같다. 즉 약하고 열등한 사회 구성원이 건강한 사람처럼 자유롭게 결혼하지는 않는다는 것이다. 「인간의 유래」 「HOW TO READ 다윈」, 123~125쪽 재인용

다윈은 국가의 공중 보건 정책과 사회복지 정책을 "우리 본성의 고결한 부분"이 만들어낸 것으로 규정하고, 만약 이것을 버린다면 "어느

정도의 이익"과 "극도의 죄악"이 공존하는 사태를 초래할 것이라고 보았다. 그리고 보건 복지 정책이 자연선택의 작용을 저지할 위험은 성선택을 통해 제거할 수 있다고 판단했다.『인간의 유래』에서 결혼과 사망 사이의 통계적 관련성을 검토한 끝에 "결혼한 사람이 결혼하지 않은 사람에 비해 사망률이 낮은 것은 일반적 현상으로, 이는 대를 거듭하면서 불완전한 유형이 계속 사라지고 가장 훌륭한 개체를 노련하게 선택하기 때문"이라는 견해를 지지했다. 문명에 길들여진 종, 인류의 생물학적 퇴화를 걱정할 필요는 없다는 것이다.

찰스 다윈은 애덤 스미스만큼이나 많은 오해를 받는 철학자다. 스미스는 대학 교수와 지게꾼의 재능 차이가 그레이하운드와 마스티프종의 재능 차이보다도 적다고 말한 사람이지만 자유방임을 옹호한 조화론적 세계관 때문에 부자를 옹호했다는 오해를 받곤 한다. 다윈 역시 생존경쟁과 자연선택 이론을 사회복지 정책에 반대하는 속류 사회진화론자들이 오남용한 탓에 마치 불평등과 차별을 옹호하는 냉혹한 이데올로그인 것처럼 오해를 받는다. 나도 오래전에는 그렇게 오해한 적이 있다.

진화론은 많은 사람들을 불편하게 만드는, 그렇지만 누구도 부정할 수 없는 삶의 진실을 노출시켰다. 인간은 이기적인 동물이다. 그러나 이타적 행동을 하는 이기적 동물이다. 인간이 이기적인 동물임을 과소평가하면 현실적으로 도달할 수 없는 이상향에 빠져들 위험이 있다. 그러나 인간은 또한 이타주의와 자기희생이라는 고귀한 도덕적 재능을 진화시켜온 존재다. 이를 망각하면 세상을 벌거벗은 탐욕과 아귀다

툼이 판치는 살벌한 야만으로 몰고 갈 위험이 있다.

『공산당 선언』을 읽고 가슴이 설레는 젊은이라면 다윈도 읽어야 한다. 세상이 원래 경쟁과 적자생존의 원리가 지배하는 곳인데 국가가 무엇 때문에 빈부 격차 해소나 사회적 불평등을 완화하는 데 신경을 써야 하느냐고 생각하는 독자가 있다면, 그 역시 다윈을 읽어야 한다. 인간은 이기적 본성을 버리지 못하지만, 동시에 이타 행동을 우러러보는 직관적 도덕률을 지닌 동물이다. 밤하늘의 별을 볼 때에도 땅에 발을 디뎌야만 하는 존재이기도 하다. 현실의 이해타산을 무시하는 것은 어리석은 일이지만, 고결한 이상주의가 사라진다면 삶이 너무 비천할 것 같다. 누구나 다윈만큼씩만 인간에 대해 연민을 느끼고 이타주의에 공감한다면, 세상은 훨씬 더 살 만한 곳이 될 것이다.

11 ; 우리는 왜 부자가 되려 하는가

소스타인 베블런,
『유한계급론』

높은 수준의 지성을 가진 에일리언이 지구 행성을 방문했다. 1857년 7월 30일 미합중국 위스콘신주 어느 시골 농장에 착륙한 그는 오랫동안 미네소타주 노르웨이 이민자 마을에 살았고, 미국 여러 대학에서 경제학과 철학을 공부해 철학박사 학위를 받았다. 주로 했던 일이 빈둥거리면서 사람을 관찰하거나 책을 읽는 것이었던 에일리언은 1929년 8월 3일 한 사람의 환송객도 없는 캘리포니아 외딴 오두막에서 지구 행성을 떠났다.

어떻게 지구를 찾아왔으며 어느 은하, 어느 행성으로 돌아갔는지는 아무도 모른다. 지구에서 활동하는 동안 그는 소스타인 번드 베블런(Thorstein Bunde Veblen)이라는, 어딘가 촌스러운 느낌이 드는 이름을 쓰면서 많은 여인과 사랑을 나누었고 여러 권의 책을 썼다. 그중 하나가 1899년에 작성한, 지구 행성에서 가장 크게 번창한 종(種) 가운데 하나인 호모사피엔스의 문화양식과 사회 진화에 관한 보고서였다. 그는 고향 별 당국에 이것을 제출했을 것으로 추정되는데, 왜 그랬는지는 알 수 없으나 문제의 보고서를 지구인에게도 보여주고 떠났으니, 그것이 바로 『유한계급론: 제도의 진화에 대한 경제학적 연구(The Theory of Leisure Class: An Economic Study in the Evolution of Institutions)』였다.

부(富)는 그 자체가 목적이다

베블런에 대해 관심을 가지게 된 것은 '미국의 마르크스'라는 악명(惡名) 때문이었다. 미국에도 그런 학자가 있었다는 게 신기해서 『유한계급론』을 읽었다. 이 책은 앙리 파브르(Henri Fabre)의 『곤충기』와 비슷하다. 호모사피엔스의 사회적 행동을 꼼꼼하게 살핀 관찰 기록이다. 찰스 다윈이 『종의 기원』에서 제시한 진화의 법칙을 적용해 호모사피엔스의 사회적 진화 과정을 분석하고 묘사한 연구 보고서라고 할 수도 있다. 『곤충기』만큼 수월하게 읽을 수는 없지만 일단 읽어보면 재미가 쏠쏠하다. 베블런은 19세기 말 미국 부자들의 행태와 주류 경제학의 철학적 기초를 조롱했다. 만약 당대의 미국 억만장자들이 이 책을 읽었다면, 파브르에게 '관찰당한' 딱정벌레가 『곤충기』를 읽었을 경우 느꼈을 법한 모욕감을 똑같이 받았을 것이다.

예나 지금이나 사람들은 돈을 벌고 싶어 한다. 왜 그럴까? 돈이 있어야 삶의 욕구를 충족하는 데 필요한 재화를 획득할 수 있기 때문이다.

밥을 먹고 집을 사고 옷을 구입하고 아이들을 교육하고 부모를 봉양하려면 돈이 필요하다. 돈을 버는 것은, 경제학 용어로 말하면, 육체적 심리적 만족과 행복을 얻는 데 필요한 생활 자료를 취득하기 위한 활동이다. 이것이 주류 경제학자들의 대답이다.

베블런은 전혀 다른 견해를 제출했다. 그런 설명은 기본적인 의식주를 해결하지 못해 발버둥 치는 가난한 하층계급에게나 들어맞는다고 했다. 베블런에 따르면 사람들이 돈을 벌려고 하는 것은 돈으로 다른 사람을 이기려고 하는 경쟁심 때문이다. 재화와 서비스를 구입해 소비함으로써 만족을 얻는 것이 아니라, 남들보다 더 많은 부를 소유하는 것이 돈을 버는 목적이다. 돈은 수단이 아니라 그 자체가 목적이라는 것이다.이 글의 인용문은 모두 정수용 선생이 번역한 책에서 가져왔다. 원래 내가 읽었던 최광열 선생이 번역한 『유한계급론』(영양각, 1983)보다 번역이 '독자 친화적'이라고 판단해서 그렇게 했다. 다만, 번역이 명료하지 않은 대목이 간혹 있어 원문을 확인해 필요한 만큼 표현을 수정하였다. 원문 대조에는 C. 라이트 밀스(C. Wright Mills)의 해설이 딸린 베블런의 *The Theory of the Leisure Class*를 참고하였다. 위의 두 번역서는 원서의 논리적 선명성과 해학적인 문장을 충분히 살리지 못한 아쉬움이 있다. 『한가한 무리들』(동인, 1995)이라는 독특한 제목으로 나온 번역서가 더 있기는 한데, 일부 개선된 면은 있지만 핵심 용어를 생소한 단어로 옮긴 탓에 읽기가 무척 불편하다. 반갑게도 이 책의 초판이 출간된 2009년 이후 훌륭한 번역서가 여럿 출간되었다.

부에 대한 욕망은 그 본질적 속성 때문에 한 개인의 경우에도 충족되기 힘들다. 하물며 부에 대한 평균적 일반적 욕망의 충족이야 말할 나위도 없다. 아무리 폭 넓게, 평등하게, 또는 '공정하게' 부가 나누어지고 공동체의 부가 일반적으로 아무리 증가한다고 해도, 재화를 축적하는 일에서 다른 모든 사람을 능가하려고 하는 만인의 욕망에 근거를 둔, 그러한 욕구를 충족하는 데 이르지는 못한다. 『유한계급론』, 58쪽

그렇다. 부에 대한 욕망은 충족되지 않는다. 엄청난 수익을 내는 대기업을 여럿 소유한 재벌 총수가 이미 수십조 원의 재산을 소유하고 있으면서도 더욱더 많은 부를 축적하기 위해 소위 절세(節稅)와 탈세, 뇌물 공여와 가격 담합 등의 편법과 불법을 서슴지 않는 현실을 보라. 사람들은 자기가 그 정도로 재산이 많으면 더는 돈 욕심을 내지 않을 것이라고 말하지만, 실제로 그런 위치에 가면 그 역시 재벌 총수들과 똑같은 일을 하게 될 것이다. 재벌 그룹의 총수는 '금전적 경쟁' 또는 '돈으로 겨루기'에서 다른 재벌 그룹 총수를 제압하려는 욕망에 불탄다.

주류 경제학자들이 모든 경제 이론의 공통적인 기초로 삼은 '합리적 개인'은 이웃집 담장을 넘보지 않는다. 경제학자들이 사용하는 효용 함수는 나의 행복이 오로지 내 자신이 소비하는 재화와 서비스의 많고 적음에 달려 있다고 가정한다. 타인의 소비는 나의 행복에 아무런 영향도 주지 않는다. 이것이 가장 기본적인 경제학의 공리(公理)다. 베블런은 이것을 부정했다. 그의 주장에 따르면, 나의 행복은 내가 소비하는 재화와 서비스 또는 내가 소유한 부의 절대량이 아니라 그것이 다른 사람의 것보다 많으냐 적으냐에 달렸다. 부를 축적하는 경쟁에서 남을 이기는 것이 행복의 열쇠다. 부의 절대적인 크기는 중요하지 않

다. 베블런은 추상적 공리와 논리적 추론에 기대지 않았다. 돈을 벌고 부를 축적하는 일에 목숨을 거는 호모사피엔스의 행동을 있는 그대로 관찰한 끝에 이런 결론을 얻었다.

사적 소유라는 야만적 문화

베블런은 인류 문명을 '사적 소유권의 기초 위에 성립한 야만 문화'로 규정했다. 호모사피엔스는 사유재산의 발생을 계기로 '미개 문화'에서 '야만 문화'로 넘어왔다. 야만 문화는 초기의 '약탈적 단계'를 거쳐 19세기 미국과 같은 '준평화적 단계'로 이행했다. 그는 야만 문화 전체를 통틀어 사회를 지배한 집단에게 '유한계급(leisure class)'이라는 이름을 붙였다. 유한계급은 생산적 노동을 면제받은 인간 집단이다. 준평화적 단계의 야만 문화를 지배하는 현대의 유한계급은 야만 문화의 약탈적 단계를 지배했던 옛 유한계급의 속성을 고스란히 물려받았지만 다른 방식으로 표현한다. 그것이 바로 금전적 경쟁(pecuniary emulation)과 과시적 소비(conspicuous consumption), 과시적 여가(conspicuous leisure)다.

야만 문화의 약탈적 단계에서 남자들은 사냥과 전쟁을 했다. 여기서 획득한 전리품으로 자신의 힘을 증명했다. 이 문화 단계에서 투쟁과 침략은 가치를 공인받은 자기주장의 형식이며 강탈과 강압으로 획득한 유용한 물건과 서비스는 성공적인 침략의 증거가 된다. 여자와 노예 등 사람도 다른 동산(動産)과 같이 성공적 약탈의 확실한 증거로 널리 받아들였다. 반면 강탈이 아닌 방법으로 어떤 유용한 것을 획득하는 것은 훌륭한 신분을 가진 남자에게 수치스러운 일로 여겼다. 생산적인 일을 한다거나 남을 위해서 봉사하는 것은 좋지 않다. 이렇게 해서 강탈 또는 '공훈'에 의한 획득과 생산적 노동 사이에 불합리한 차별이 생겨났다. 생산적 노동을 하지 않는 것을 명예롭게 여기는 최초의 유한계급이 탄생한 것이다. 생산과 '레저'라는 용어에 대한 베블런의 설명을 들어보자.

> 생산(industry)이란 수동적인 물질에서 새로운 목적을 지닌 새로운 것을 창조하는 창의적인 제작자의 노고를 말한다. 반면 공훈(ex-ploit)은, 어떤 사람이 자기에게 유용한 결과를 가져오기 위해, 다른 사람이 어떤 다른 목적을 위해 쏟았던 에너지를 자기의 목적에 맞게 전용하는 것이다. 「유한계급론」, 45쪽

> 여기서 '레저(leisure)'라는 용어는 나태나 무위(無爲)를 의미하지 않는다. 그것은 (1) 생산적 노동은 가치가 없다는 의미에서, 그리고 (2) 게으르게 살아도 될 만큼 금전적 능력이 있다는 증거로서, 시간을 비생산적으로 소비하는 것을 의미한다. 「유한계급론」, 67쪽

이것은 자연 생태계의 질서와 유사하다. 지구 행성의 에너지원은 태양이다. 푸른 잎 식물은 물과 이산화탄소에 햇빛을 결합함으로써 생물

이 활용할 수 있는 최초의 에너지를 만든다. 초식동물은 식물이 만든 에너지를 착취한다. 육식동물은 초식동물을 잡아먹음으로써 착취자를 다시 착취한다. 생산적 노동을 하는 사람이 식물 또는 초식동물이라면 유한계급은 육식동물이다. 유한계급의 직업은 신분에 따라 다르지만 비생산적이라는 점에서 동일하다. 이들 비생산적 상류계급의 직업은 예나 지금이나 주로 정치, 전쟁, 종교의식 그리고 스포츠와 관련되어 있다.

베블런의 관찰에 따르면 호모사피엔스의 야만 문화가 약탈적 단계에서 준평화적 단계로 이행하면서 유한계급의 행동 양식에 큰 변화가 생겼다. 사회적 기술적 분업의 발전과 더불어 일상생활과 사고 습관 속에 자리 잡고 있던 약탈적 활동이 점차 생산 활동으로 대체되자, 성공의 지표가 약탈의 전리품에서 축적 재산으로 옮겨 간 것이다. 산업이 성장할수록 축적된 부가 명성과 존경의 더 중요한 인습적 기초가 되었다. 이제 사회에서 명성과 지위를 얻으려면 재산을 축적해야만 했다. 부는 약탈의 전리품을 대신하여 능력을 공인받는 훈장이 되었고 타인의 존경을 불러오는 독자적이고 결정적인 요소가 되었다. 부의 유래는 문제가 되지 않는다. 자기가 노력해서 얻었든 부모를 잘 만나서 상속을 받았든 상관없이 부는 명성의 인습적 기초가 된다. 처음에는 단순히 능력의 증거로 평가되던 부의 소유가 그 자체로서 가치가 있다는 일반적 통념이 굳어지는 것이다.

부는 생활의 욕구를 충족시키는 수단의 지위에 머무르지 않고 그 자체가 목적이 된다. 야만 문화의 준평화적 단계에 사는 현대인들이 부를 축적하려고 분투하는 것과 야만 문화의 약탈적 단계에서 힘센 남자들이 무기를 들고 다른 집단을 습격해 여자를 빼앗아 오던 것은 양상만 다를 뿐 똑같은 동기에서 나온 인습적 행동이다. 돌도끼, 칼, 창을 들고 겨루었던 생사를 건 혈투가 더 많은 부를 축적하기 위해 다투는 '금전적 겨룸'으로 바뀌었을 따름이다.

일부러 낭비하는 사람들

베블런이 묘사한 유한계급의 삶은 삭막하거나 살벌하지 않다. 우아하고 화려하며 평화적이기까지 하다. 그들은 문화 예술을 후원하고 가난한 사람들을 위해 천문학적인 돈을 기부한다. 대중에게 꿈과 판타지를 선사하는 영화를 제작하며 스포츠를 진흥해 대중을 열광의 도가니에 빠뜨린다. 인류의 지성을 드높이는 고등교육기관을 세우기도 한다. 록펠러, 모건, 밴더빌트, 카네기 등 19세기 말 미국의 억만장자들은 모두 이런 일을 했다. 개인적 씀씀이도 컸다. 딸을 유럽의 귀족 가문에 시집보내려고 당시 돈으로 수백만 달러를 썼으며 애완견을 위해 초호화 파티를 여는 데까지 돈을 물 쓰듯 했다. 부를 획득하고 축적하기 위해 삶의 모든 정열을 쏟았던 그들이 도대체 왜 그렇게 돈을 '낭비'하는 것일까? 베블런에 따르면 그 또한 명성을 얻기 위한 인습적 경쟁의 현상 형태일 뿐이다. 그것은 자기의 부가 얼마나 되는지, 자기가 얼마나 큰 존경을 받아야 마땅한 인물인지를 타인의 눈앞에서 명백하게 증명하려는 경쟁적 행위다. 베블런은 이런 행위에 '과시적 소비'라는 명예로운 이름을 부여했다.

유한계급은 생활의 욕구를 충족하기 위해서가 아니라 자기의 부를 만인에게 보여주는 수단으로 소비를 선택한다. 혼자서 소비하는 데 한계가 있다. 그래서 유한계급의 신사들은 자기를 대신해서 재화와 레저를 소비할 사람을 찾는다. 배우자, 가족, 집사, 하인, 파티에 초대받은 친구와 친척이 모두 '대행적 소비자'로서 그를 대신해 부를 '낭비'하면서 그가 얼마나 관대하며 돈이 많은 인물인지를 증명해줄 목격자가 된다. 의복, 예절, 의전, 장신구, 헤어스타일 등은 그들이 생산적 노동에서 완전히 면제되었다는 사실을 잘 나타낼 수 있어야 하며, 동시에 실생활에 크나큰 불편을 안겨주는 그것들을 익히는 데 엄청난 돈과 시간이 들어갔다는 것도 쉽게 보여줄 수 있어야 한다. 이런 이야기를 베블런은 다음과 같이 매우 고상한 학술적 언어로 표현했다.

사람들의 존경을 받고 이를 유지하려면 부나 실력을 소유하는 것만으로는 충분치 않다. 그 부와 실력은 반드시 입증되어야만 한다. 왜냐하면 존경은 증거가 있어야 받을 수 있기 때문이다. 또한 부의 증거는 자신의 우월성을 다른 사람이 느끼게 해서 생생하게 보존시키는 데 이바지할 뿐만 아니라 자기만족을 얻어 보존하는 데도 적지 않게 도움을 준다. 최저 문화 단계를 제외한 모든 문화 단계에 있어서 보통 사람들은 '체면이 깎이지 않은 환경'과 천역(賤役)의 면제로 위안을 얻고 자존심을 드높이는 것이다. 생활 설비나 일상생활의 질과 양에서 습관화된 이 체면 유지의 수준에서 강제로 밀려나는 것은 동료의 찬동이나 비난에 대한 의식적인 고려를 떠나서라도 자기의 존엄성에 대한 모욕으로 느껴진다. 「유한계급론」, 62쪽

과시적 여가는 시간과 노력의 낭비요, 과시적 소비는 재화의 낭비다. 양자는 모두 부를 과시하는 방법이요, 똑같은 것으로 인정되는 것이 보통이다. 「유한계급론」, 94쪽

베블런은 유한계급을 비난하지 않았다. 지구 행성에서 호모사피엔스가 하는 일에 대해 호불호를 나타내지 않았으며 개입하지도 않았다. 파브르처럼 그저 관찰하고 분석하고 기록했을 따름이다. 그런데 유한계급은 딱정벌레와는 달리, 고도의 지성을 갖춘 독립적인 사유의 주체다. 혹시 그들이 공연히 마음의 상처를 입지 않을까 걱정이 되었는지, 베블런은 자신이 사용한 용어가 도덕적 비난을 내포하고 있지 않다는 점을 여러 차례 강조했다.

'낭비(waste)'라는 말을 사용하는 것은 어떤 점에서는 불행한 일이다. 일상적 언어생활에서 이 말에는 비난이 깔려 있다. 여기서 이 말을 쓰는 것은 그와 같은 동기와 현상을 서술하는 데 적합한 다른 표현을 찾을 수 없기 때문이다. 그러므로 인간의 생산물이나 인간의 삶을 옳지 않게 소모한다는 저속한 의미로 받아들이지 않아야 한다. 경제 이론의 관점에서 보면 여기서 문제가 되는 지출은 다른 지출과 전혀 다를 바가 없다. 여기서 말하는 '낭비'는 이러한 지출이 대체로 인간 삶과 행복에 기여하는 바가 없

다는 뜻일 뿐, 그런 지출을 선택하는 소비자 개인의 입장에서 그것이 노력 또는 지출을 낭비하거나 오용한다는 것을 의미하지는 않는다. (……) 소비자가 어떤 형태의 지출을 선택하든, 그런 선택을 함으로써 이루려고 하는 목표가 무엇이든, 그것은 모두 그의 기호에 의해 그에게 효용을 준다. 개별적 소비자의 관점에서 보면, 관련된 경제 이론의 영역 안에서 낭비라는 문제는 일어나지 않는다. 따라서 '낭비'라는 말은 기술적 전문용어일 뿐, 과시적 낭비의 규범 아래에서 소비자가 가진 동기나 추구하는 목적에 대한 비난을 내포하고 있지 않다. 『유한계급론』, 102~103쪽

베블런은 '낭비'가 그저 '기술적 용어'일 뿐이라고 하면서도 일상의 언어생활에서는 그것이 도덕적 비난을 내포한 말로 통용된다는 사실을 인정했다. 흥미로운 것은 그 이유로 인간의 '제작 본능(instinct of workmanship)'을 들었다는 점이다. 베블런은 침략과 약탈, 금전적 겨룸이 야만 문화 단계의 사회적 인습에 기인한 것인데 반해, '제작 본능'은 인간이 타고난 것이라고 주장했다. 호모사피엔스가 이처럼 '건전한 본능'을 타고났다는 견해는 그가 『유한계급론』 전체를 통틀어 인간을 칭찬한 유일한 경우라고 할 수 있다.

다른 사정이 허용한다면 제작 본능은 인간에게 생산적 효율과 인간에게 유용한 모든 것에 대해 호의를 갖게 한다. 또한 물질이나 노고의 낭비를 경멸하게 만든다. 이 제작 본능은 만인에게 있으며 심한 역경 속에서도 자기의 존재를 주장한다. 그러므로 어떤 지출이 사실상 아무리 낭비적일

지라도 최소한 허울뿐인 명분이라도 그럴듯한 구실을 내세우는 것이다. (……) 과시적 낭비의 법칙과 충돌을 일으키면 제작 본능은 본질적 유용성을 고집하기보다는 명백히 쓸데없는 것은 역겨우며 아름다울 수 없다는 뿌리 깊은 관념으로 표출된다. 「유한계급론」, 99쪽

『유한계급론』은 주류 경제학에 대한 비판이며 조롱이다. 베블런은 주류 경제학의 합리적 개인이라는 관념과 효용 함수의 근저에 있는 기본 공리(公理)를 부인했다. 나아가 경제학자들이 숭앙하는 시장가격 결정이론에 대해서도 보편적 타당성을 인정하지 않았다. 가격이 오르면 (내리면) 수요량은 감소(증가)한다. 그래서 경제학 교과서들은 기하학적으로 우하향인 수요곡선을 제시한다. 그런데 베블런은 이것을 뒤집었다. 과시적 소비를 하는 유한계급에게는 그 반대가 맞다는 것이다.

유한계급에게는 가치가 가격을 규정하는 게 아니라 가격이 가치를 결정한다. 유한계급의 과시적 소비 목적은 최소 비용으로 최대 효용을 얻는 것이 아니라 최대한의 지출을 통해 부를 과시하는 것이다. 아름답고 품질은 좋지만 값이 싼 보석은 아무 쓸모가 없다. 그들에게는 값이 비싼 것이, 품질과 무관하게, 오로지 비싸다는 이유 때문에 그만큼 가치가 있다. 그래서 값이 비쌀수록 수요가 늘어난다. 이것이 소위 '명품의 경제학'이다. 곤란에 빠진 경제학자들은 베블런의 이론이 옳다는 것을 인정하면서도, 예외로 치부하여 논리적 파산을 모면했다. 베블런의 이론이 적용되는 상품에는 베블런재(Veblen-goods)라는 이름이 붙었다.

지구상에서 가장 고독했던 경제학자

『유한계급론』을 처음 읽었을 당시 나는 졸업도 하지 못한 채 대학에서 쫓겨난 '한때 경제학도'였다. 헨리 조지의 말에 따르면 "노동조합과 임금 인상에 반대하기로 악명이 높은 경제학"에 대해서 나름의 반감을 지니고 있었던 터라, 유한계급과 주류 경제학에 대한 신랄한 야유와 조롱이 그렇게 통쾌할 수가 없었다. 주로 제1장에서 제6장까지 담긴 내용이었다. 베블런의 이론이 '제도주의학파'라는 경제학의 새로운 흐름을 탄생시켰다는 사실을 몰랐다.

다시 『유한계급론』을 읽으니 그때와 달리 제8장 「노동 면제와 보수주의」가 눈에 들어온다. 여기에서 베블런의 이방인 같았던 삶을 이해하는 단서를 찾았고 내가 현실에서 겪은 실패의 쓰라림을 덜어주는 심리적 위안을 얻었다. 열 가지 넘는 언어를 읽고 말할 수 있었던 이 천재는 마르크스와 달리 세상사에 개입하지 않았다. 유한계급을 타도하자고 선동하지 않았다. 하지만 유한계급의 존재 양식을 받아들이지도 않았다. 세상에서 뚝 떨어져 살았고 지구 행성에 살았던 흔적을 남기는 것도 원하지 않았다. 왜 그랬을까? 나는 『유한계급론』 제8장에서 의문을 풀 단서를 발견했다.

존 갤브레이스(John K. Galbraith) 교수는 휴턴 미플린(Houghton Mifflin) 출판사가 간행한 『유한계급론』 1973년판에 짧은 평전을 썼다. 이것을 참고하여 베블런의 생애를 잠깐 살펴보기로 하자. 베블런은 기인(奇人)이었다. 칼튼 대학교에서 한계생산력 분배이론으로 유명한 주류 경제학의 대스타 존 베이츠 클라크(John Bates Clark) 교수에게 경제학을 배우던 시절부터 엉뚱하고 괴팍한 생각을 즐겨 했다. 외모가 촌스러웠는데도 여자들에게 인기가 많았다. 지성미 넘치는 학장의 딸과 결혼한 후에도 여성 편력은 계속되어 결국 이혼했다.

베블런은 예일 대학교에서 철학박사 학위를 받고서도 취직을 하지 않고 고향 집으로 돌아가 철학과 정치학부터 경제학, 사회학, 인류학, 생물학, 신학 등에 이르기까지 닥치는 대로 책을 읽으면서 7년 동안이나 무위도식했다. 30대 중반이 되어서야 코넬 대학교 경제학부 조교로 취직했고 막 창설된 시카고 대학교 강사가 되었다. 시카고 대학교는 미국 유한계급의 거물 존 록펠러(John Rockefeller)가 300만 달러라는 거금을 '과시적으로 소비'하기 위해 만든 학교였다. 베블런은 이 대학에서 밥을 먹으면서 쓴 『유한계급론』이 미국 독서 시장에서 대박을 터뜨리는 바람에 본의 아니게 시카고 대학교의 명성을 드높였다.

베블런은 보수적인 시카고 대학교에서 손꼽는 '비호감' 인물이었는데, 너무 많은 여인들의 사랑을 거절하지 못한 탓으로 15년 만에 학교에서 쫓겨났다. 다른 대학을 떠돌면서 『기업이론』, 『장인 본능』, 『독일 제국과 산업혁명(Imperial Germany and the Industrial Revolution)』, 『미국의 고등교육』, 『부재소유제도(Absentee Ownership)』 등을 출간했지만 이 책들은 『유한계급론』과 같은 대중적 성공을 거두지 못했다.

베블런은 지구 행성에서 별로 행복하지 않았다. 시카고 대학교를 나온 후에는 경제적 궁핍에 시달려 제자들의 도움을 받아야 했다. 순박했던 두 번째 아내는 병으로 세상을 떠났다. 뉴욕에서 자유주의 성향의 잡지사를 운영했지만 실패했다. 늘그막에 미국 경제학회장 자리를 제안받았지만 거절했다. 1920년대 중반부터 캘리포니아의 작은 오두막에 틀어박혔다. 책도 읽지 않고 글도 쓰지 않고, 들쥐가 드나드는 잡초 우거진 오두막에서 사색에 잠겨 살았다. 친구와 제자들이 찾아와도 반기지 않았고 독자들의 편지를 받아도 답장을 보내지 않았다. 쓰다 만 원고는 태워버렸다. 지구 행성을 떠날 준비를 하고 있었던 것이다.

그는 혼자 세상을 떠나면서 오두막에 유서를 남겼다. "어떤 종류의 예배와 의식도 하지 말고 신속하고 값싸게 화장해주기 바란다"라고 썼다. "재는 바다 또는 바다로 흘러가는 큰 강에 뿌리고" "어느 때 어느 곳을 막론하고, 명칭이나 성격이 어떠한 것이든, 묘석, 묘판, 비명, 초상, 액자, 비문 또는 기념비를 세워 나를 기념하거나 나의 이름으로 건립하지 말라"라고 했다. "나의 추도문, 회상기, 초상 또는 전기, 나에게 온 편지 또는 내가 쓴 편지도 인쇄하거나 공개하지 말고, 또 어떠한 방법으로도 재생, 복사하거나 배포하지 말라"라고 덧붙였다. 그 유언은 지켜지지 않았다. 베블런을 회상하고 추도하는 글이 무수히 나왔다. 나도 지금 하나를 보태고 있다.

인간은 누구나 보수적이다

마르크스는 사회를 "대립하

는 계급의 통일"로 보았다. 그의 세계에는 언제나 투쟁이 진행 중이며 혁명이 준비되고 있다. 그는 부르주아 독재를 타도하는 프롤레타리아트의 계급 혁명이 필연적이며 그것이 역사의 진보라고 믿었다. 세계를 해석하는 것이 아니라 변혁하는 것이 중요했다. 이런 맥락에서 보면 마르크스가 혁명의 소용돌이에 몸소 뛰어든 것은 자연스러운 일이었다. 유한계급과 생산계급으로 나누어진 베블런의 세계는 안정되어 있다. 혁명이 일어나지 않는다. 인습과 제도의 진화가 있을 뿐이다. 보수성은 지배계급의 전유물이 아니라 모든 인간의 보편적 특성이다. 유한계급의 규범과 생활양식은 모든 사람의 삶을 지배하는 명예로운 표준으로 통용된다. 하층계급은 유한계급을 타도하기보다 그 일원이 되기를 원하며 그들을 흉내 내려고 애쓴다. 사회와 인간을 이렇게 보면 세상의 소란에 신경 쓰지 않고 이방인으로 살다 가는 쪽이 자연스럽다.

사람은 학습하고 경험하면서 생각을 형성한다. 그런데 어느 시점에 확고하게 자리 잡은 생각이 그다음의 삶을 규정하기도 한다. 『유한계급론』에서 피력한 인간과 사회에 대한 생각을 확고하게 가지게 된 청년기의 어느 시점에서 베블런의 삶은 그렇게 설계되었는지도 모른다. 그는 다윈의 충실한 제자였다. 사회 변화를 설명하는 데 진화론을 적용했으며 생물학자와 비슷한 방법으로 인간과 사회를 관찰하고 묘사했다.

> 다른 종의 생활과 마찬가지로 인간의 사회생활도 생존경쟁이며, 따라서 도태적 적응(selective adaptation)의 과정이다. 사회구조의 진화는 제도의

자연선택(natural selection) 과정이었다. 인간의 제도나 특성과 관련하여 이미 이루어졌거나 진행 중인 진보는, 넓은 의미에서 보면, 모두 최적의 사고방식(the fittest habits of thought)의 자연선택에 기인하며, 공동체가 성장하고 제도가 변화함에 따라 누진적으로 변천하는 환경에 대한 개인의 강요된 적응 과정에서 유래한 것이라 할 수 있다. 『유한계급론』, 171쪽

사회의 진화가 '제도의 자연선택'이라면 제도는 무엇인가. 베블런에 따르면 제도는 "개인과 사회의 관계와 기능에 관한 일반적인 사고방식"이다. "일정한 시기에 통용되는 모든 제도의 총체"가 그 시대의 생활양식이 된다. 지배적인 생활양식은 심리학적인 측면에서 "그 시대를 지배하는 정신적 태도"다. 사회제도의 총체로서 한 시기의 지배적인 생활양식 또는 습관적 사고는 환경이 변화를 강요하지 않는 한 무한정 지속되는 경향이 있다. 그래서 전승되는 제도, 습관적 사고, 견해, 정신적 태도와 소질은 그 자체가 보수적인 요인이 된다. 모든 인간은 보수적이다. 물리학에서 말하는 관성의 법칙이 사회제도와 사고방식에도 적용되는 것이다.

그런데 생활환경은 계속 변화한다. 따라서 지배적 생활양식과 습관적 사고방식은 그 시기의 생활환경 또는 상황에 잘 부합하지 않게 된다. 어느 시점엔가 변화한 환경이 기존의 지배적인 생활양식과 습관적 사고를 더는 허용하지 않는 상황이 온다. 사회의 진화는 이럴 때 일어난다. 사회의 진화는 개인이 어쩔 수 없이 변화한 상황에 부합하는 새로운 사고방식과 생활양식을 받아들이는 정신적 적응 과정이다. 개인

의 정신적 적응은 환경의 변화가 몰고 온 압력이 강하고 개인이 기존의 지배적 생활양식을 고수하면서 그 압력을 견딜 수 있는 능력이 약할수록 더 잘 일어난다. 생활환경의 변화가 주는 압력에 덜 노출되거나 둔감한 사람일수록, 그 압력을 버텨낼 힘이 있는 개인일수록 더 오래 정신적 적응을 거부할 수 있다. 유한계급이 바로 그런 개인들의 집단이다. 유한계급은 물질적 이익이나 기득권 때문에 보수적인 것이 아니다.

> 부유층이 원래 보수적이라는 통념은 널리 받아들여지는데, 이 통념이 문화의 발전에서 그 계급이 차지하는 위치와 관련성에 대한 이론적 관점의 뒷받침을 받은 것은 아니다. 이 계급의 보수주의에 대한 설명 중에서, 부유층이 아무 가치도 없는 기득권에 집착하기 때문에 혁신을 반대한다는 모욕적인 이야기가 있다. (……) 문화양식의 변화에 대한 이 계급의 반대는 본능적인 것이지 주로 물질적인 이익에 대한 계산의 산물이 아니다. 부유층의 보수주의는 공인된 행동 방식과 사물에 대한 관점을 벗어나는 데 대한 본능적 반발일 뿐이다. 모든 사람이 느끼는 반감이며 오로지 환경의 압력 때문에 어쩔 수 없이 참아야 하는 반감이다. 생활 습관과 사고방식의 변화는 모두 성가신 일이다. 이 문제와 관련하여 부유층과 보통 사람이 다른 점은 보수주의를 고무하는 동기가 아니라 변화를 재촉하는 경제적 강제에 노출되는 정도의 차이에 있다. 부유층에 속한 사람들이 다른 사람들처럼 쉽게 혁신의 요구에 굴복하지 않는 것은 그렇게 하도록 강제당하지 않기 때문이다. 「유한계급론」, 178쪽

잘난 인물들이 공인된 생활 방식과 결별하라는 제안을 받으면 반발한다는 것은 누구나 겪어서 알고 있다. 사회에 유익한 충고와 훈계를 하는 인사들이 영국 국교 폐지, 이혼의 간편화, 여성참정권 도입, 주류 제조와 판매 금지, 재산상속 제한 또는 폐지 등 비교적 경미한 변화가 불러오게 될 심각한 사회적 악영향에 대해 역설하는 것을 흔히 들을 수 있다. 이러한 혁신은 모두 "사회구조의 근본을 뒤흔들고", "사회를 혼란에 빠뜨리며", "윤리 도덕의 토대를 뒤집어엎고", "삶을 참을 수 없게 만들며", "자연의 질서를 거역하는" 것이라고 말한다. (……) 변화를 싫어하는 것은 대체로 어떤 변화에나 필요한 재조정을 하기가 성가시기 때문이다. 『유한계급론』, 181쪽

대한민국 유한계급의 인습적 표현 방식에 따르면 "사회구조를 근본적으로 뒤흔드는" 주장을 함으로써 "사회를 혼란에 빠뜨리는" 사상은 '불온(不穩)'하며, 불온한 주장을 실현하려고 하는 사람은 '반체제'다. '반체제' 세력은 인륜과 도덕마저도 투쟁과 혁명의 도구로 삼는 '패륜아'들이다. 나는 스무 살 무렵부터 이런 말을 많이 들었다. 당시 나는 '독재 정권'과 '나팔수 언론'이 하는 소리라고 생각해 크게 상처받지 않았다. 그런데 많은 세월이 흘러 집권당의 국회의원을 하고 대한민국의 국무위원이 되어서도 여전히 그런 소리를 들었을 때는 작지 않은 상처를 받았다. 거리에서 우연히 만난, 유한계급에 속하지 않음이 분명한 노인에게서 "먼저 인간이 되어야지!"라는 호통을 들었을 때 가슴이 아팠다. 나는 인간의 행복을 증진하는 유용한 생산적 노동에 종사하는 사람을 더 존중하는 쪽으로 사회제도가 진화하기를 바라면서 나름대

로 노력했는데, 정작 그러한 제도 진화의 수혜자가 될 사람들이 나를 외면하고 비난할 때 슬픔을 느꼈다.

아프리카 오지 원시 부족의 생활상을 관찰하는 인류학자처럼 사회제도의 진화 과정에 일절 개입하지 않고 지켜만 보다가 떠난 베블런이 나를 위로한다. 원래 그런 것이니 상처받지 말라고. 보수성은 유한계급만의 특수성이 아니라 인간 고유의 보편적 성향이라고. 그들은 다만 진보가 요구하는 인습적 사고와 행동 양식의 재조정을 귀찮아해서 그런 것뿐이라고. 생활환경의 변화가 더 진행되면 더 많은 사람들이 생각을 바꾸게 될 것이라고.

생각해보면 그런 것 같다. 저학력 저소득 고령층 유권자들이 유한계급의 속물주의와 물신숭배 문화를 충실히 대변하는 보수정당을 지지하는 것은 '준평화적 야만 문화' 단계에 있는 모든 나라에서 볼 수 있는 현상이다. 우리나라가 심한 편이지만 우리만 그런 것은 아니다. 혁신과 진보는 언제 어디서나 저속하고 품위 없다는 인습적 비난에 봉착한다는 베블런의 다음과 같은 분석에 위로를 받으면서 자문해본다. 나도 그처럼 팔짱을 끼고 냉담한 태도로 이 세상을 관찰만 하면서 살면 마음이 편해질까?

> 보수주의는 사회의 부유하고 명망 있는 사람들의 특징이기 때문에 영예로운 장식적 가치를 얻는다. 이것이 더 심화되면 우리의 관념 속에서는 보수적 견해를 고수하는 것은 당연히 존경받아야 할 대상으로 평가된다. (……) 보수주의는 상층계급의 특징이기 때문에 품위가 있는 반면, 혁신

은 하층계급의 현상이기 때문에 저속(vulgar)하다. 사람들로 하여금 모든 사회적 혁신을 외면하게 만드는 그 본능적 반발과 비난의 가장 단순한 요소는 사물의 본질적 비속성(vulgarity)에 대한 이 관념인 것이다. 그렇기 때문에 혁신자(innovator)가 대변하는 것이 본질적으로 옳다는 것을 인정하는 경우에도, (그가 치유하려는 악이 시간적·공간적으로 멀리 떨어져 있거나 개인적으로 접촉할 가능성이 없을 때 이런 경우가 생길 수 있다.) 그 혁신자는 교제하기에는 불쾌한 인물이며 무릇 그와 접촉하는 일을 삼가야 한다는 사실을 의식하지 않을 수 없다. 혁신은 나쁜 것(bad form)이다. 「유한계급론」, 179쪽

베블런의 주장은 현실에 잘 들어맞는다. 그렇지만 그는 인간과 사회에 대해 지나치게 비관적이었다. 나는 그가 호모사피엔스를 과소평가했다고 생각한다. 똑같은 생활환경의 변화에 똑같이 노출되어 있어도 사람들의 반응은 서로 다르다. 인습적 사고와 행동 방식을 바꾸는 데 민감하고 능동적인 사람이 있는가 하면 둔감하고 소극적인 사람도 있다. 전자는 진보적이고 후자는 보수적이다. 그러면 어떤 사람이 더 유연하게 인습적 사고방식과 행동 양식을 교정하는 수고를 기꺼이 감수하는 것일까?

똑같은 생활환경의 변화에 노출되어 있다고 해도 자신에 대해, 타인과의 관계에 대해, 사회제도에 대해 더 넓고 깊게 이해하고 성찰하는 지성적인 사람일수록 더 유연하다고 나는 생각한다. 두뇌 활동이 활발하고 많이 배우고 다양한 문화를 폭넓게 경험한 사람일수록 더 진보적일 수 있다고 본다. 문명이 발전할수록 인간의 평균적 지성과 성찰 능

력도 더 높이 발전하며, 제도의 진화 역시 그만큼 빠르고 수월해진다는 것을 역사는 보여주었다.

　이렇게 생각했다면 베블런의 삶이 더 행복하지 않았을까? 조금 더 적극적으로 세상사에 개입하면서, 더 많은 사람들과 더 따뜻하고 더 다양한 인간관계를 맺으면서, 더 즐겁게 지구 행성의 생활을 즐길 수도 있지 않았을까? 나는 외롭게 살다 간 베블런이 안쓰럽다. 자신을 회고하거나 추모하는 글을 쓰지 말라고 유언했지만, 내게는 그 유언을 지킬 의무가 없다. "베블런 박사, 당신 고향 별에서는 외롭게 살지 마십시오. 그리고 이젠 다 지나간 일이지만, 호모사피엔스는 당신이 생각했던 것보다는 더 괜찮은 종(種)이랍니다."

12 ; 문명이 발전해도
빈곤이 사라지지 않는 이유

헨리 조지,
『진보와 빈곤』

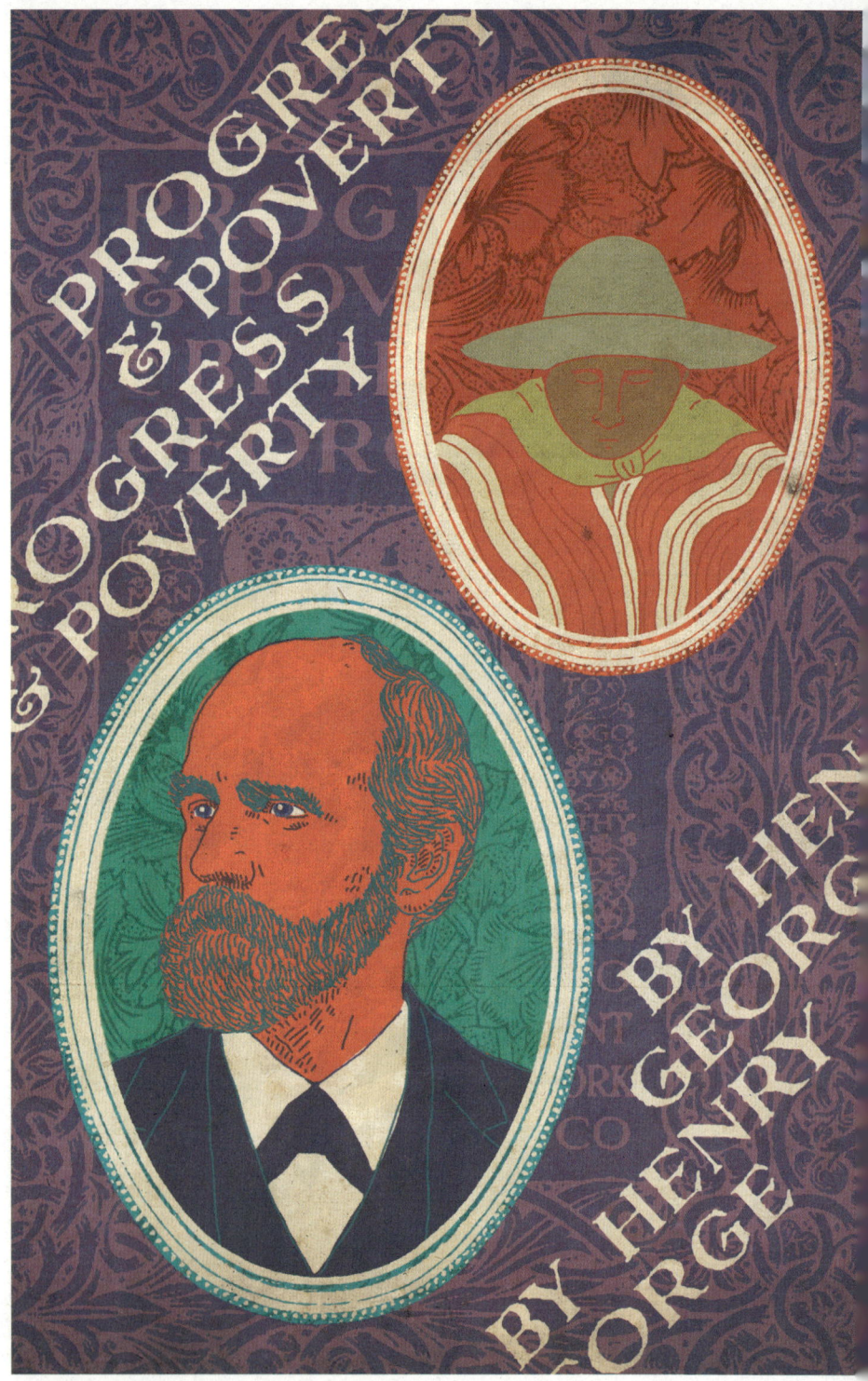

1980년대 말 노태우 대통령 재임 초기였다. 집값 땅값이 폭등하는 통에 큰 난리가 났다. 전세금 폭등을 감당하지 못한 서울의 서민들이 집을 줄여 이사하고, 그마저도 여의치 않으면 인근 경기도 지역으로 살림을 옮기는 초유의 사태가 벌어진 것이다. 나도 직접 겪었던 일이다. 당시 나는 서울 신림 10동 산비탈 달동네 2층 주택의 13평짜리 아래층을 1300만 원 전세로 얻어 신혼살림을 차렸다. 그런데 집주인이 딱 1년 만에 전세 보증금을 한꺼번에 700만 원 올렸고 다음 해 또 500만 원을 올렸다. 불과 2년 만에 전세금이 두 배로 뛴 것이다. 문제가 얼마나 심각했으면 노태우 정부가 '토지공개념'이라는 '좌파적 구호'를 내걸고 투기 목적으로 보유한 것으로 추정되는 땅에 토지초과이득세라는 이름의 높은 보유세를 부과했겠는가.

그 무렵에 말로만 들었던 책, 헨리 조지(Henry George)의 『진보와 빈곤(Progress and Poverty)』(무실, 1989)을 읽었다. 아쉽게도 완역본이 아니라 발췌 번역한 축약본이었고, 번역자는 오랫동안 '토지정의시민연대'

를 이끈 경북대학교 행정학과 김윤상 교수였다. 김 교수는 10년쯤 뒤에 완역을 했다. 나는 1992년에 출간한 졸저 『부자의 경제학 빈민의 경제학』 한 꼭지에 '모든 지대는 도둑질이다'라는 제목을 달아 조지의 지대 이론을 소개했는데, 이 글은 바로 그 축약본을 보고 쓴 것이었다. 『진보와 빈곤』은 내가 20대에 마지막으로 읽은 고전이었다.

뉴욕에 재림한 리카도

『진보와 빈곤』은 단순한 경제학 이론서가 아니다. 철학책이라고도 할 수 있고, 또 어느 정도는 신학 서적이거나 문학작품이라고 해도 괜찮을 것이다. 조지는 단 하나의 질문에 대답하기 위해 이 책을 썼다. "사회가 눈부시게 진보하는데도 빈곤이 사라지지 않는 이유가 무엇인가?" 그는 명확한 답을 찾았다. 질문과 답이 마치 신의 계시처럼 어느 날 갑자기 찾아왔다고 말했다. 평소 독자가 편하게 읽을 수 있는 글을 쓰는 데 큰 정성을 쏟았던 언론인답게, 조지는 진보와 빈곤이 동시에 존재하는 이유를 다음과 같이 멋지게 설명했다. 이 글의 인용문은 모두 김윤상 교수의 번역을 참고하여, 100주년 기념판 *Progress and Poverty* (Robert Schalkenbach Foundation, 1979)에서 발췌한 것임을 밝혀둔다.

이제 이론은 전혀 모르지만 돈벌이에는 밝은 어떤 돌대가리 사업가에게 물어보자. "작은 마을이 있다. 이 마을이 10년 후에는 큰 도시로 성장하여 마차 대신 기차가 다니고 전기가 양초를 대체하게 된다. 기계와 기술이 발전해 노동의 효율이 엄청나게 높아진다고 하자. 그러면 10년 후에 이 자율이 높아지겠는가?" 그가 대답할 것이다. "아니다!"

"그러면 임금수준이 일반적으로 오르겠는가? 노동력 말고는 가진 것 없이 단순노동을 하는 사람들이 독립적인 생활을 하기가 쉬워지겠는가?" 그가 대답할 것이다. "아니다. 단순노동의 임금은 오르지 않는다. 오히려 더 내릴 가능성이 많다고 본다. 그들이 독립적 생활을 하기는 더 어려워질 가능성이 높다." "그렇다면 오르는 것은 무엇인가?" "지대 즉 토지 가치다. 당신도 토지를 구입해서 보유하도록 하라."

이러한 상황에서 당신이 이 충고를 따른다면 다른 할 일이 없어진다. 가만히 앉아서 담배나 피우고 있으면 된다. 나폴리나 멕시코의 거지처럼 누워 있어도 좋다. 풍선을 타고 하늘로 올라가든지 구멍을 파고 땅속에 들어가도 된다. 아무 일도 하지 않고 또 사회의 부에 손톱만큼의 기여를 하지 않아도 10년이면 부자가 될 것이다. 그 새로운 도시에서 당신은 호화 주택에서 살 것이다. 그러나 이 도시의 공공건물에는 빈민 구호소가 있을 것이다. *Progress and Poverty*, 293~294쪽

조지는 특이한 경제학자다. 누구의 도움도 받지 않고 혼자 공부해 당대 최고의 경제 이론가 반열에 올랐다. 경제사상의 족보에 따르면 조지는 애덤 스미스의 아들이며 데이비드 리카도(David Ricardo)의 형제라고 할 수 있다. 스미스는 분업과 자유 거래가 인류에게 물질적 풍요의 축복을 내릴 것이라는 낙관적 전망을 제시했다. 그러나 리카도는

농업생산력의 발전이 가져오는 풍요의 열매를 토지 소유자가 독점한다는 차액지대론(差額地代論)을 수립함으로써 경제학에 '우울한 과학(dismal science)'이라는 악명을 선사했다. 그의 이론에 따르면, 기술 진보의 경제적 혜택을 토지 소유자가 지대 형식으로 독점하기 때문에 근로대중은 영원히 빈곤을 벗어날 수 없다.

조지는 차액지대론을 지주와 농업 자본가, 농업 노동자로 구성된 영국 시골 마을에서 뉴욕과 같은 미국의 대도시로 끌어왔다. 리카도와 마찬가지로 경제 중심지의 토지를 보유한 지주들이 진보의 과실을 지대 형식으로 독점하기 때문에 대중은 빈곤을 벗어나지 못한다고 주장했다. 그는 뉴욕에 환생한 리카도였지만 리카도와 달리 미래를 비관하지 않았다. 확실한 해결책을 가지고 있었기 때문이다. 지주의 불로소득을 조세로 징수하고 그 대신 다른 모든 세금을 철폐하자는 조지의 아이디어는 '토지 단일세 운동(single tax movement)'이라는 사회운동으로 발전했다.

경제학의 역사에서 조지와 비슷한 사람은 찾기 어렵다. 그는 경제학 지식과 종교적 신념으로 무장한 채 소란스러운 세상 한가운데로 뛰어들었으며, 자기가 밝히려 한 진리가 종국적으로 승리할 것임을 믿어 의심치 않았다. 특이하다는 점에서 소스타인 베블런이 쌍벽을 이룰 만한데, 인간 사회를 관찰하기만 한 베블런과 달리 세상을 바꾸려고 분투했다.

꿈을 일깨우는
성자(聖者)의 책

처음 읽었을 때나 다시 읽는 지금이나 변함없이, 내게 『진보와 빈곤』은 꿈을 일깨우는 책이다. 조지는 황량한 사막 한가운데, 혹시 있을지도 모를 오아시스를 보여주었다. 삭막한 대도시에서 길을 잃은 사람들의 가슴에 망각해버렸던 이상(理想)을 되살리고 열정을 불러일으켰다. 『진보와 빈곤』은 과학 기술이 고도로 발전한 오늘날에도 민중의 삶이 이렇게 힘들고 팍팍한 이유를, 그 숨겨진 비밀을 밝혀주는 책이다.

조지는 1839년 미국 필라델피아에서 태어났다. 자본주의가 불러온 대중의 궁핍, 불평등과 차별에 항거하는 공산주의 혁명운동이 유럽을 휩쓸던 시절이었다. 영국계 부모를 둔 조지에게는 아홉이나 되는 형제자매가 있었다. 아버지가 출판업을 했기 때문에 늘 책을 가까이했던 그는 열네 살에 아버지를 설득해 학교를 그만두었다. 가난해서 정규교육을 받지 못한 게 아니라 스스로 학교를 나왔다. 청교도 정신이 충만했던 엄격한 집안 분위기가 싫어서 일찍 독립하려고 그랬던 것이 아닐까 짐작해본다.

조지의 청춘은 방황 그 자체였다. 한 가지 일을 오래 한 적이 없었다. 출판사 식자공으로 일하면서 문학청년들의 독서 모임에 참여했으며, 외항선 선원이 되어 호주와 인도와 남미를 여행했다. '골드러시'에 휩쓸려 캘리포니아에 금을 캐러 가는가 하면 친구들과 신문사를 만들어 운영하기도 했다. 오랫동안 한결같이 한 일이라면 독서 한 가지밖에 없었다. 조지는 스물두 살에 네 살 연하의 애니 폭스(Annie Fox)와 결혼했고 얼마 지나지 않아 아이가 생겼다. 가족을 먹여 살리기 위해 아무 일이나 닥치는 대로 하면서 또 몇 년을 보냈다. 제대로 언론인 경력을 쌓기 시작한 것은 스물여섯이 된 1865년 무렵이었다.

조지는 서른 즈음에 인생의 전환기를 맞았다. 어린 시절과 달리 종교에 깊은 관심을 가지기 시작했는데, 신문사 일로 뉴욕에 잠시 근무하면서 어마어마한 부와 참혹한 빈곤이 동시에 존재하는 현실을 목격했다. "사회가 눈부시게 진보하는데도 빈곤이 사라지지 않는 이유"를 밝혀야 한다고 생각했다. 나중 어느 목사에게 보낸 편지에서 회고한 바에 따르면, "대낮에 시내를 걷고 있는데 그것이 하나의 생각, 하나의 비전, 하나의 소명으로 다가왔다"라고 한다.

조지는 1877년 『진보와 빈곤』을 쓰기 시작했다. 자기의 머릿속을 완전히 점령한 하나의 아이디어를 집요하게 발전시켜나갔다. '인구가 증가하면 토지의 가치는 올라가고, 노동자는 그 대가로 더욱 많은 돈을 지불해야 한다'라는 생각이었다. 그 시기 미국 경제는 깊은 불황에 직면해 있었다. 노동자들은 파업과 폭동을 일으켰고 정부가 힘으로 진압하면서 산업 중심지 대도시들은 심각한 사회적 불안을 겪는 중이었다. 조지는 『진보와 빈곤』을 쓰는 동안 뜻이 맞는 동료들과 토론했고 토지 독점의 폐해를 비판하는 강연을 했다. 책이 출판되기도 전에 몇몇 지인들이 그의 사상을 실천하기 위한 사회운동 단체를 만들었다. 1879년 3월 원고를 탈고했을 때, 그는 "발아래에 세상 전체가 놓여 있는 것 이상의 완전한 만족감으로 깊은 감사를 느꼈다." 단순한 학문적 성취감이 아니라 인간적이고 종교적인 만족감이었을 것이다.

정규 경제학 교육을 받은 경력이 전혀 없는 언론인 조지가 『진보와 빈곤』을 세상에 내놓았을 때 언론과 학계의 반응은 냉담했다. 그러나 조지의 사상이 나라 안팎에서 많은 벗을 얻는 데는 그리 긴 시간이 걸리지 않았다. 책 판매도 늘어났고 여러 외국어로 번역되었다. 1881년 이후 몇 년간 조지는 수백 년 동안 토지 독점 문제 때문에 심각한 사회적 갈등을 겪었던 아일랜드를 시작으로 영국과 호주, 뉴질랜드를 방문하여 강연했다. 조지는 미국 국경을 넘어 세계적인 저명인사가 되었고 『진보와 빈곤』은 19세기에 출판된 논픽션 영어 책으로는 성경 다음으로 많이 팔렸다.

가난한 농민과 노동자들만이 그를 반겼던 것은 아니다. 미국 사회의 기득권 집단에서도 좋은 친구들이 생겼다. 뉴욕 최대 교회 중 하나였던 성 스테판 성당의 맥글린 신부와 백만장자 사업가 프랜시스 셔, 철도 사업가 톰 존슨 등이 대표적 인물이다. 수많은 법률가, 종교인, 지식인, 언론인들이 조지의 사상을 지지하면서 토지 투기를 비판하는 사회 운동에 참여했다. 특히 맥글린 신부는 조지의 사상을 신학적으로 해석함으로써 가톨릭 사제와 신도들이 그것을 받아들이게 했다. 오늘날에도 세계 곳곳에 '헨리 조지 협회'나 '헨리 조지 연구회' 같은 단체가 존재하는데, 이런 단체는 토지 사유제를 신학적으로 비판하는 가톨릭 신도들과 깊은 관계를 맺고 있다. 우리나라도 예외가 아니다. 토지 독점의 경제적 폐해를 고발하고 토지공개념 실현을 위해 애쓰는 토지정의시민연대에서도 비슷한 흔적을 찾을 수 있다.

조지의 사상은 대중의 영혼을 움직였고 위대한 지식인들의 찬사를 받았다. 마르크스주의자들은 조지의 이론을 '나이브(naive)'하다고 비판했지만, 철학자 버나드 쇼(Bernard Shaw)와 작가 톨스토이, 중국 혁명가 쑨원은 토지 독점 문제에 대한 조지의 평화적 해결책에 큰 공감을 표시했다. 헬렌 켈러(Helen Keller)와 아인슈타인은 그의 고귀한 인간성과 예리한 지성을 예찬했다.

조지의 사상은 사실 그리 과격하지도 위험하지도 않았다. 토지소유권을 근거로 지주가 취득하는 지대를 공동체의 것으로 만들자고 했을 뿐이다. 그래서 조지의 사상을 가리켜 '토지공개념' 또는 지공주의(地公主義)라고도 한다. 조지는 마르크스와 달리 사유재산제도의 폐지 또는 생산수단의 국유화를 주장하지 않았다. 자본주의 경제체제를 폐기하자고 하지도 않았다. 토지를 국유화하자는 것도 아니었다. 조세 징수를 통해 생산에 아무런 기여를 하지 않은 사람이 토지에 대한 소유권을 근거로 진보의 경제적 과실을 독점하는 것을 막음으로써 진보와 빈곤이 동시에 존재하는 부조리를 해소하자고 했을 따름이다. 자연이 또는 하느님이 준 토지를 특정한 개인이 사적으로 소유하는 것을 사회적 범죄라고 보았던 그의 사상은 전통적인 경제학의 울타리를 넘어 철학과 종교의 영역에 걸쳐져 있었다. 조지의 지대 이론은 논리적으로 명확하며 누구나 경험적으로 공감할 수 있다. 설명의 논리 구조는 리카도의 차액지대론과 똑같다.

리카도는 비옥도가 높은 토지는 그렇지 않은 토지보다 생산성이 높기 때문에 농업 자본가에게 더 많은 이윤을 안겨주게 되며, 비옥한 토지를 임차하려는 농업 자본가들 사이의 경쟁 때문에 그 토지를 소유한 지주는 다른 지주보다 더 많은 지대를 징수할 수 있다고 보았다. 따라서 농업기술의 발전과 생산성 향상의 혜택은 거의 전적으로 지주계급에게 집중되며 농업 노동자와 농업 자본가의 처지를 장기적으로 개선하는 것은 불가능하다는 것이 결론이었다. 반면 조지의 지대 이론에서 토지의 비옥도는 의미가 없다. 어떤 토지의 경제적 가치를 결정하는 것은 그 토지의 위치일 뿐 비옥도가 아니다. 상업과 생활 중심지에 가까운 토지일수록 가치가 높다. 따라서 그의 이론은 가치 있는 토지를 임차하려는 경쟁 때문에 모든 기술 발전과 생산력 진보의 혜택이 토지 소유자의 손에 집중된다는 결론으로 귀착된다.

흥미로운 것은 조지의 설명 방식이다. 대중이 이해하는 글을 쓰는 데 별 관심이 없었던 리카도가 지극히 따분한 어조로 설명했던 그 이론을, 조지는 한 편의 빼어난 문학작품으로 만들어놓았다. 이 설명을 따라가 보면 서울 명동이나 강남의 땅값이 금으로 그 땅을 덮어도 될 만큼 비싼 이유를 쉽게 이해할 수 있다.

풀, 꽃, 나무, 시내 등 모든 조건이 동일한 토지가 무한히 펼쳐져 있는 광대한 평원을 상상해보자. 여기에 최초의 이주민 마차가 들어온다. 모든 토지가 다 좋기 때문에 살 곳을 선택하기 어렵다. 숲, 물, 비옥도, 환경에 아무런 차이가 없어 그 풍요로움에 당황하던 이주자는 지친 나머지 아무 곳에서 발걸음을 멈추고 거기 집을 지었다. (……) 토양은 처녀지로서 풍요롭고 사냥감도 많으며 강에는 최상급의 송어가 번쩍인다. 자연은 그야말로 최적의 조건을 갖추고 있다. 이 사람은 인구가 많은 고장에서라면 부자로 지낼 수 있는 조건을 갖추고 있다. 그러나 이 사람은 가난하다. (……) 가축이 있다고 해도 신선한 고기를 즐길 수 없다. 비프스테이크를 먹으려면 소 한 마리를 다 잡아야 하기 때문이다. 이 사람은 스스로 대장장이도 되어야 하고, 마차도 수리해야 하며, 목수 일도 해야 하고, 구두도 수선해야 한다. 말하자면 뭐든지 하지만 제대로 하는 것은 하나도 없는 상태가 된다. (……)

이제 또 다른 사람이 이주해 온다고 하자. 광대한 평원의 어느 곳이나 조건이 동일하지만 이 사람은 정착지를 정하는 데 고심하지 않는다. 모든 토지가 동일하지만 이 사람에게 유리한 위치는 한 군데다. 그곳은 바로 먼저 이주한 사람이 정착한 곳 즉 이웃을 둘 수 있는 곳이다. (……) 또 다른 사람이 이주해 오면 이 사람도 같은 이유로 먼저 온 두 사람이 살고 있는 위치에 정착할 것이다. 이주자가 계속 들어오면 첫 이주자의 주변에 작은 마을이 형성된다. 이제 노동은 혼자서는 얻을 수 없었던 효과성을 갖는다. 힘든 일을 같이할 수 있는 사람이 생겼기 때문에 혼자서는 몇 해가 걸릴 일도 단 하루에 끝낸다. 한 사람이 소를 잡으면 다른 사람이 나누어 먹고 다음에 자기 소를 잡아 갚기 때문에 언제나 신선한 고기를 먹을 수 있다. 대장간이나 마차 수리점이 곧 들어설 것이고 연장을 수리하는 데에도 종전보다 훨씬 수고를 덜 하게 된다. 상점이 생겨 원하는 것을 구할 수 있고 우체국이 생겨 외부와 통신도 할 수 있다. 구두 수선공, 목수, 마구(馬具) 기술자, 의사도 있을 것이고 소규모의 교회도 생긴다. 혼자 살 때는 불가능했던 여러 가지 만족감을 이제는 얻을 수 있다. (……) 결혼식에는 축하하고 기뻐해주는 하객이 있고 장례 때에는 지켜주는 사람이 있다. (……)

인구 증가가 계속되고 그로 인해 경제성이 높아지면 토지의 생산성도 높아진다. 첫 이주자의 토지는 이제 인구의 중심이 되어 상점, 대장간, 마차 목공소 등이 이 토지 또는 그 주변에 들어서며 곧이어 마을 규모로 또 소도시 규모로 성장하여 전체 지역 주민의 교환 중심지가 된다. (……) 밀을 재배하는 사람은 변두리로 이주하더라도 전과 같은 양의 밀을 생산하여 비슷한 부를 유지할 수 있다. 그러나 기술자, 공장 주인, 상점 주인, 전문직 종사자는 교환의 중심이 되는 곳에 노동을 투입하면 변두리에서 일하는 것보다 많은 수입을 올릴 것이다. 이러한 경우에 생기는 생산성의 초과분에 대해서는 토지 소유자가 대가를 요구할 수 있다. (……)

인구가 자꾸 증가하면 토지의 효용이 엄청나게 커지고 토지 소유자의 부도 크게 불어난다. 마을이 커져서 세인트루이스, 시카고, 샌프란시스코와 같은 대도시가 되었고 또 계속해서 커진다. 이곳에서의 생산은 최고의 기계와 최선의 설비를 통해 대규모로 이루어진다. (……) 이곳은 지적 활동의 초점이며 정신의 교섭에서 나오는 지적 자극이 생기는 곳이다. 여기에는 거대한 도서관, 지식의 창고, 학식이 깊은 교수, 유명한 전문가가 있다. 박물관, 미술관이 여기에 있으며 모든 희귀하고 소중한 물건, 최고급 물건도 있다. 세계 각처에서 모여든 위대한 연기자, 웅변가, 성악가도 이곳에 있다. 간단히 말해서 이곳은 모든 방면에서 인간 생활의 중심이 된다. (……)

이 토지에 결부되는 모든 유리함은 이 토지가 아닌 곳에서는 누릴 수 없다. 이곳이 인구의 중심이며 교환의 초점이자 고급 산업이 입지한 곳이기 때문이다. (……) 이 토지의 첫 정착자 또는 그에게서 권리를 승계한 사람은 이제 거부가 되어 있다. 이 사람이 립 밴 윙클(Rip Van Winkle)처럼 일을 않고 잠만 잔다고 해도 그동안 인구가 증가하기 때문에 역시 부자가 된다. 이러한 토지를 한 조각만 소유하여도 기계 기술자보다 더 많은 소득이 생긴다. 어떤 땅은 금화로 포장해도 좋을 만큼의 값으로 거래된다. (……) 그런데 이 토지는 최초의 이주자가 정착했을 때 즉 아무런 토지 가치를 갖지 않았을 때와 달라진 것이 없는 동일한 토지다. *Progress and Poverty*, 235~242쪽

진보와 빈곤이 동시에 존재하는 것은 경제활동과 인간 생활의 중심지 땅을 가진 사람이 모든 진보의 열매를 독식하기 때문이다. 바로 이것 때문에 노동자들은 영원히 빈곤의 덫에 붙잡히게 된다. 조지는 토지 독점에서 발생하는 불로소득을 모두 세금으로 징수하는 대신 소득세와 거래세 등 모든 종류의 다른 세금을 다 폐지하자고 했다. 곳곳에서 '토지단일세'를 지지하는 시민 단체가 만들어졌고, 이를 공약으로 내세우는 정치인도 등장했다.

조지는 자기의 사상을 실현하는 사업을 다른 사람에게만 맡겨두지 않았다. 1886년 노동조합의 추대를 받아들여 뉴욕 시장 선거에 출마했다. 자신이 밝힌 진리를 더 널리 알리려 했던 그를 정치적 경쟁자와 적대적인 언론인들은 '위험한 사상의 소유자', '혁명주의자', '약탈자'라고 비난했다. 투개표 참관인도 제대로 배치하지 못하고 치른 선거에서

조지는 적은 표 차이로 낙선했다. 3년 뒤 뉴욕 주지사 선거에서도 패배했다. 유권자들은 높은 임대료 때문에 고통을 받으면서도 그 문제를 해결하려는 조지를 지지해주지 않았다.

선거가 진실과 진리의 승리를 확인하는 무대가 되는 일이 가끔 있기는 하다. 그러나 일반적으로 선거에서 목격할 수 있는 것은 대중의 욕망을 활용하는 능력을 가진 기득권의 승리다. 언론인으로서 두 번이나 선거를 치러본 조지가 이런 사실을 몰랐을 리 없다. 『진보와 빈곤』을 썼을 때 그는 정치의 속성을 이미 잘 알고 있었으며 미국 정치를 다음과 같이 심각하게 걱정했다.

> 부의 평등한 분배가 이루어진 사회에서는, 그리하여 전반적으로 애국심·덕·지성이 존재하는 사회에서는, 정부가 민주화될수록 사회도 개선된다. 그러나 부의 분배가 매우 불평등한 사회에서는 정부가 민주화될수록 사회는 오히려 악화된다. (……) 부패한 민주 정부에서는 언제나 최악의 인물에게 권력이 돌아간다. 정직성이나 애국심은 압박받고 비양심이 성공을 거둔다. 최선의 인물은 바닥에 가라앉고 최악의 인물이 정상에 떠오른다. 악한 자가 나가면 더 악한 자가 들어선다. 국민성은 권력을 장악하는 자, 그리하여 결국 존경도 받게 되는 자의 특성을 점차 닮게 마련이어서 국민의 도덕성이 타락한다. 이러한 과정은 기나긴 역사의 파노라마 속에서 수없이 되풀이되면서, 자유롭던 민족이 노예 상태로 전락한다. (……) 가장 미천한 지위의 인간이 부패를 통해 부와 권력에 올라서는 모습을 늘 보게 되는 곳에서는, 부패를 묵인하다가 급기야 부패를 부러워하

게 된다. 부패한 민주 정부는 결국 국민을 부패시키며, 국민이 부패한 나라는 되살아날 길이 없다. 생명은 죽고 송장만 남으며 나라는 운명이라는 이름의 삽에 의해 땅에 묻혀 사라지고 만다. *Progress and Poverty*, 531~533쪽

조지는 뉴욕시 노동조합들의 간청을 받아들여 1897년 뉴욕 시장 선거에 다시 출마했다. 두 번의 패배에도 좌절하지 않았으며, 선거 승리에 대한 어떤 환상도 가지고 있지 않았다. 자신이 밝힌 진리를 더 많은 사람에게 알리기 위해 출마했다. 주치의는 생명이 위험하다고 경고했지만 조지는 만류를 뿌리치고 출마했다. 결국 선거 유세가 한창이던 시점에 누적된 과로를 견디지 못하고 57년의 길지 않은 삶을 마감했다. 조지는 평생을 함께한 아내와 지켜보는 가운데, 촛농을 다 태운 촛불이 꺼지듯 내면의 마지막 정열까지 다 소진하고 눈을 감았다. 힘없고 상처받은 사람들을 빈곤에서 구해내기 위해 평생을 두고 분투했던 위대한 인간에게 잘 어울리는 죽음이었다고 생각한다.

타인을 일깨우는
영혼의 외침

조지는 사유재산제도를 부정하지 않았다. 그런 점에서 피에르 프루동(Pierre Proudhon)과 샤를 푸리에, 카를 마르크스와 같은 19세기 유럽 사회주의자들과 달랐다. 하지만 한 가지, 토지에 대한 사적 소유만큼은 예외였다. 조지는 그 누구

에게도 토지를 개인적으로 소유하면서 자식들에게 상속할 권리는 없다고 확신했다. 만인이 땅을 이용할 공동의 권리를 지닌다는 것이 그에게는 창조주의 뜻인 동시에 자연법의 당위적 요구였다.

> 우리가 똑같이 창조주의 허락을 받아 이 땅에 존재한다면, 우리 모두는 창조주의 하사품을 향유할 동등한 권리가 있다. 자연이 불편부당하게 제공하는 모든 것을 사용할 수 있는 동등한 권리가 있는 것이다. 이것은 자연적이며 양도할 수 없는 권리다. 이것은 모든 인간이 세상에 나오면서 얻은 권리로서, 생존하는 동안 오로지 다른 사람의 동일한 권리에 의해서만 제약될 수 있는 권리다. 자연에 무제한적 토지 상속권(fee simple) 따위는 존재하지 않는다. 토지의 배타적 소유를 정당화할 권한은 어디에도 없다. (……) 확실한 토지 문서가 아무리 많고 토지를 아무리 오래 보유해왔더라도 자연적 정의는 다른 사람의 동등한 권리를 부정하는 개인의 토지 점유와 향유의 권리를 인정하지 않는다. *Progress and Poverty*, 338~339쪽

정당한 보상을 요구하며 농성하던 세입자들을 국가가 불태워 죽인 '용산 참사'가 일어난 후 『진보와 빈곤』을 다시 읽었다. 용산 지구 도심 재개발은 낯선 사건이 아니다. 자본주의 시대에 형성된 세계의 대도시 어느 곳에서나 비슷한 사건이 일어났다. 조세희 선생이 『난장이가 쏘아올린 작은 공』을 썼던 1970년대에는 대한민국 수도 서울 도처에서 이런 사태가 벌어졌다. 용산 참사는 조지가 말한 대로 "한 조각만 소유하여도 기계 기술자보다 더 많은 소득이 생"기는, "금화로 포장해도 좋

을 만큼의 값"을 가진 토지 위에서 벌어졌다. 좁은 골목과 낡고 초라한 주택, 퇴락한 골목 시장, 거기 발 딛고 사는 가난한 사람들을 남김없이 쓸어낸 후에, 그 자리에 화려한 마천루를 세움으로써 상업과 생활 중심지의 토지가 지닌 잠재적 시장가치를 온전히 실현하려는 것, 그것이 바로 도심 재개발의 목적이다. 그 과정에서 죽어나가는 가난한 사람들의 운명을 조지는 다음과 같이 묘사했다.

문명이 발전하는 가운데 다수의 대중이 겪고 있는 빈곤은, 현인이 추구하고 철인이 찬양했던 혼란과 유혹으로부터의 자유가 아니다. 의지할 곳 없는 절망적인 빈곤은 인간을 타락시키고 짐승 같은 노예로 만들며 고상한 천성을 얽어매고 섬세한 감성을 무디게 하며, 그 고통 때문에 짐승도 마다할 짓을 하게 만든다. 빈곤은 남자다움과 여자다움을 파괴하고 분쇄하며 어린이들의 천진난만함을 박탈하고 노동계급을 저항할 수 없는 무자비한 기계와 같은 힘으로 억누른다. 시간당 2센트를 주고 여자아이들을 고용하는 보스턴의 공장주는 그 아이들을 가련하게 여기겠지만 임금을 더 주지는 못한다. 아이들이 그런 것처럼 그도 경쟁의 법칙에 지배당하고 있기 때문이다. 거래가 감정의 지배를 받으면 사업을 제대로 꾸려나갈 수 없다. 그리하여 위로는 노동이 창출한 소득을 아무 대가도 주지 않고 지대로 수취하는 계층에 이르기까지, 중간의 모든 단계를 공급과 수요의 법칙이 지배함으로써, 하층계급을 궁핍의 노예로 억압하는 그 힘에 대해, 마치 바람이나 조수(潮水)에 대해 그런 것처럼 누구도 대항하거나 항변할 수 없게 되는 것이다. 그러나 진정한 원인은 노예제도를 초래했고 또 초래할 수밖에 없는 바로 그것, 만인을 위해 베풀어진 자연의 일부인 토지 독점이다. (······) 토지 사유는 커다란 맷돌의 아랫돌이다. 물질적 진보는 맷돌의 윗돌이다. 노동 계층은 증가하는 압력을 받으면서 둘 사이에서 갈리고 있다. *Progress and Poverty*, 356~357쪽

『진보와 빈곤』에서 나는 영혼의 외침을 듣는다. 토지 사유는 범죄이며, 지대를 징수하는 행위는 도둑질이라고 소리쳐 고발하는 외침. 이것은 조지의 영혼이 내지르는 외침이다. 선입견 없이 순수한 마음으로 들을 수 있는 사람이라면, 바로 자기 자신의 영혼을 때린다고 느낄 수밖에 없는 외침이다. 불로소득을 규탄하는, 자기의 영혼으로 외치고 타인의 영혼을 울리는 외침!

지대는 과거의 생산물이 아니라 현재의 생산물에서 징수된다. 지대는 노동에 대한 항상적이고 연속적인 부담이다. 인간이 노동을 하는 모든 순간마다 지대가 빠져나간다. 노동자가 망치질을 할 때마다, 농부가 수확물을 딸 때마다, 베틀의 북을 움직일 때마다, 증기기관이 고동칠 때마다, 지대가 부과된다. 지대는 깊은 지하에서 목숨 걸고 일하는 사람에게도, 배를 타고 세찬 파도와 싸우며 일하는 사람에게도 부과된다. (······) 지대는 추위에 떠는 사람에게서 온기를, 배고픈 사람에게서 음식을, 병자에게서 약품을, 두려움에 떠는 사람에게서 평온을 빼앗는다. 지대는 인간을 비참하게 한다. 지대는 열 식구가 지저분한 단칸방에서 살도록 만든다. (······) 지대는 유망한 젊은이를 감옥이나 보호감호소에 갈 후보자로 만든다.

(……) 매서운 겨울이 이리를 마을로 몰아넣듯이 지대는 탐욕과 죄악을 사회에 퍼뜨린다. 지대는 인간의 영혼에 대한 믿음을 흐리게 하며 힘들고 어둡고 잔인한 운명의 장막으로 정의롭고 자비로운 창조주의 영상을 가린다. 지대의 사유화는 과거에 있었던 강도질일 뿐만 아니라 현재에도 자행되는 강도질이며, 아직 세상에 태어나지 않은 어린이들의 타고난 권리를 빼앗는 강도질이다. 우리는 왜 이 제도를 단숨에 해치우지 않고 머뭇거리는가? 어제, 그제, 그끄제 도둑을 맞았다고 해서, 그것이 오늘 그리고 내일도 도둑맞아도 좋은 이유가 되는가? 이러한 도둑을 도둑질할 권리를 가진 도둑이라고 결론지을 이유가 있는가? (……) 사회 전체가 창출한 지대는 반드시 사회 전체의 것이 되어야 한다. *Progress and Poverty*, 364~365쪽

조지의 육신은 가톨릭 장례식을 치른 다음 뉴욕 브루클린 그린우드 공동묘지 흙 아래 묻혔다. 그러나 그의 정신과 영혼은 그대로 땅 위에 남았다. 그것은 『진보와 빈곤』 말고도 『토지문제(The Land Question)』와 『사회문제의 경제학』 등의 저서와 수많은 명연설에 남아 있으며, 『진보와 빈곤』의 한 대목을 새긴 묘비명에도 새겨져 있다.

내가 밝히려고 했던 그 진리가 받아들여지기는 쉽지 않다. 그게 쉬울 것 같으면 이미 오래전에 받아들여졌을 것이며, 결코 지금까지 감추어져 있지 않았을 것이다. 하지만 그것을 위해 분투하고 고난을 감수하며 필요하다면 죽기까지 할 진리의 벗들이 있을 것이다. 이것이 진리의 힘이다.

Progress and Poverty, 555쪽

조지는 문명의 '근본적인 변화'를 추구했다. 물질의 진보가 만인의 풍요를 가져오는 합리적인 사회질서를 세울 수 있다고 확신했다. 진리의 힘을 믿었으며, 진리를 알고 그것을 따르려는 인간의 본성을 신뢰했다. 빈곤과 불평등이 '오로지' 토지 사유 때문이라는 그의 주장이 완전한 진리가 아닐 수도 있다. 그러나 토지 사유가 물질적 진보와 빈곤이 함께 존재하는 매우 중요한 원인이라는 것은 의심할 여지가 없다.

조지가 밝히려고 했던 진리는 분명하게 밝혀졌다. 그는 옳았으며 지금도 옳다. 그러나 그가 말한 대로 그 진리가 받아들여지기는 어렵다. 사람은 보통 진리보다는 이익을 중시하기 때문이다. 분투하고 고난을 감수하는 '조지의 벗'들이 세상 곳곳에 있지만, 그 진리가 온전하게 받아들여지는 사회는 존재하지 않으며 앞으로도 나오기 어려울 것이다. 우리나라 역사를 보면 노태우 정부가 실시한 토지초과이득세에 대해 헌법재판소가 헌법 불합치 결정을 내렸다. 노무현 정부가 실시했던 종합부동산세에 대해서도 사실상 위헌 결정을 선고했다. 이로써 두 제도는 모두 폐지되거나 힘이 빠졌다. '근본적 변화'는 고사하고 '부분적 점진적 개선'마저도 이렇게 이루기 어렵다.

다시 『진보와 빈곤』을 읽으면서 '근본적 변화'에 대해서 생각했다. 조지는 '근본적 변화'를 추구했지만 이루지 못했다. '조지스트'라는, 약간의 이념적 비난이 가미된 '딱지'를 기꺼이 감수하면서 토지소유권에 근거를 둔 불로소득을 공동체의 몫으로 환수하려고 시도한 정치가와 정부들도 있었다. 그러나 그들 역시 이런저런 장벽에 부딪혀 '근본적 변화'를 만들어내지는 못했다. 조지의 '진리'는 인간이 생물학적으로 진화하여 일반적으로 이익이 아니라 진리에 따라 판단하고 행동하는 상태에 이르기 전에는, 영원히 이룰 수 없는 꿈으로 남을 것이다.

'근본적 변화'는 아름다운 꿈이다. 그러나 그렇다고 해서 그에 이르지 못하는 부분적·점진적인 개선을 아름답지 않거나 의미 없다고 비난할 일은 아니다. 만약 그렇게 한다면 누구도 변화를 일으키려고 도전하지 못하게 될 것이다. '근본적 변화'를 일으키는 것이 얼마나 어려운지 모두가 알기 때문이다. '근본적 변화'가 필요한 것이 토지문제만 있는 게 아니다. 우리는 국가 경제 위기나 기업의 도산에 직접적 책임이 없는 노동자들을 경제 위기 극복이나 기업 회생을 명분으로 대량 해고하는 시대를 살고 있다. 그 부당함을 지적하는 노동조합의 항의에 정부가 물대포와 강제해산, 손해배상과 구속, 유죄 선고로 대응했던 때도 있었다. 이런 부조리를 해소하는 '근본적 변화'가 너무도 어려운 일이기에 사람들은 부분적 점진적 개선이라도 해보려고 노력한다. 조지와 같은 성자를 사랑하고 존경한다고 해서 그에 미치지 못하는 사람을 비난하고 멸시할 필요는 없을 것이다.

다시 헨리 조지를 읽으면서, 그에 미치지 못하는 나는 스스로를 위로한다. 그래, 진리가 아름다운 것은 그걸 실현하기가 너무나 어렵기 때문일지도 몰라. 행하기 쉬운 진리에는 매력이 없는 거야. 그러니까 '근본적 변화'가 사람의 마음을 끄는 것은, 그 자체가 멋지기도 하지만, 실패하고 좌절하면서 한 걸음이라도 더 가깝게 다가서려는 '진리의 벗'들, 그들의 몸부림이 아름다워서일지 몰라.

13 ; 내 생각은 정말 내 생각일까

하인리히 뵐, 『카타리나 블룸의 잃어버린 명예』

언제 처음 읽었더라? 따져보니 군에서 막 제대한 1983년이다. 학교에서는 제적당했는데 어디 오라는 데도 없고 특별히 갈 곳도 없었던 시절, 온종일 방구들에 등을 붙인 채 레닌의 「무엇을 할 것인가」 영문판과 마오쩌둥의 「모순론」 일본어판을 끼고 뒹굴면서 시간을 보내던 와중에 우연히 이 소설을 읽었다. 한길사 세계문학전집의 짙은 푸른색 표지가 아직도 기억에 선연하다. 하인리히 테오도르 뵐(Heinrich Theodor Böll)의 또 다른 소설 『신변보호』와 한 권으로 묶여 있었다. 이번에 다시 읽은 것은 독문학자 김연수 박사가 번역한 민음사 세계문학전집 180번이다. 주인공 카타리나 블룸이 신문기자를 총으로 쏴 죽이기 직전 주고받는 대화가 내 기억과 조금 다르기는 했지만, 소설이 주는 충격은 이번에도 강렬했다.

우리는 정보의 바다에서 살고 있다. 그런데 신문 방송이 시시각각 전하는 뉴스와 인터넷에서 만나는 정보들은 과연 얼마만큼의 진실을 함유하고 있을까? 누구도 알지 못한다. 모든 정보의 진실성 여부 또는

'진실 함유도'를 정확하게 따지려면 천문학적 비용이 들어가기 때문이다. 그래서 웬만한 것은 다, 누가 특별히 허위라는 문제 제기를 하고 분명하게 입증하지 않는 한, 대충 어느 정도는 사실이려니 여기게 된다. 이것이 평범한 사람들이 언론 보도를 대하는 기본자세이며, 우리네 삶의 어찌할 수 없는 한계다. 우리는 진실인지 알 수 없는 정보를 숨 쉬고, 왜곡과 거짓을 마시며 살아가야 한다. 그러니 의심해볼 수밖에 없다. 내가 가진 생각은 정말 내 생각일까?

만약 어느 힘센 신문이 자기 나름의 목적의식에 입각해 특정한 종류의 사건에 대해 고의적으로 진실을 왜곡하고 거짓 정보를 지속적으로 내보낸다면, 나는 그렇다는 것을 인지할 수 있을까? 그렇지 않을 것이다. 그 보도 때문에 이익을 보거나 피해를 입는 사건 관련자나 당사자가 아니라면, 내가 거기에 왜곡과 거짓이 있다는 사실을 알기 어렵다. 따라서 적어도 '어느 정도'는 진실일 것이라고 생각하게 된다. 일부 왜곡이나 부정확한 내용이 없지는 않겠지만, 그래도 "설마 아니 땐 굴뚝에 연기 나랴"라고 생각하는 것이다.

더욱이 그 사건이 말초적 호기심과 감성을 자극하는 선정성을 지니고 있을 경우, 거기 휩쓸려 들어가 보도의 진실성 여부를 아예 따지지도 않게 된다. 이렇게 말하고 보니 내 생각이 아무래도 내 생각이 아닌 것 같다.

보이는 것과
진실의 거리

이론적으로 보면 누구나 왜곡 보도와 허위 보도의 피해자가 될 수 있다. 그러나 실제로 피해자가 되는 경우는 드물다. 그래서 사람들은 그 위험에 대해 별로 깊게 생각하거나 고민하지 않는다. 어떤 신문사가 언론 자유라는 아름다운 이름 뒤에서 고의적인 왜곡 보도와 허위 보도를 자행함으로써 누군가의 인권을 유린하고 범죄를 유발했다고 하자. 누가 어떻게 이 불의를 바로잡을 수 있을까? 바로잡는 것은 고사하고, 사람들이 이런 사실을 알 수나 있을까? 오히려 그 보도를 진실이라고 믿고 인권을 유린당한 피해자를 욕하게 되지 않을까? 뵐은 『카타리나 블룸의 잃어버린 명예(Die Verlorene Ehre der Katharina Blum)』라는 소설에서 이 문제를 다루었다.

그리 길지 않은 이 소설에는 부제가 있으며 다음과 같은 '모토'까지 딸려 있다. "이 이야기에 나오는 인물이나 사건은 자유로이 꾸며낸 것이다. 저널리즘의 실제 묘사 중에 〈빌트(Bild)〉와 유사점이 있다고 해도 그것은 의도한 바도, 우연의 산물도 아닌, 그저 불가피한 일일 뿐이다." 소설 후기에서 뵐은 이 작품의 주제가 언론이 저지르는 범죄의 원인과 양상을 다루는 것임을 분명하게 밝혔다.

중요한 것은, 이 이야기에는 '카타리나 블룸의 잃어버린 명예'라는 제목뿐만 아니라, '폭력은 어떻게 발생하고 어떤 결과를 가져올 수 있는가'라는 부제도 있다는 것이다. 헤드라인의 폭력에 대해서는 거의 알려지지 않았고, 그것이 어떤 결과를 가져오는지에 대해서 우리는 그저 조금밖에 알지 못한다. 신문들이 정말 금수 같은 그들의 '무지함'으로 무엇을 야기할 수 있는지 한 번쯤 연구해보는 것은 범죄학의 과제일 것이다.

소설에서 신문의 '헤드라인'이 살인 사건을 부른다. 개요는 단순하다. 1974년 2월 20일 수요일 저녁, 스물일곱 살 먹은 젊은 여자 카타리나 블룸은 아는 사람이 주최하는 댄스파티에 참석하기 위해 집을 나섰다. 블룸은 한 번 이혼한 경력이 있는, 아주 착실하고 평범한 전문 가사 관리인이다. 나흘이 지난 2월 24일 일요일 저녁, 블룸이 경찰관의 집 초인종을 누른다. 그녀는 낮 12시 15분경 자기 아파트에서 〈차이퉁〉기자 베르너 퇴트게스를 총으로 쏴 죽였다고 말한다. 후회의 감정을 느끼기 위해 일곱 시간 동안 시내를 배회하고 교회에도 갔지만 조금도 후회하는 바를 찾지 못했다면서, 자신을 체포해달라고 요청한다. 소설은 나흘 동안 카타리나 블룸에게 무슨 일이 일어났는지를 이야기한다.

카타리나 블룸의 비극은 댄스파티에서 처음 본 루트비히 괴텐이라는 남자한테 '필(feel)이 꽂힌' 데서 시작되었다. 그녀는 "오직 괴텐하고만" 춤을 추었고, 파티가 끝나자 자기 아파트로 함께 가서 사랑을 나누었다. 괴텐은 자신이 어떤 이유 때문에 경찰에 쫓기는 중이라고 했다. 남자를 진심으로 사랑하게 되었다고 느낀 블룸은, 다음 날 새벽 몰래 아파트를 빠져나갈 수 있도록 아파트 단지의 지하 통로를 가르쳐주었다. 그리고 오래전부터 자기를 유혹하려고 치근댔던 어떤 남자가 준 별장 열쇠를 주고 거기 숨어 있도록 한다. 남자가 붙잡히면 합당한 처벌을 받을 것이고, 그래도 그다음에 계속 사랑할 수 있으리라 믿었다. 범죄를 저지른다는 의식이 없이 남자에게 자기가 줄 수 있는 것을 줌으로써 사랑을 표현했다. 그게 전부였다. 더도 덜도 아니었다.

다음 날 아침 아파트에 경찰이 들이닥쳐 카타리나 블룸을 체포했다. 그 현장에 〈차이퉁〉이라는 신문의 사진기자가 나타났다. '차이퉁(Zeitung)'은 '신문(新聞)'이라는 뜻을 가진 독일어 일반명사다. 그런데 소설에서는 일반명사가 아니라 특정한 신문의 제호로 사용했다. 〈차이퉁〉은 카타리나 블룸과 루트비히 괴텐 사건을 특종 보도한다. 그녀가 체포되는 사진을 대문짝만 하게 게재하면서 실명과 얼굴을 그대로 내보냈다. 루트비히 괴텐의 '흉악한 범죄 혐의'를 마치 사실처럼 보도했다. 카타리나 블룸이 검찰 조사를 받는 과정에서 나온 세세한 심문 내용을 지면에 중계했다. 〈차이퉁〉은 카타리나 블룸의 가족 관계와 이혼 전력, 재산 관련 사항을 비롯해 아주 개인적인 사생활까지 남김없이 까발렸다.

〈차이퉁〉이 보도한 내용에 따르면 카타리나 블룸과 주변 인물들은 심각한 범죄 의혹의 주인공들이다. 루트비히 괴텐은 "1년 반 전부터 수배 중인 은행 강도이자 살인자"이며 카타리나 블룸은 "강도의 정부(情婦)"다. 그녀의 죽은 아버지는 "위장한 공산주의자"였다. 겨우 스물일곱 먹은 가정부가 값이 11만 마르크나 되는 아파트를 소유한 사실로 미루어 볼 때, 그녀가 "은행에서 강탈한 돈의 분배에 관여한" 의혹이 있다. 카타리나 블룸은 "포르쉐를 모는 강도의 애무가 좋아서" 우직한 방직공 남편을 버린 냉혹한 여인이다.

중병을 앓던 어머니가 딸의 행실에 충격을 받아 숨졌는데도, 카타리나 블룸은 "한 방울의 눈물도" 보이지 않았다. 그녀는 "좌파 그룹의 지령"을 받고 "명망 높은 학자이자 사업가"인 S의 경력을 파괴하기 위해 그가 소유한 별장을 괴텐에게 은신처로 제공했다. 카타리나에게 일자리를 주고 아파트 구입자금 대출을 알선해준 "좌파 변호사" 블로르나 박사의 역할이 무엇이었는지 의문이며, 대학생 시절 "빨갱이 트루데"로 불렸던 부인 트루데 블로르나도 공학박사로서 카타리나 블룸의 집이 있는 아파트 단지의 설계 도면을 다 알고 있었던 만큼, 괴텐의 도주와 관련하여 어떤 역할을 했는지 의혹을 밝혀야 한다.

카타리나 블룸과 그녀를 돌봐주는 사람들의 일상은 한순간에 부서졌다. 우편함에는 저질 음란 편지가 쇄도했고, 누군가 한밤중에 전화를 걸어 음담패설을 늘어놓았다. 변호사인 블로르나 박사의 비즈니스는 엉망이 되었고 부인 트루데도 곤경에 빠진다. 이 모두가 〈차이퉁〉의 보도 때문이었다. 사람들은 보도를 사실이라고 믿으면서 카타리나 블룸을 욕했다.

진실은 무엇인가? 루트비히 괴텐은 은행 강도가 아니며 살인을 한 적도 없다. 군인들의 급여가 든 금고를 털고 무기를 훔쳐 도망친 탈영병일 뿐이다. 경찰은 괴텐이 댄스파티에서 카타리나 블룸을 만나기 전부터 밀착 감시하고 있었다. 블룸의 집 전화를 도청했고 S의 별장을 포위한 채 괴텐을 관찰했다. 그가 접촉하는 사람을 파악하기 위해 체포 시점을 늦추고 있었을 뿐이다. 이런 사실을 괴텐과 블룸은 모르고 있었다. 카타리나 블룸은 "강도의 정부(情婦)"가 아니었다. 그녀는 범죄자여서 괴텐을 사랑한 게 아니라 범죄자인데도 사랑했다. 어린 나이에 결혼했던 남편과 헤어진 것은 그가 단 한 번도 "다정하게" 대해주지 않고 늘 "치근덕거리기만" 했기 때문이다.

카타리나 블룸의 아버지는 진폐증으로 사망한 노동자였을 뿐 공산주의자였던 적이 없다. 그녀는 은행 융자를 받아 아파트를 구입했으며 원리금을 착실하게 갚아나가는 중이었다. 병든 어머니에게 정기적으로 돈을 보냈고 절도죄로 감옥에 간 오빠에게도 종종 영치금을 보냈다. 어머니는 딸의 행실 때문이 아니라 담당 의사의 만류에도 몰래 병실에 들어가 인터뷰를 했던 〈차이퉁〉 기자 때문에 충격을 받아 사망했다. 블룸은 어머니의 시신을 확인하고 병원을 나오면서 하염없이 눈물을 흘리며 슬피 울었다. 명망 높은 사업가 S는 블룸을 유혹하려고 비싼 반지와 별장 열쇠를 떠안겼지만 그녀는 눈곱만큼도 좋아하지 않았으며, 그와 관련하여 비난받을 그 어떤 행동도 하지 않았다. 블로르나 박사 부부는 빈틈없이 일을 처리하는 블룸 덕분에 살기가 아주 편해졌기에 고마운 마음에서 저금리 대출을 알선해주었다. 부인 트루데는 진심으로 인간 카타리나 블룸을 좋아했다. 그게 다였다. 이것이 진실이었다. 그러나 이 진실을 아는 것은 당사자들뿐, 수백만 독자들은 〈차이퉁〉이 보도한 것이 진실이라고 생각했다.

처음 읽었을 때 숨이 막혔다. 〈차이퉁〉이 카타리나 블룸의 명예를 짓밟은 방식이 너무나도 '리얼'했기 때문이다. 내가 현실에서 보고 경험했던, 그리고 현재에도 목격할 수 있는 언론의 행태와 정말로 똑같았다. 〈차이퉁〉은 주로 두 가지 방법을 썼다. 첫째는 검찰청 조사실에서 오간 이야기를 악의적으로 왜곡해 중계방송을 하는 것이다. 이것은 모든 문명국가의 형법이 금지하는 불법적인 '피의 사실 유포'에 해당하는 범죄행위다. 검사나 검찰 수사관 중에 누군가가 〈차이퉁〉 기자와 '정보 밀거래'를 하지 않는다면 일어날 수 없는 일이다. 국가기관과 언론기관이 한통속이 되어 저지르는 불법행위는 누구도 막을 수 없다. 결코 원치 않았던 S의 아파트 방문, 얼마짜리인지도 몰랐던 반지, S의 별장 열쇠 등에 관한 사항을 비롯하여 〈차이퉁〉이 내밀한 사생활 관련 정보를 왜곡 보도해 자신을 모욕하는 데 대해, 그리고 그런 일을 바로잡을 방법이 사실상 전혀 없다는 사실에 대해, 카타리나 블룸은 절망감을 느낀다. 작가는 그 장면을 이렇게 묘사했다.

> 카타리나는 이틀 치 〈차이퉁〉을 핸드백에서 꺼내 보고, 국가가—이렇게 그녀는 표현했다—이런 오욕으로부터 그녀를 보호해주고 그녀의 잃어버린 명예를 회복시켜주기 위해 할 수 있는 일이 전혀 없는지 물었다. 그 사이 그녀는, 심문이 왜 '삶의 세세한 구석까지 파고드는지' 잘 이해할 수는 없지만, 그런 심문이 전적으로 정당하다는 것쯤은 아주 잘 알게 되었노라고 했다. 하지만 심문할 때 거론된 세세한 사항들을 어떻게 〈차이퉁〉이 알게 되었는지, 게다가 어떻게 하나같이 왜곡되고 오도된 진술로 알게 되었는지, 그녀는 도무지 납득이 가지 않는다고 했다.

〈차이퉁〉이 카타리나 블룸의 명예를 짓밟은 또 하나의 수법은 그녀를 아는 사람들이 한 말을 교묘하게 왜곡하는 것이었다. 〈차이퉁〉은 카타리나 블룸을 아는 모든 사람들을 찾아내 인터뷰했고, 그녀를 도덕적으로 비난할 목적으로 그들이 한 말을 왜곡 인용했다. 어머니, 전남편, 오빠, 어린 시절 살았던 마을의 신부, 가사 관리를 해주었던 옛 고객, 과거에 근무했던 직장의 동료와 상사, 아파트 이웃 주민 등을 가리지 않고 인터뷰한 다음 그들의 입을 빌려 카타리나 블룸을 비난했는데, 다음과 같은 방식이었다.

고등학교 교감으로 퇴직한 히페르츠 박사와 그의 부인 에르나 히페르츠는 블룸의 행적에 대해서 놀라움을 표시하기는 했지만, "특별히 예상 밖"이라고 하지는 않았다. (……) 결혼한 딸 집에 머물고 있는 그들을 〈차이퉁〉의 한 여기자가 찾아냈는데, 그곳에서 고대 문헌학자이자 역사학자인 히페르츠는—블룸은 3년 전부터 그의 집에서 일하고 있었다—"모든 관계에서 과격한 한 사람이 우리를 감쪽같이 속였군요"라고 했다.

히페르츠 박사 부부는 카타리나 블룸을 잘 알고 신뢰하는 사람들이다. 그들은 그렇게 말하지 않았다. 기자가 그들의 말을 비틀어 인용했던 것이다. 소설에 등장하는 진실은 다음과 같았다.

블로르나가 나중에 히페르츠에게 전화를 걸었는데, 그는 다음과 같이 말했다고 한다. "카타리나가 과격하다면, 그녀는 과격하리만치 협조적이고 계획적이며 지적입니다. 내가 그녀를 잘못 보았나 보군요. 그런데 난 40년간 경험을 쌓은 교육자요. 사람을 잘못 보는 일이 거의 없는데요."

소설에서 모든 신문이 이렇게 했던 것은 아니다. 수많은 다른 신문들은 카타리나 블룸의 명예를 손상시키지 않고 사건을 보도했다. 그러나 그렇다고 해서 〈차이퉁〉 보도의 위력이 줄어든 것은 아니었다. 〈차이퉁〉은 가장 널리 읽히는 신문이기 때문이다. 다른 신문들의 보도는 카타리나 블룸의 명예를 손상시키지 않았지만, 그녀가 잃어버린 명예를 되찾는 데 도움이 되지도 않았다. 〈차이퉁〉의 왜곡 보도에 대해 보도하고 비판하는 신문은 없었다. 신문이 다른 신문을, 기자가 다른 기자를 비판하는 일은 좀처럼 일어나지 않는다. 소위 동업자들끼리 서로 비판을 자제하는 '침묵의 카르텔'이 있기 때문이다. 카타리나 블룸을 감시하는 업무를 맡은 여성 경찰관이 그녀를 위로하려고 했을 때 그녀가 보인 반응은 절망 그 자체였다.

그녀는 〈차이퉁〉 읽기에 완전히 몰두하고 있는 블룸을 돕기 위해 잠시 동료에게 감시를 맡기고, 블룸이 연루되어 심문받은 내용, 그녀가 수행했을 만한 역할에 관해 철저히 객관적인 형식으로 보도한 다른 신문들을 문서실에서 가져다주었다고 한다. 3, 4면에 실린 짧은 기사에서는 블룸의 성과 이름을 전부 밝히지 않고 가정부 카타리나 B양으로만 언급했다고 한다. 예컨대 〈움샤우〉에는 열 줄 정도의 기사가 났고, 물론 사진도 실리지 않았으며, 전혀 결함 없는 사람이 불운하게 사건에 연루되었다고 했다. 그녀가 블룸에게 가져다준, 오려 낸 신문 기사 열다섯 장은 카타리나를 전혀 위로하지 못했고, 그녀는 그저 이렇게 묻기만 했다고 한다. "대체 누가 이걸 읽겠어요? 내가 아는 사람들은 하나같이 〈차이퉁〉을 읽거든요!"

명예
살인

카타리나 블룸은 경찰에 쫓기는 범죄자를 도망가게 했지만 실제로 수사에 지장을 주지는 않았다. 범죄로 처벌받을 만한 일을 저지르지도 않았다. 그렇지만 그녀의 명예는 진흙 발에 짓이겨졌고 삶은 막다른 골목에 봉착했다. 카타리나 블룸이 진실을 알리고 짓밟힌 명예를 되찾을 수 있는 길은 아무 데도 없었다. 그런 상황에서 카타리나 블룸은 다음과 같은 〈차이퉁〉 일요일판 기사를 읽었다.

여전히 자유의 몸이고 정체를 알 수 없는 카타리나 블룸의 입증 가능한 첫 번째 희생자는 바로 그녀의 어머니라고 할 수 있다. 그녀의 어머니는 딸의 행실에 대한 충격으로 살아남지 못했다. 어머니는 죽어가고 있는데 그 딸은 강도이자 살인자인 한 남자와 다정하게 춤추었다는 것 자체가 이미 너무 기이한 일이고, 그녀가 어머니의 죽음 앞에서 전혀 눈물을 흘리지 않았다는 것은 거의 극도의 변태에 가깝다. (……) 그 사이 본지에 거의 확고히 입증된 정보들이 제보되고 있다. 그녀가 신사 방문을 받은 것이 아니라, 그녀 자신이 별장을 찾아내기 위해 청하지 않은 숙녀 방문을 했다는 것이다. 블룸의 그 비밀스러운 드라이브 여행은 이제 비밀스럽지 않다. 그녀는 존경받는 한 사람의 명예, 그의 가족의 행복, 그의 정치적 경력을 양심 없이 위험에 빠뜨렸고, 착실한 아내의 감정과 네 명의 아이에 대해서는 전혀 신경 쓰지 않았다. 블룸은 좌파 그룹의 지령에 따라 틀림없이 S의 경력을 파괴해야 했을 것이다.

카타리나 블룸은 아는 사람의 집에서 권총을 몰래 챙겼다. 관련 기사를 도맡아 쓴 베르너 퇴트게스 기자에게 전화를 걸어 자신의 아파트에서 단독 인터뷰를 하자고 했다. 다음은 그가 약속한 시간에 현관문을 밀고 들어선 후 벌어진 일에 대한 카타리나 블룸의 진술이다.

"나는 깜짝 놀랐어요. 그때 난 즉각 알아보았어요. 그자가 얼마나 추잡한 놈인지. 정말 추잡한 놈이라는 걸요. 게다가 귀여운 구석까지 있더군요. 사람들이 귀엽다고 할 만한 모습이요. 자 당신도 사진들을 본 적이 있지요. 그가 이렇게 말하더군요. '어이, 귀여운 블룸 양, 이제 우리 둘이 뭐 하지?'라고요. 난 한마디도 하지 않고 거실로 물러나며 피했지요. 그는 나를 따라 들어와서는 말했어요. '왜 날 그렇게 넋 놓고 보는 거지? 나의 귀여운 블룸 양, 우리 일단 섹스나 한탕 하는 게 어떨까?' 그사이에 내 손은 핸드백에 가 있었고 그는 내 옷에 스칠 정도로 다가왔어요. 그래서 난 생각했어요. '어디 한탕 해보시지, 이판사판이니까'라고요. 그러고는 권총을 빼 들고 그 자리에서 그를 향해 쏘았습니다. 두 번, 세 번, 네 번. 정확히 몇 발인지는 모르겠습니다. 그건 경찰 보고서를 찾아보면 알 수 있을 겁니다. 그래요. 한 남자가 내 옷에 손댄 것이 내게 뭔가 새로운 사건이었다고 생각하실 필요는 없습니다. 당신도 아마 열네 살부터, 아니 훨씬 더 전부터 집안일을 해보았다면, 그런 일은 이미 익숙할 겁니다. 그렇지만 이자는 '섹스나 한탕 하자'라고 했고, 그래서 난 생각했던 겁니다. 좋다. 지금

총으로 탕탕 쏘아주마. 당연히 그는 예상을 못 했겠지요. 그는 1초도 안 되는 짧은 순간 나를 뚫어져라 쳐다보았어요. 아니, 영화에서 어떤 이가 갑자기 청천 하늘에 날벼락 맞듯 살해될 때처럼 놀라운 표정으로 날 바라보더군요."

소설의 부제를 다시 보자. '폭력은 어떻게 발생하고 어떤 결과를 가져올 수 있는가?' 여기서 '폭력'은 신문 헤드라인의 폭력 또는 언론의 폭력을 의미하는 것일 수도 있고, 카타리나 블룸의 살인을 가리키는 말일 수도 있다. 뵐은 후기에서 폭력이 '무지'에서 발생한다고 말했다. 여기서 '무지'란 "처지를 바꾸어놓고 생각해보는 능력의 전적인 결여"를 의미한다.

주위에는 다이너마이트가 놓여 있고, 〈차이퉁〉은 늘 거짓말을 해대는 파괴적인 초강력 주둥이로 경찰에게 정보를 전달해주거나 경찰에서 정보를 입수하면서(그런 정보 교환 시, 우스울 정도로 사소한 것이 혐의점이 되곤 한다.) 헤드라인, 혐의, 비방, 비열함을 마구 내휘두른다. 거기서는 어떠한 장미도 꽃을 피우지 못하며, 그사이 이 '소박한 소녀'는 사랑하는 사람이 도망가도록 도와줌으로써 정말로 벌받을 만한 행동을 했고, 명예와 품위를 잃는다. (……) 그 기자는 그녀가 왜 자신에게 그렇게 화가 나 있는지를 전혀 이해하지 못한다. 그녀는 폭발하고 만다. (……) 〈차이퉁〉에 헤드라인과 센세이션을 제공하고 다른 신문에까지 '진짜' 이야기를 제공하려 함으로써 그저 자신의 의무를 다했을 뿐인, 신문기자의 이런 끔찍한 '무지', 그렇다. 거의 아무것도 알지도 생각하지도 못하는 그의 무지함이 카타리나로 하여금 권총을 뽑아 들게 하는 데 결정적인 역할을 했을 수 있다.

이 소설에는 '모토'가 딸려 있다. "이 이야기에 나오는 인물이나 사건은 자유로이 꾸며낸 것이다. 저널리즘의 실제 묘사 중에 〈빌트〉와 유사점이 있다고 해도 그것은 의도한 바도, 우연의 산물도 아닌, 그저 불가피한 일일 뿐이다." 이는 뵐이 처음부터 〈빌트〉를 겨냥했음을 의미한다. 〈차이퉁〉이라는 소설의 신문은 바로 〈빌트〉라는 현실의 신문이다. '빌트(Bild)'는 '사진' 또는 '그림'이라는 뜻이다. 〈빌트〉라는 제호는 이 신문의 본질적 속성을 드러낸다. 〈빌트〉는 날마다 적어도 열 장 정도는 벗은 여자 '사진'을 싣는다. 제목은 대문짝만 하게 뽑는데 기사는 몇 줄을 넘어가지 않는다. 전형적인 황색신문(yellow paper)이다.

하지만 〈빌트〉는 인기 여배우의 허니문 같은 말랑말랑한 주제만 다루는 평범한 스포츠 연예 전문지가 아니다. 매일 400만 부 넘게 팔리던 첨예한 정치 사회 이슈도 과감하게 다루는, 영향력 막강한 일간신문이었다. 그런데 정치 사회 이슈를 다루는 〈빌트〉의 시각은 매우 보수적이며 왕왕 극우적이다. 보도 스타일은 극도로 선정적이다. 소설에서 뵐이 묘사한 〈차이퉁〉의 보도 행태는 정확하게 〈빌트〉의 모습과 일치한다. 노벨 문학상을 받았고 국제 펜클럽 회장을 역임한 저명한 소설가가 독일 최대 일간신문을 노골적으로 공격하는 소설을 쓴 것이다. 문학의 역사에서 전무후무한 일이다. 이 소설은 그 자체로서 하나의 '중대한 사건'이었다. 둘 사이에 도대체 무슨 일이 있었던가?

68혁명과
극우 언론

이 소설은 뚜렷한 진보 성향을 지닌 지식인 뵐과 극우 황색신문 〈빌트〉가 벌였던 기나긴 전쟁의 산물이다. 〈빌트〉가 뵐을 향해 쏜 '헤드라인 총탄'에 맞서 뵐은 『카타리나 블룸의 잃어버린 명예』라는 폭탄을 던졌다. 헤드라인이 신문의 일상적 무기라면, 작가에게는 때로 소설이 무기가 될 수 있다. 이 전쟁은 신문사와 소설가의 싸움이 아니라, 지식인 하인리히 뵐과 출판 자본가 악셀 슈프링어(Axel Springer)가 벌인 정치투쟁이었다.

뵐은 1917년 독일 쾰른에서 태어났다. 부친은 목공예가였다. 집안 분위기는 매우 자유로웠다. 뵐은 가톨릭 청년 모임을 하면서 진보적 사상의 싹을 틔웠다. 1938년 쾰른 대학교에 입학했지만 1939년 가을에 징집되어 전쟁터로 나가야 했다. 어린 시절부터 반전사상을 가졌던 뵐은, 꾀병을 부리고 휴가증을 위조하는 등 갖가지 방법으로 군 복무를 기피하려 했으나 참전을 피하지 못했고 결국 미군 포로가 되었다. 패전한 독일은 폐허 그 자체였다. 도시가 파괴되고 사람이 죽은 것만 문제가 아니었다. 히틀러의 독재와 전쟁범죄, 유대인 대학살은 독일 국민의 정신세계와 가치 체계까지 파괴해버렸다. 뵐은 이런 시대 상황에서 창작 활동을 시작했다.

1951년 '47그룹 문학상'이 뵐에게 첫 명성을 안겨주었다. '47그룹'은 1947년 가을 비판적이고 저항적인 젊은 작가들이 만든 토론 모임이다. 당시 미국과 영국 군정 당국은 점령군의 정책을 강력하게 비판하는 사회주의 성향의 잡지를 잇달아 폐간시켰다. 작가들은 새로운 문학잡지를 준비하는 모임을 만들었다. 각자 자기의 작품을 들고 와서 발표했고, 그 작품들에 대해 서로 비판하고 토론했다. 모임은 매년 한 차례 사흘간 숙식을 함께하는 정기 모임으로 발전했지만, 1967년 마지막 정기 모임을 할 때까지 회칙도 회원 명부도 만들지 않았다. 그러나 독일 문화계에 준 영향력은 말할 수 없이 컸다. 이 모임을 빼고서는 독일 현대문학을 아예 논할 수가 없다. 귄터 그라스(Günter Grass)와 마르틴 발저(Martin Walser) 등 전후 독일 문단을 주름잡았던 문인들 태반이 47그룹 출신이었으며, 뵐은 47그룹 문학상 두 번째 수상자였다.

뵐은 지식인으로서 현실에 적극 참여했다. 1956년 소련의 헝가리 민중 봉기 무력 진압을 규탄했다. 수에즈운하 이전을 지키려고 이집트를 공격한 프랑스와 영국을 비판한 '세계 지식인 105인 선언'에 참여했다. 유럽 68혁명 때는 독일 정부의 비상계엄 선포에 반대하며 수도 본에 결집한 7만 시위대를 앞에 두고 연설했다. 1971년 국제 펜클럽 회장이 된 후에는 지식인과 언론인을 탄압하는 국가들을 비판하고 박해받는 지식인을 지원하는 활동을 전개했다. 1974년 소련에서 추방당한 알렉산드르 솔제니친을 자기 집으로 피신시켰으며, 1978년에는 박정희 대통령에게 김지하 시인의 석방을 청원하기도 했다. 1981년 10월에는 중성자 폭탄과 군비 확장 경쟁을 비판하는 30만 시위대 앞에서 연설했다. 가톨릭교회와 결별했으며 신좌파인 녹색당을 공개 지지했다. 1985년 뵐이 지병으로 세상을 떠나자 쾰른시가 '하인리히 뵐 재단'을 설립했는데, 이 재단은 녹색당의 싱크탱크로서 정책 연구와 시민 환경 교육을 펼치고 있다.

뵐의 소설은 어렵지 않다. 문장은 평이하며 등장인물도 대부분 평범한 사람들이다. 작가 자신은 사회민주주의와 생태주의, 평화주의 성향이 뚜렷한데, 작품에서는 전체주의와 군국주의, 물신숭배를 비판하면서 개인의 존엄성과 휴머니즘을 강력하게 옹호한다. 작가 연보를 보지 않고 작품만 읽으면 온건한 자유주의자라는 느낌을 받는다.『카타리나 블룸의 잃어버린 명예』와 한 권으로 묶여 있었던 소설『신변보호』를 읽고, 나는 작가가 독일 우파의 국가주의와 전후 독일의 물신주의를 비판하고 있다고 생각했다.『아담, 너는 어디에 있었느냐』와『9시 반의 당구』도 마찬가지였다. 뵐에 뒤이어 노벨 문학상을 받았던『양철북』과 『넙치』의 작가 귄터 그라스와 달리 뵐의 소설을 이해하기 위해서는 해설자의 도움을 받을 필요가 없다. 이런 온건한 휴머니즘 소설을 쓴 작가가 우익 언론과 전쟁을 하다니, 도대체 무엇 때문이었을까?

뵐과 〈빌트〉의 전쟁은 우연히 벌어진 일이 아니다. 뚜렷한 역사적 배경과 확실한 계기가 있었다. 1968년 서독에서는 대규모 베트남전쟁 반대 시위가 일어났다. 그런데 4월 11일 그 유명한 루디 두취케(Rudi Dutschke) 저격 사건이 터졌다. 요제프 바흐만이라는 청년이 반전 학생운동 지도자 두취케를 죽이려고 총 세 발을 쐈다. 체포된 바흐만은 이렇게 말했다. "나는 매일 신문을 읽으면서 이 더러운 빨갱이를 처치할 생각만 했다. 그는 사회에 해악을 끼치는 국가의 적 1호다." 그가 읽은 신문은 바로 독일 최대 출판 자본 악셀 슈프링어 출판사가 간행하는 타블로이드 일간지 〈빌트〉였다.

악셀 슈프링어는 인쇄 노동자 출신으로서 1945년 회사를 창업해 독일의 최대 출판 자본으로 키워낸 입지전적 인물이다. 그는 히틀러와 나치의 유대인 학살에 대해 비판적이었지만 전승국들이 독일을 분단시킨 데 큰 불만을 가졌으며 공산주의·사회주의 운동을 적대시했다. 68혁명 당시 슈프링어 출판사는 〈함부르거 아벤트블라트(Hamburger Abendblatt)〉, 〈빌트〉, 〈디 벨트(Die Welt)〉, 〈베를리너 모르겐포스트(Berliner Morgenpost)〉 등의 여러 신문을 소유한 독일 최대 언론 재벌이었다. 슈프링어 계열 신문들은 모두 소유주인 악셀 슈프링어의 가치관에 부합하는 극우적이고 선정주의적인 보도 행태를 보였다.

특히 〈빌트〉는 연일 "두취케는 동독의 앞잡이로서 서독 청년들의 영혼을 더럽히는 빨갱이며 국가의 적 1호"라는 보도를 내보냈으며, 심지어는 "두취케를 저지하지 않으면 내전이 일어날 것"이라는 주장까지 내놓았다. 〈빌트〉와 〈디 벨트〉는 베트남전쟁과 관련하여 미국 언론보다 더 친미적인 논지를 펼쳤으며, 반전운동을 공산당의 조종을 받는 반체제 투쟁이라고 비난했다. 청년들의 반전시위는 슈프링어 규탄 투쟁으로 번져나갔고 급기야 슈프링어 본사 건물에 시위대가 불을 지르는 사태까지 터졌다. 중도 성향과 진보 성향 신문들은 슈프링어 계열 우익 신문들과 베트남전쟁 반대 운동과 관련해 격렬한 논쟁을 벌였다.

68혁명은 전후 독일의 기성세대가 이룩한 모든 것을 부정하는 운동으로 치달았다. 청년 학생들은 나치 잔재를 제대로 청산하지 않은 전후 독일 사회와 기성세대를 도덕적으로 비난했으며, '라인강의 기적'이라는 경제 부흥에 대한 자부심을 속물적 물신숭배로 간주했다. 그들은 폭력에 대한 기존의 도덕률에도 도전했다. 일부 청년들의 공공연한 폭력 행사는 목적의 정당성이 수단의 폭력성을 정당화하느냐를 둘러싼 사회적 논쟁을 불러일으켰다. 사회주의혁명을 지향한 어떤 분파는 그렇다고 확신했다. 적군파(RAF, Rote Armee Fraktion) 또는 주동자 두 사람의 이름을 따 '바더 마인호프 그룹(Baader-Meinhof-Gruppe)'으로 일컬어진 조직은 프랑크푸르트의 백화점에 불을 질렀다. 이 사건을 계기로 독일 학생운동은 시민들의 불신과 날카로운 적대감에 직면하게 되었고, 결국 은행가 살해와 항공기 납치 등 테러리즘에 빠져들고 만다.

이런 상황에서 뵐과 〈빌트〉의 전쟁을 불러온 사건이 연이어 일어났다. 1971년 12월 독일 남서부 작은 도시의 한 은행에서 강도 살인 사건이 일어났는데, 〈빌트〉는 아무런 증거도 제시하지 않은 채 이 사건을 바더 마인호프 그룹의 소행으로 단정하고 그들을 살인자라고 비난하는 기사를 내보냈다. 뵐은 1972년 1월 주간지 〈슈피겔〉에 〈빌트〉의 보도 방식을 비판하는 글을 기고했다. 슈프링어 계열 신문들은 뵐이 테러와 테러리스트를 옹호한다고 반격했다. '뵐셰비즘', '뵐셰비키', '적군파의 벗'이라는 신조어를 만들어 퍼뜨렸다. 뵐의 가족은 극우파의 살해 협박 때문에 외출을 할 수 없게 되었다.

이런 가운데 하노버 공대 페터 브뤼크너 교수가 바더 마인호프 그룹 테러리스트에게 숙식을 제공한 혐의로 조사를 받는 사건이 일어났다. 브뤼크너는 우익 언론의 맹렬한 공격을 받은 끝에 학교에서 쫓겨났다. 오랜 송사 끝에 결국 무혐의가 입증되고 복직도 했지만, 사생활이 노출되고 명예가 짓밟히는 등 주변 사람들까지도 말 못할 고통을 겪어야 했다. 뵐 자신도 테러리스트 체포를 명분으로 한 가택수색을 당했다. 1972년 11월 노벨 문학상을 받음으로써 어느 정도 곤경에서 벗어났지만, 슈프링어 계열 우익 신문들은 공격을 멈추지 않았다. 뵐은 1974년 『카타리나 블룸의 잃어버린 명예』를 발표했다. 은행 강도 사건과 브뤼크너 교수 사건, 그리고 〈빌트〉와 싸우면서 체험했던 극우 선정주의 신문의 '헤드라인 범죄'에 대한 고발장을 쓴 것이다. 이 소설은 영화로 제작되어 큰 인기를 모으기도 했다.

언론의 자유는 누구를 위한 것인가

〈빌트〉는 독일의 발행 부수 일등 신문이었다. 슈프링어 그룹의 독일 신문 시장 점유율은 30퍼센트에 육박했다. 그런데 2005년 8월 슈프링어 그룹이 채널 둘을 운영하는 독일 민간 방송사인 프로지벤/자트아인스(PRO7/SAT1)를 인수하겠다는 계획을 발표했다. 프로지벤/자트아인스는 주로 오락, 연예, 영화 프로그램을 내보내지만 뉴스/보도 기능도 있는, 민간 최대 종합편성 채널 사업자다. 슈프링어가 이것을 인수하면 독일 미디어 시장 전체 점유율이 40퍼센트가 될 것이라는 전망이 나왔다. 소위 '여론 독과점'의 위험성에 대해 치열한 사회적 논쟁이 벌어졌고, 결국 독일 연방 정부는 언론 미디어 시장의 경제력 집중이 여론 조작의 위험을 야기한다는 비판 여론을 받아들여 신문 재벌 슈프링어의 방송사 교차 소유를 무산시켰다.

발행 부수가 많다고 해서 '일등 신문'이라고 할 수 있는 것은 아니다. 〈빌트〉는 발행 부수 일등이지만 스스로 '일등 신문'이라고 주장하지 않는다. '일등 신문'이라고 인정해주는 사람도 없다. 언론기관으로서 높은 권위와 명성을 누리는 것은 다른 신문들이다. 매우 품격 있는 중도 자유주의 성향의 〈쥐트도이체 차이퉁(Süddeutsche Zeitung)〉, 중후한 보수 성향의 〈프랑크푸르터 알게마이네 차이퉁(Frankfurter Allgemeine Zeitung)〉, 그리고 진보 성향인 〈프랑크푸르터 룬트샤우(Frankfurter Rundschau)〉가 그런 신문들이다. 발행 부수가 40만~80만 부 수준이지만 매우 큰 사회적 영향력을 지니고 있었다. 68혁명의 직접적 산물이라고 할 수 있는 〈타게스차이퉁(Tageszeitung)〉은 발행 부수가 훨씬 적지만 권력과 자본 모두로부터 독립한 대안 언론으로서 활동했다. 수많은 지방신문까지 고려하면, 아무리 발행 부수 400만을 자랑한 〈빌트〉라고 해도 독일 여론 시장을 제멋대로 좌지우지하기는 어려웠다. 그런데도 독일 연방 정부는 슈프링어 그룹의 방송 종합편성 사업 진출을 허가하지 않았다.

『카타리나 블룸의 잃어버린 명예』를 처음 읽었을 때를 생각해본다. 주인공이 기자를 총으로 쏴 죽이는 장면에서 나는 카타르시스를 느꼈다. 그렇게 통쾌할 수가 없었다. 진한 감정이입이 가능했던 것은 대한민국의 언론 현실 때문이었다. 소설 속에서 〈빌트〉의 문제는 극우적 이념 지향과 의도적 왜곡을 불사하는 선정주의였다. 그런데 당시 대한민국은 정부 그 자체가 극우적이었다. 공보처라는 정부 기관과 국가안

전기획부라는 공안 기관이 모든 신문사와 방송사에 '보도 지침'이라는 것을 내려보냈다. 이 지침은 보도해야 할 것과 보도하지 말아야 할 것, 크게 보도할 것과 작게 처리할 것을 세세하게 분류했다. 중요한 사건에 대해서는 기사 제목까지 일일이 정해주었다. 언론사들은 실제로 그 지침을 준수했다. 뵐에게는 〈빌트〉라는 신문이 문제였지만 우리에게는 국가권력과 언론 그 자체가 통째로 문제였다. 죄 없는 카타리나 블룸은 〈차이퉁〉이라는 신문 때문에 좌익의 조종을 받는 '강도의 정부'가 되었지만, 헌법이 보장한 언론과 표현의 자유를 실제로 갖고 싶어서 정부에 대항했던 우리들은 정부와 언론 전체에 의해 "북괴의 배후 조종을 받는 친북 좌익 세력"으로 만들어졌다.

그런 시대는 지나갔다. 우리도 이제 국가와 언론 그 자체가 아니라, 특정한 정부와 특정한 언론이 문제인 시대에 살게 되었다. 드디어 40년 전 독일 수준에 도달한 셈인가? 그렇지가 않다. 우리는 뵐이 『카타리나 블룸의 잃어버린 명예』에서 개탄해마지않았던 수준에도 아직 도달하지 못했다. 독일에는 〈빌트〉가 하나밖에 없지만 우리나라에는 여러 개의 〈빌트〉가 있다. 〈빌트〉도 〈빌트〉이고, 〈프랑크푸르터 알게마이네 차이퉁〉도 〈빌트〉이고, 〈쥐트도이체 차이퉁〉도 〈빌트〉이고, 〈프랑크푸르터 룬트샤우〉도 〈빌트〉라고 생각해보라. 독일 사회는 오늘과 같지 않을 것이다. 발행 부수 일등부터 삼등까지가 모두 〈빌트〉와 같은 신문인 나라. 그리고 그 밖에 또 여러 개의 작은 〈빌트〉가 있는 나라. 〈빌트〉가 되지 않으려고 애쓰면 신문 시장에서 살아남기 어려운 나라, 그게 대한민국이다.

카타리나 블룸은 잃어버린 명예를 되찾을 길이 없어서 기자를 총으로 쏘아 죽이는 길을 선택했다. 그녀가 사람을 죽인 데 대해 후회의 감정을 느껴보려고 교회에도 갔지만 조금도 후회할 바를 찾지 못한 것은 다른 선택을 할 여지가 없었기 때문이다. 그런데 퇴임한 지 15개월밖에 되지 않은 대한민국의 전직 대통령은 카타리나 블룸과 똑같은 상황에 봉착하자 남이 아니라 자기 자신을 죽이는 길을 선택했다. 검찰 조사실에서 오간 대화가 교묘하게 왜곡된 형태로 특정 신문을 통해 중계되듯 보도되고, 문제가 된 사건의 본질과 무관한 사항들이 흘러나와 '피의자'를 파렴치하고 부도덕한 사람으로 몰아가는 가운데, 가족과 친지, 친구 등 주변의 모든 사람들의 삶이 파괴되어간 그 모든 일들은, 35년 전 독일에서 나온 이 소설에서 뵐이 묘사한 것과 정확하게 일치한다.

나는 노무현 대통령 장례식 기간에 일어난 국민적 추모 열풍이 언론의 악의적 왜곡 보도 또는 선정주의에 대한 비판적 자각과 관련이 있다고 생각한다. 노무현 대통령이 잃어버린 것은 전직 대통령의 명예만이 아니었다. 그는 '피의자'의 권리, 시민의 권리도 빼앗겼다. '피고인'도 유죄 선고를 받은 '범죄자'도 아닌, 단순히 검사들에게 범죄의 혐의가 있다고 의심받은 '피의자'였지만, 헌법이 보장한 모든 권리를 빼앗겼다. 대검 중수부에 소환도 되기 전에 검사들과 언론은 이미 그를 '범죄자'로 만들었다. 그는 또한 헌법이 보장한 인간의 '존엄성'을 지킬 권리를 빼앗겼다. 지난날의 후원자와 동지와 참모로도 부족해 배우자와 아들딸과 사위까지 모두 인질로 잡고 굴복을 강요하는 대검 중수부

검사들 앞에서 자신의 인간적 존엄을 지켜낼 수 있는 그 어떤 수단도 가지고 있지 않았다.

　진실은 누구도 정확하게 알지 못한다. 평범한 국민들은 그저 검사들의 말과 언론 보도가 '어느 정도' 진실일 것이라고 생각하면서 저마다 한마디씩 전직 대통령을 욕했을 뿐이다. 그런데 노무현 대통령은 밤이 아니라 해가 떠오르는 시각에 앞을 보며 서른 길 높이 바위에서 뛰어내렸다. 그의 몸은 두 번 바위에 부딪히면서 땅에 떨어졌고 30분 넘게 방치되어 있었다. 발아래 50년 세월을 함께한 아내가 있는 사저를 내려다보면서 뛰어내린 것이다. 이것은 말로 표현할 수 없을 정도로 절실한 억울함이 있지 않고서야 도저히 할 수 없는 일이다. 깊은 생각 하지 않고 그를 욕했던 많은 국민들이 뒤늦게 검사들의 말과 언론의 보도가 믿을 만한 진실이 아니었을지 모른다는 생각을 한 것은 당연한 일이다. 진실을 잘 알지 못하면서 욕을 했다는 미안함, 자신도 젊은 전직 대통령의 죽음에 책임이 있을지 모른다는 후회, 이런 것들이 수백만 명의 조문 행렬을 만들었고 봇물처럼 눈물이 터지게 만들었다고 나는 판단한다. 언론인들이 때로 지나치다 싶을 정도로 고인의 삶을 미화하는 기사를 쓴 것은 그들도 후회의 감정을 달랠 방법이 그것밖에 없었기 때문일 것이다.

　만약 슈프링어 재벌이 〈빌트〉와 같은 신문뿐만 아니라 방송사도 가지게 되었다고, 그래서 이 소설에 등장하는 〈차이퉁〉의 보도 행태를 계속한다고 가정해보라. 무슨 일이 더 벌어질 것인가. 우리나라에서는 그런 일이 벌어졌다. 큰 〈차이퉁〉이 세 개 있고, 작은 〈차이퉁〉이 또 여럿 있는 나라에 〈차이통 방송〉까지 등장했다. 신문사와 대기업이 지상파와 종합편성 채널 편성권을 장악하고, 대기업이 광고주의 위력으로 다른 미디어까지 간접적으로 조종하면서 인터넷 포털까지 좌지우지한다. 그들은 자기네가 중요하다고 판단한 정보를 자기네가 옳다고 여기는 방식으로 가공해 자기에게 이익이 되는 형식으로 국민에게 제공한다. 그 모든 것들이 '어느 정도' 진실이라고 여기는 시민들은 남의 머리가 생각한 것을 내 머리로 생각한 것으로 착각하며 살고 있다.

카타리나 블룸이 묻는다. "그대는 신문 헤드라인을 진실이라고 믿습니까?" 나는 대답한다. "아니오. 믿지 않습니다. 헤드라인을 진실로 믿어도 되는, 그런 좋은 신문을 구독해보는 것이 내 간절한, 언제 이루어질지 모르는 소망입니다."

14 ; 역사의 진보를 믿어도 될까

E. H. 카, 『역사란 무엇인가』

삶에서 가장 중요한 건 의지와 노력일 것이다. 그러나 인생이 그것만으로 채워지는 것은 아니다. 그 누구의 삶에서든 행운 또는 불운이 남긴 흔적을 찾을 수 있다. 나도 예외가 아니어서, 수많은 행운과 불운을 만나며 살았다. 스스로 '지식소매상'이라고 이름붙인 직업에 입문하는 과정에서, 낳아주고 길러주신 부모님부터 수천 년 전 역사책을 썼던 지식인에 이르기까지, 실로 헤아릴 수 없이 많은 사람의 도움을 거저 받는 행운을 누렸다. 그중에서도 가장 큰 행운은 앞서 『전환시대의 논리』를 다루면서 말했던 것과 같이 '농촌법학회'라는, 아쉽게도 지금은 존재하지 않는, 학습 서클에 가입한 일이었다.

나는 농촌법학회에서 신입생용 독서목록을 받았을 뿐만 아니라 함께 공부하고 토론할 친구를 사귀었으며, 깊은 사색과 논리적 글쓰기를 익히도록 도와주는 선배를 만났다. 정의를 실현하기 위해 위험을 감수하면서 악과 싸우는 용기도 배웠다. 서클 선배들은 공부를 도와주었을 뿐만 아니라 밥과 술도 사주었다. 데모가 일어날 장소와 시간에 관한 비밀 정보를 미리 주었으며, 서울 시내 고층 빌딩 옥상이나 시내버스에서 살포할 '불법 유인물'도 듬뿍 쥐여주곤 했다.

랑케를 떠나
카에게로

　　　　　　　　　　　행운도 불운도 혼자 오지는 않는 법이어서 행운은 또 다른 행운을 불러들였으니, 대학 신입생 시절 『역사란 무엇인가(What Is History?)』라는 불후의 명저를 읽게 된 것도 행운이었다. 영국 역사학자 에드워드 핼릿 카(Edward Hallet Carr)가 쓴 이 책은 리영희 선생의 『전환시대의 논리』 바로 다음 자리에 있었다. 그 전까지 나는 '근대 역사학의 아버지'로 일컬어지는 19세기 독일 역사학자 레오폴트 폰 랑케(Leopold von Ranke)의 역사 이론을 신봉했다. 랑케 추종자답게 봉천동 고개 뒷골목 컴컴한 중국집에서 열렸던 서클 신입생 환영회 뒤풀이 자리에서 역사가 발전한다는 증거가 없다고 주장함으로써, 민주화 투사를 발굴하려는 '음흉한 야심'을 품고 아르바이트로 번 '피 같은 돈'으로 신입생들에게 '향응을 제공'한 여러 선배들을 당혹스럽게 만들었다.

　　고등학생 때 아버지의 권유로 『젊은이를 위한 세계사』라는 문고판 책을 읽은 적이 있다. 원서 제목이 무엇인지도 모르겠다. 지금은 인터넷 서점을 뒤져도 그 책은 찾을 수가 없다. 추측건대 랑케가 만년에 쓴 『세계사』라는 대작에서 역사 이론 부분만 발췌 편집한 책이 아니었을까 싶다. 랑케는 과학적 역사 연구의 시대를 연 위대한 역사가였지만, 정치사상적으로는 극단적인 보수주의자였다. 독일을 통일하는 데 결정적인 역할을 한 철혈재상 비스마르크마저도 대중에게 영합한다고 비판할 정도였다. 비스마르크가 일요 휴무, 노후 연금, 산재보험 등의 노동 보호와 복지 정책을 도입한 것을 마땅치 않게 여겼던 것이다.

워낙 순진했던 시절에 읽어서 그런지, 세월이 많이 흘렀는데도 『젊은이를 위한 세계사』에서 랑케가 펼친 역사 이론을 또렷하게 기억해낼 수 있다. 그는 과거를 "원래 있었던 그대로(wie es eigentlich gewesen war)" 보여주는 것이 역사가의 임무라고 말했다. 이 견해는 20세기 초반까지 100년 가까운 세월 동안 유럽 역사학계를 지배했다. 이런 관점에서 보면 역사를 서술할 때 역사가 자신의 가치판단이나 도덕관념을 최대한 배격해야 한다. 객관적 사실이 스스로 말하게 해야 한다는 것이다. 가장 중요한 것은 문헌을 비롯한 역사 자료를 수집하고 고증하는 일이다. 그래서 랑케와 그를 따른 일군의 역사학자들을 실증주의자, 그들의 역사관을 실증 사관(實證史觀) 또는 실증주의 역사 이론이라고 한다.

랑케는 역사의 발전이나 진보를 인정하지 않았다. 역사는 발전하거나 진보하는 것이 아니라 단지 이리저리 변화할 따름이라고 했다. 어느 시대가 앞서 간 다른 시대보다 우월하다는 것도 인정하지 않았다. 진보를 인정하는 경우에도 물질적 진보만 인정한다. 정신은 진보하지 않는다. 만약 인간 정신이 진보한다면 어째서 수천 년이 지나도록 석가모니, 예수, 공자, 마호메트를 능가하는 현인이 나오지 않는다는 말인가. 『젊은이를 위한 세계사』는 동물행동학에 나오는 '임프린팅

(imprinting)'과 비슷한 작용을 했다. 알을 깨고 나올 때 처음 본 것을 엄마로 여기는 새끼 오리처럼, 나는 다른 어떤 역사 이론도 제대로 읽은 적이 없었기에 랑케의 역사 이론을 추종했다.

랑케를 추종하면 인생이 편안해진다. 역사에 진보는 없으며 모든 시대는 동등한 가치를 지닌다. 굳이 새 시대를 열겠다는 생각을 할 필요가 없다. 자기가 사는 시대가 다른 모든 시대와 동등한 가치를 지니고 있으니 현실을 그대로 인정하고 살면 그만이다. 일제강점기 총독부가 우리의 민족사를 비하하고 폄훼하는 역사 왜곡 작업을 추진했을 때, 여기에 협력했던 '진단학회'의 역사가들이 '실증사학'을 내세우면서 랑케를 떠받들었던 것은 우연이 아니다. E. H. 카를 읽고 랑케와 작별했다. 내 인생에는 암운이 드리웠다.

회의의 미로에 빠지다

그때 읽었던 『역사란 무엇인가』는 황문수 선생이 번역한 양장본(범우사, 1977)이었다. 여러 출판사에서 다양한 번역본이 나왔는데, 이 글의 인용문은 모두 박성수 선생의 번역본(민지사, 1983)에서 가져왔다. 이 책이 비교적 현대적인 문장을 구사하면서 뒤에 나온 다른 번역서보다 원저의 논리와 분위기를 더 잘 살렸다고 보았다. 다만, 의미가 불명확한 부분은 원문과 대조하여 약간 수정하였음을 밝혀둔다. 원문 대조에는 *What Is History?*(New York: Random House, 1961)를 참고

하였다.

카의 책을 읽고 나서야 랑케의 역사 연구 방법을 그대로 따를 경우, 극단적으로 말하면 "가위와 풀로 만든 역사"가 나올 수 있다는 사실을 깨달았다. 사실 랑케의 견해를 그대로 밀고 나가면 역사가가 할 일은 문헌과 사료를 가위로 오린 다음 보기 좋게 풀로 이어 붙이는 작업뿐이다. 카는 랑케의 실증주의 역사 이론이 진리의 일면만을 포착하고 있음을 논증했다. 『역사란 무엇인가』가 준 지적 충격은 강렬했고, 그만큼 오래 기억에 남았다. 예컨대 다음과 같은 문장들이다.

오늘날의 모든 언론인들은 여론을 움직이는 가장 효과적인 방법이 적절한 사실을 선택하고 배열하는 데 있다는 것을 잘 알고 있다. 흔히 '사실'은 스스로가 말한다고들 한다. 이것은 물론 진실이 아니다. '사실'이라는 것은 역사가가 불러줄 때만 말을 한다. 어떤 '사실'에게 발언권을 줄 것인가, 또 어떤 순서(order)로 어떤 맥락(context)에서 말하도록 할 것인가를 결정하는 것은 역사가인 것이다. '사실'이라는 것은 자루와 같다. 그 속에 무엇인가를 넣어주지 않으면 사실은 일어서지 않는다. 『역사란 무엇인가』, 14쪽

역사가는 임시로 선택한 사실들과 그러한 사실들을 선택하도록 한 해석, 그것이 타인의 것이든 자기의 것이든, 이 두 가지를 가지고 작업을 시작한다. 그가 작업하는 동안 사실에 대한 해석과 사실의 선택 및 정리는 다같이 쌍방 간의 상호작용을 통하여 미묘한 또 거의 반무의식적인 변화를 겪게 된다. 역사가는 현재의 일부이고 사실은 과거에 속하기 때문에, 이

상호작용은 현재와 과거 사이의 상호 관계를 아울러 내포하고 있다. 역사가와 역사의 사실은 서로에게 필요하다. 사실을 갖지 못한 역사가는 뿌리 없는 허망한 존재다. 역사가가 없는 사실은 생명 없는 무의미한 존재다. 그러므로 '역사란 무엇인가'라는 물음에 대한 나의 첫 번째 대답은 "역사란 역사가와 사실 사이의 지속적인 상호작용 과정이며, 현재와 과거 사이의 끝없는 대화"라는 것이다. 『역사란 무엇인가』, 42~43쪽

역사가와 그가 선택한 사실의 상호작용은 추상적이고 고립된 개인들 사이의 대화가 아니라 현재의 사회와 지난날의 사회 사이의 대화다. 야코프 부르크하르트(Jacob Burckhardt)의 말을 빌린다면, "역사란 한 시대가 다른 시대 속에서 주목할 만한 가치가 있다고 생각한 일들에 관한 기록"인 것이다. 과거는 현재로 비추어 보아야 이해할 수 있으며, 현재 역시 과거의 조명을 받아야만 제대로 이해할 수 있다. 『역사란 무엇인가』, 79쪽

    역사가와 역사적 사실, 사회와 개인, 과거와 현재 사이의 대립과 상호작용에 대한 카의 견해가 옳다는 생각과 함께 현기증이 밀려왔다. 확실해 보였던 모든 것들이 자욱한 안개에 휩싸였고, 분명하다고 생각했던 역사의 행로들이 마구잡이로 뒤엉켰다. 나는 회의(懷疑)의 미로에 빠졌다. 만약 내가 아는 그 많은 역사적 사실들이 스스로 무엇인가 말하는 게 아니라면, 만약 역사적 사실의 선택과 그 사실들 사이의 인과관계를 역사책을 쓴 사람이 주관적 신념이나 희망에 따라 구축한 것이라면, 그렇다면 그런 것들 위에서 역사를 이해하고 삶의 가치를 모색

하고 인생의 전망을 세우려 한 나는 도대체 무엇인가? 내 가치관과 인생관은 정말 내 것인가?

카가 논증을 통해 끌어낸 결론은 사실 상식적인 것이었다. 그렇지만 그가 논증하기 전까지는 상식이 아니었다. 카는 역사를 연구하고 기술할 때 반드시 제기되어야 할 중요한 쟁점들을 모두 검토하고 나름의 결론을 내렸다. 역사적 사실을 어떻게 선택하는가? 역사가는 주관적 가치판단을 배제하고 "원래 있었던 그대로의 역사"를 서술할 수 있는가? 필연적 역사법칙이라는 것이 있는가? 역사에서 우연의 작용을 어떻게 볼 것인가? 역사가는 자기 시대의 사회적 환경을 초월할 수 있는가? 누가 역사를 만드는가? 영웅인가 대중인가? 이러한 쟁점을 다루는 카의 논리는 예술이라고 할 만큼 정연하고 아름답다. 그는 랑케의 역사의 진보를 부정하는 실증주의 역사 이론에서 마르크스주의자들이 진보의 역사법칙이라고 확신했던 역사적 유물론까지, 모든 주요한 역사 이론들의 결점을 짚어내고 장점을 평가했다. 이런 면에서 『역사란 무엇인가』는 카의 역사 이론에 동의하는지 여부와 무관하게, 역사와 역사학에 관심이 있는 사람이라면 한 번은 읽어볼 가치가 있는 책이다.

그런데 『역사란 무엇인가』는 평균적 한국인이 수월하게 읽을 수 있는 책이 아니다. 카는 영국 사람이다. 이 책에는 영국 지식 사회의 상식과 교양이 기본으로 깔려 있다. 카는 1892년 런던에서 태어났으며 케임브리지 대학교에서 공부했다. 제1차 세계대전이 한창이던 1916년 영국 외무성에 들어가 20년 동안 공무원으로 근무했는데, 주로 외교문서를 취급하는 일을 했다. 1917년 러시아 볼셰비키 혁명 이후에는 소련과 동유럽 사회주의국가에 대한 정보를 많이 다루었다고 한다. 공직을 나온 뒤에는 웨일스 대학교에서 국제정치학을 강의했고 〈타임스〉 논설위원으로 활동했다. 역사 이론가이자 역사 연구자였지만 역사학 교수였던 적은 없다.

카는 영어를 쓰는 지역의 지식인과 시민들이 다른 언어를 사용하는 지역과 국가에 더 많은 관심을 가질 필요성을 강조했으며 『칼 마르크스(Karl Marx)』, 『볼셰비키 혁명(The Bolshevik Revolution)』, 『새로운 사회』 등 많은 책을 썼다. 1961년 모교 케임브리지 대학교에서 역사학 이론을 주제로 연속 강연을 했는데, BBC 방송 덕분에 이 강연 내용이 일반 국민에게 널리 알려졌다. 『역사란 무엇인가』는 바로 이 강연을 정리한 책이다.

당시 카는 70세를 눈앞에 둔 노인이었지만 지적으로는 정점에 있었던 것으로 보인다. 이 책은 카의 마지막 저작으로 평가되는데, 역사학 이론서로서 이만큼 널리 읽힌 책은 전무후무하다고 한다. 강연 청중과 방송 시청자들이 대부분 영국인이었던 만큼 이 책이 영국 역사와 문화를 바탕으로 삼았다는 것은 불가피하고도 자연스러운 일이다. 어느 정도 교육받은 영국인이라면 누구나 이 책에서 인용한 역사적 사건과 인물, 문학작품을 알고 있을 것이다. 그러나 독자가 한국인이라면 이야기가 달라진다.

카는 자신의 역사 이론을 펼치기 위해 수많은 역사적 사실과 기록을 예시했다. 찰스 디킨스(Charles Dickens)의 소설 『어려운 시절』, 정복자 윌리엄 1세의 헤이스팅스 전투, 전기 작가 리튼 스트레이치(Lytton Strachey), 독일 바이마르공화국 외무장관 구스타프 슈트레제만(Gustav Stresemann)의 유산, 미국 역사학자 G. M. 트리벨리언(G. M. Trevelyan)의 저작 『앤 여왕 시대의 영국(England Under Queen Anne)』, 30년전쟁에 대한 역사가 야코프 부르크하르트(Jacob Burckhardt)의 비난, 성 아우구스티누스(Saint Augustine), 에드워드 기번(Edward Gibbon), 테어도어 몸젠(Theodor Mommsen)……. 제1장에 등장하는 비교적 중요한 역사적 사건과 문학작품, 그리고 사람의 이름만 해도 이렇게 많다. 카는 이 고유명사들이 의미하는 바를 설명하지 않는다. 영국 또는 유럽의 교양인이라면 따로 설명할 필요가 없기 때문이다. 그러나 유럽의 역사와 문화를 잘 알지 못하는 한국 독자는 이런 고유명사를 장애물로 느낄 수 있다.

    카를 원망할 필요는 없겠다. 그 고유명사들이 의미하는 바를 충분히 이해하지 못하면 문장의 맛을 제대로 체감하기 어려운 건 사실이지만, 그렇다고 해서 저자의 논리를 이해하고 핵심을 파악하는 데 큰 문제가 생기는 것은 아니다. 잘 모르는 이름이나 역사적 사건과 마주치더라도 멈추지 말고 그대로 읽어나가면 된다. 거기 등장하는 고유명사들은 한국인에게 임꺽정이나 홍길동, 『춘향전』, 위화도회군, 임진왜란, 『동의보감』, 『난중일기』, 『삼국사기』가 친숙한 것처럼 영국인에게 친숙하다. 그것까지 다 이해하려고 애쓸 필요는 없다.

식자우환(識字憂患)

『역사란 무엇인가』는 내게 왠지 불길한 책이었다. 지성(知性)의 고귀함과 논리의 아름다움을 맛보게 해주었지만, 그 감동의 이면에 정체를 알 수 없는 불안감이 따라왔다. 선배들이 이 책을 신입생 세미나 목록에 올려둔 목적은 단순히 최고 수준의 지성을 발현하는 역사 이론을 감상하려는 데 있지 않았다. 1970년대 서울대학교의 '학회(學會)'들은 책을 읽고 토론하는 모임이었지만 동시에 인생을 걸고 반독재 투쟁에 참여할 전사(戰士)를 양성하는 곳이기도 했다.

지성적인 국민을 불편하게 생각한 권력자들은 그런 학생 서클에 '지하대학'이라는 딱지를 붙여 탄압했지만, 나는 그곳이야말로 진짜 지성인을 기르는 고등교육기관이었다고 생각한다. 좋은 책을 읽고, 각자 맡은 부분에 대한 발제를 하고, 함께 토론하는 과정에서 나는 『역사란 무엇인가』에서 번져 나온 불안감의 실체를 보았다. 카는 책 후반부에 역사와 사회의 진보에 대한 견해를 밝혔는데, 그의 역사 이론을 받아들인다면 역사 발전 또는 진보에 대한 견해도 함께 받아들일 수밖에 없을 것 같았다. 그러면 인생이 폭풍우 속을 항해하는 조각배가 될 것임을 나는 예감했다. 카는 이렇게 말했다.

이성적 존재로서의 인간의 본질은 과거 여러 세대의 경험을 축적함으로써 자기 잠재 능력을 발전시켜나가는 데 있다. 현대인도 5000년 전의 조상보다 더 큰 두뇌를 가진 것이 아니며 더 뛰어난 선천적 사고 능력을 가진 것도 아니라고 한다. 그러나 현대인은 여러 세대의 경험에서 배우고 그것을 자기의 경험과 결부시킴으로써 사고의 효율성을 몇 배로 확대하였다. 생물학자들이 부정하는 획득형질의 유전이야말로 사회 진보의 토대인 것이다. 역사는 획득된 기술이 세대에서 세대로 전승됨으로써 이루어지는 진보다. 「역사란 무엇인가」, 163쪽

진보에 대한 믿음은 어떤 자동적인 또는 불가피한 진행에 대한 믿음이 아니라 인간 능력의 계속적 발전에 대한 믿음이다. 진보는 추상적인 말이다. 인류가 추구하는 구체적 목표는 역사의 흐름에서 때에 따라 나타나는 것이지 역사 밖에 있는 어떤 원천에서 나오는 것이 아니다. 「역사란 무엇인가」, 170쪽

과학이든 역사든 사회든, 인간 세상의 진보는 현존하는 제도를 조금씩 점진적으로 개선(piecemeal reform)하는 데 머무르지 않고 이성의 이름으로 그 제도와 그것을 떠받치는 공공연한 또는 은폐된 가설(assumption)에 근본적인 도전을 감행한 인간의 대담한 결의를 통해 이루어졌다. 「역사란 무엇인가」, 223쪽

처음 이 문장을 읽었을 때 나는 스무 살이었다. 당시 대통령은 박정희였다. 내가 말을 막 배우기 시작한 아기였을 때 대통령이 되었던 그는, 내가 대학생이 되었는데도 여전히 대통령 자리에 있었다. 유신헌법은 그가 마음만 먹으면 늙어 죽을 때까지 대통령을 할 수 있는 길을 열

어두었다. 이런 상황에서 나는 랑케를 버리고 카에게로 갔다. 모든 문명 모든 시대가 동등한 가치를 가진 것도 아니요, 정신문명이 진보하지 않는 것도 아니라는 것을 알았다. 대한민국은 카의 조국인 영국뿐 아니라 랑케의 조국인 독일에 대해서도 동등한 가치를 주장할 수 없는 사회였다. 사회적 진보는 생물학적 진화와 달리 획득한 것의 전승에 의해 일어난다는 카의 견해는 대한민국 사회도 경험의 축적과 전승을 통해 영국과 독일이 이룬 것과 같은 민주주의와 문화 수준에 도달할 수 있다는 것을 의미했다.

인권유린과 부정부패, 독재 체제에 기생하는 자들이 저지른 온갖 악행과 사회적 불평등을 종식하려면 유신 체제라는 사악한 "제도의 전제에 대하여 이성의 이름으로 근본적인 도전을 감행하는 인간의 결의"가 있어야 했다. 『역사란 무엇인가』의 결론을 진지하게 읽고 제대로 이해한 사람이라면, 그리고 앎과 삶의 일치를 추구하는 사람이라면, 자신이 그러한 결의를 가지고 근본적인 도전을 감행하는 사람이 될지를 고민해야 했다. 수많은 청년들이 "이성의 이름으로" 유신 체제에 대해 "근본적인 도전을 감행"했다. 학교에서 쫓겨나고 감옥에 갇혔으며 더러는 크게 다쳐 건강을 잃거나 목숨을 빼앗겼다. 나는 『역사란 무엇인가』를 읽고 난 뒤 몇 달 지나지 않은 어느 날, 어색한 자세로 그 도전자들의 대오 끝에 선 나를 발견했다. 식자우환이란 바로 이런 경우를 가리키는 말이다.

진보주의자를 위한
격려와 위로

인생의 고비마다 『역사란 무엇인가』를 읽었다. 이번이 여섯 번째인 것 같다. 다시 카를 읽으며 사회와 역사의 진보, 과거와 현재의 관계를 생각한다. 카의 말마따나 역사는 과거와 현재의 끊임없는 대화이며, 그런 의미에서 모든 시대의 역사는 현대사임에 분명하다. 고대사 연구 프로젝트인 소위 '동북공정'은 만족할 줄 모르는 오늘의 중화인민공화국 정부가 제어할 수 없는 영토 확장 욕망을 지니고 있음을 드러낸다. 독도 영유권을 주장하고 제국주의 침략 전쟁의 죄악을 부인하도록 역사 교과서 수정을 강제한 일본 정부 당국자들의 행동은 그들이 미래에도 침략 전쟁을 벌일 의사가 있음을 증명한다. 조선에 대한 일본 제국주의의 식민지 지배를 미화하고, 대한민국 건국 이후 국가권력이 저지른 인권유린 범죄를 정당화하려 한 소위 뉴라이트 현대사 교과서와 그것을 비호한 한국 정부 당국자들의 행태는 그들의 마음속에 극우 파시즘 사상이 뙤리 틀고 있음을 보여준다. 모든 시대의 역사는 현대사임에 분명하다.

지식소매상으로 살면서 역사 관련 책을 네 권 썼다. 『광주민중항쟁: 다큐멘터리 1980』은 국회의 5·18 진상 규명 활동에 참가했던 여러 사람들과 함께 만들었다. 사료를 발굴하는 데서부터 사실을 해석하고 책을 집필하는 작업까지 함께했다. 『거꾸로 읽는 세계사』는 누군가 쓴 좋은 역사책들을 발췌 요약한 것이었다. 이것은 엄밀한 의미에서 역사책이 아니다. 『나의 한국현대사』와 『역사의 역사』는 역사책의 범위에 들어갈 수 있다고 생각한다.

나는 이 책들을 쓰기 위해 관련 역사서를 읽으면서 늘 다음에 소개하는 카의 경고를 마음에 담아두고 있었다. 지금도 역사 관련 책을 읽을 때마다 그 말을 새긴다. 내가 쓴 역사 관련 책을 읽는 독자들께도 그렇게 읽을 것을 부탁한다. 카의 경고는 어느 분야 어떤 책을 읽을 때에도 잊지 말아야 할 교훈이다.

나는 단지 역사가의 작업이 그가 속한 사회를 얼마나 정확하게 반영하는가를 보여주고 싶을 뿐이다. 흘러가는 것이 사건만은 아니다. 역사가 자신도 그 흐름 속에 있다. 역사책을 볼 때 표지에 있는 저자의 이름을 찾아보는 것만으로는 충분하지 않다. 언제 집필되었고 언제 출판되었는지도 살펴보아야 한다. 때로는 이런 것이 더 많은 비밀을 드러낸다. 만일 똑같은 강물에 두 번 다시 들어갈 수 없다고 한 철학자의 말이 옳다면, 한 역사가가 같은 책을 두 번 쓸 수 없다는 말 역시, 같은 이유로 진실일 것이다.

『역사란 무엇인가』, 60~61쪽

이미 세상을 떠나고 없는 E. H. 카 선생께 감사 인사를 하고 싶다. 역사를 가르쳐준 책 한 권을 꼽으라고 한다면 나는 바로 이 책 『역사란 무엇인가』를 집어 들 것이다. 그는 내게서 역사에 대한 개안(開眼)의 기적을 일으켰고, 어느 정도 내 삶을 바꾸어놓았다. 다른 삶을 살았더라도 가치 있는 삶일 수 있었겠지만, 그의 영향을 받았던 실제의 내 삶에 불만이 없다.

다시 『역사란 무엇인가』를 읽으면서 다시 한 번 감사하게 되었다. 가끔 나는 내 자신이 물 밖으로 팽개쳐진 물고기 같다고 느낀다. 다른 생각 없이 그저 잘할 수 있는 작은 일들을 하면서 나에게 친숙한 작은 공동체 안에서만 머무르고 싶다. 그런 나를 선생은 따뜻하게 격려해준다. "역사와 사회의 진보에 대한 믿음은 어떤 자동적인 또는 불가피한 진행에 대한 믿음이 아니라 인간 능력의 계속적 발전에 대한 믿음"이라고. 이 믿음만 있다면 다시 일어설 수 있다고. 그의 격려를 나는 기쁜 마음으로 받아들였다.

15 ; 21세기 문명의 예언서

존 스튜어트 밀,
『자유론』

THINKER'S LIBRARY

ON LIBERTY

JOHN STUART MILL

존 스튜어트 밀(John Stuart Mill)의 이름을 중학교 사회 교과서에서 처음 보았다.『자유론(On Liberty)』이라는 책 제목도 함께였다. 1979년에 문고판으로 읽었는데 이렇다 할 느낌은 없었다. 비슷한 때 읽은『공산당 선언』과 딴판이었다. 대체로 옳은 말 같은데도 마음이 움직이지는 않았다.

『자유론』에서 밀은 사람이 사람답게 사는 사회는 이래야 한다고 말했다. 그게 다였다. 사회를 그렇게 만드는 방법에 대해서는 아무 말도 하지 않았다. 그때 대한민국은 '연성(軟性) 파시즘' 체제였다. 원하기만 하면 죽을 때까지 권좌에 머무를 수 있는 대통령이 논리의 힘과 민주적 절차가 아니라 군대·경찰·정보기관·검찰·법원의 물리적 강제력으로 통치하는 사회였다. 밀이 이야기한 자유는 발 디딜 곳이 없었다. 책의 어느 한 문장도 현실에서 통하지 않았다. 정부와 언론은 '자유' 타령을 했지만 그것은 '반공'의 다른 말에 지나지 않았다. '자유주의자'임을 자처하는 지식인들은 군사독재를 용인했다. 사회적 불평등을 외면했고 공직사회와 기업의 부정부패를 모른 척했다. 밀의 철학은 '팔자 좋은 유럽 지식인의 신선놀음'으로 보였다. 가슴이 뛸 이유가 없었다. 그런 책을 '인생 책'으로 꼽는 날이 오리라고는 상상하지 못했다. 2020년 여름 유튜브 도서 비평 방송 〈알릴레오 북's〉를 시작했다. 첫 회에 『자유론』을 올렸다. 40여 년 동안 여러 판본으로 읽으면서 번역이 만족스럽지 않아 내 스타일로 번역하고 싶다는 욕망을 느끼곤 했다. 이 글의 인용문은 정치철학자 김만권 선생의 번역서(존 스튜어트 밀 지음, 김만권 옮김, 『자유론』, 책세상, 2025)에서 가져왔다. 그런데 번역문을 그대로 가져오지 않고 발췌 요약했다. 되도록 많은 내용을 소개하려고 그렇게 했다. 출판사와 표지 디자인이 똑같은 서병훈 선생의 번역서를 함께 참고했다. 그는 밀의 저서를 여럿 번역했고 연구서도 낸 정치철학자이다. 두 분의 번역은 문장 스타일은 다르지만 모두 훌륭하다고 본다.

개인 독립 선언

『자유론』을 다르게 평가하게 된 데는 여러 이유가 있다. 우선 인간과 사회와 역사에 대한 내 생각이 적지 않게 달라졌다. 한국 사회도 대통령이 만사를 결정하고 명령하는 수직적 '병영 사회'에서 만인이 자신의 목소리를 내는 수평적 '광장 사회'로 진화했다. 세계 질서와 인류 문명도 바뀌었다. 파시즘의 유행이 지나갔고 사회주의 실험도 끝났다. 밀의 철학을 구현하는 정치체제가 인류 문명의 대세로 확고하게 자리를 잡았다.

21세기에도 읽을 가치가 있는 19세기의 과학 책과 인문학 책을 하나씩만 고르라면 내 선택은 단연 『종의 기원』과 『자유론』이다. 두 책 모두 1859년 세상에 나왔다. 2024년 12월 3일 '계엄의 밤'이 지나간 뒤, 국회의 활동을 금지하고 언론을 검열하겠다고 한 계엄포고령 1호를 비평해야 할 것 같아서 『자유론』을 다시 읽었다. 자유주의 철학의 요체를 온화하고 격조 높은 문장으로 정리한 철학 교과서임을 새삼 확인했다. 촘촘하고 일관성 있는 논리를 감상하는 것도 좋았지만 그 바탕에 놓인 인생철학을 음미하는 게 더 즐거웠다. 다음 문장을 보라. 밀의 인생론이다. 내가 『자유론』에서 제일 좋아하는 대목이다. 읽을수록 맛이 난다._{번역본 그대로가 아니라 논지가 분명히 드러나도록 발췌 요약했음을 다시 한 번 밝힌다.}

관습을 따르지 않을 자유를 최대한 인정하자. 현재의 관습에 어긋나는 행위 가운데 어떤 것은 새로운 관습이 될 수 있다. 더 나은 행위 방식을 찾을 가능성을 열어준다는 이유만으로 관습을 무시하는 독자적 행동을 장려하자는 것은 아니다. 정신적으로 우월한 사람만 자기 방식대로 살 권리가 있다는 것 또한 아니다. 만인이 단 한 사람이나 소수의 방식에 따라 살아야 할 이유는 없다. 스스로 설계한 삶은 그 자체로 가장 뛰어나서가 아니라 그 자신의 방식이기 때문에 그에게 가장 적합하다. 인간은 양이 아니다. 양도 완전히 다 똑같지는 않다. 「자유론」, 134~135쪽

"스스로 설계한 삶은 그 자체로 가장 뛰어나서가 아니라 그 자신의 방식이기 때문에 그에게 가장 적합하다." 이것은 철학적 '개인 독립 선

언'이다. 밀은 자유를 보장하는 것이 더 나은 사회를 만드는 최선의 방법이라고 주장했다. 하지만 그게 다였던 건 아니다. 자유는 우리의 삶에 의미를 부여하는 최고의 가치이기도 하다. 나는 이 견해를 전적으로 받아들인다. 인생에는 정답이 없다. 저마다 원하는 삶을 자신이 옳다고 믿는 방식으로 사는 것이 최선이다. 그렇게 믿는다.

원해서 태어난 사람은 없다. 국적과 고향과 부모 형제를 선택한 이도 없다. 우리는 온갖 것을 '운명'으로 받아 안고 세상에 나온다. 주어진 사명 같은 건 없다. 정해진 의미도 없다. 우리는 세상을 위해서 태어나지 않았다. 세상에 살러 왔다. 원하는 삶을 옳다고 믿는 방식으로 살아가는 것만이 인생에 의미를 부여하는 유일한 길이다. 남의 눈치를 살피면서 남의 방식을 따라 살 필요는 없다. 얼마나 멋진 생각인가.

『자유론』에서 밀은 개인과 사회의 관계에 관한 단 하나의 질문을 다루었다. 질문과 대답 둘 모두 누구나 이해할 수 있을 만큼 명료하다. "사회가 개인의 자유를 제한하는 것은 어떤 경우 정당한가?" 밀은 아래와 같이 대답했다. 이 말을 이해하면 『자유론』을 다 읽었다고 주장해도 큰 잘못은 아니라고 본다.

개인이든 집단이든 어떤 사람의 행동 자유에 개입하는 것은 자기 보호가 목적일 때만 정당하다. 따라서 타인에게 해를 끼치는 것을 막기 위한 경우가 아닌 한 문명사회의 구성원에게 본인의 의지에 반해서 권력을 행사하는 것은 모두 부당하다. 물리적이든 도덕적이든 그 사람 자신의 이익은 정당한 근거일 수 없다. 그에게 더 이로운 일이라서, 그가 더 행복해질 것이라서, 남들이 현명하고 옳은 일이라 한다고 해서 누군가에게 어떤 행동을 강요하거나 금지해서는 안 된다. 더 많은 이익, 더 많은 행복, 남들이 볼 때 옳은 일은, 충고하거나 설득하거나 권유하는 것으로 충분하다. 무엇인가 강제하거나 불이익을 줄 합당한 이유는 아니다. 남에게 해악을 끼칠 것이 분명한 행동이라야 정당하게 제지할 수 있다. 사회가 책임을 물어야 할 것은 타인과 관련된 행동뿐이다. 오직 본인 자신만 관련 있는 것은 절대적으로 그 사람의 몫이다. 자기 자신의 육체와 정신에 대한 주권은 각자의 것이다. 『자유론』, 33~34쪽

세계 최강국의 최고 지식인

밀은 타고난 천재였다. 어려서는 '인문학 영재'였고 나이 들어서는 세계 최강 국가의 '최고 지식인'이었다. 영국이 19세기 세계 최강 국가였다는 것은 객관적 사실이다. 그러나 '최고 지식인'은 증명할 수 있는 사실이 아니다. '최고'라는 수식어가 천박하다는 걸 안다. 그래도 그것 말고는 밀이 보여준 지성의 폭과 깊이를 표현할 수 없어서 썼다. 너그러운 양해를 바란다.

밀은 어린 시절에 공리주의(功利主義, utilitarianism) 철학을 이해하고 받아들였다. 창시자 제러미 벤담(Jeremy Bentham)이 아버지의 서재를 드나든 '절친'이었으니 그럴 만했다. 벤담은 겨우 열다섯 살 먹은 밀한테 자신의 원고를 교정하고 편집하는 작업을 맡겼다. 공리주의 철학의

공리(公理, axiom, a self-evident truth)에 따르면, 인간은 쾌락과 고통 또는 효용(效用, utility)과 비효용이라는 두 주인을 섬긴다. 모든 행위의 목적은 쾌락을 얻고 고통을 피하는 것이다. 쾌락과 고통은 주관적이다. 무엇이 쾌락이고 고통인지는 개인이 각자 판단할 수 있고 판단해야 한다. 남이 대신하거나 사회가 결정할 수 없다.

예컨대 책을 읽는 것이 어떤 사람한테는 쾌락이지만 다른 사람한테는 고통일 수 있다. 산을 오르거나 술을 마시는 것도 그렇다. 모든 쾌락은 평등하다. 어떤 쾌락이 다른 쾌락보다 훌륭하다거나 우월하다고 말할 수 없다. 쾌락을 추구하는 방식 또한 사람 따라 다르다. 그러니 법률로든 관습으로든 여론으로든 개인에게 무엇을 강요해서는 안 되며 금지해서도 안 된다. 다른 사람을 부당하게 해치지 않는 한, 각자 무엇을 어떻게 하든 다 허용해야 '최대 다수의 최대 행복'을 이룰 수 있다. 그것이 사회적 선을 이루는 가장 좋은 방법이다.

밀이 어떤 사람이었는지는 『존 스튜어트 밀 자서전』(박홍규 옮김, 문예출판사, 2019)에 잘 드러나 있다. 1806년 런던에서 제임스 밀과 해리엇 밀 부부의 장남으로 태어난 그는 세 살에 그리스어를 배우기 시작해 헤로도토스의 『역사』부터 플라톤의 『대화』까지 고대 그리스 고전을 섭렵했다. 여덟 살에 라틴어 공부에 착수해 고대 로마의 역사서와 철학서를 두루 읽었다. 청소년기에는 독일어와 프랑스어를 익혔고 알렉시 드 토크빌(Alexis de Tocqueville)의 『미국의 민주주의』와 오귀스트 콩트(Auguste Comte)의 『실증철학 강의』를 포함해 당대 지식인 사회에서 관심을 끌었던 책을 빠짐없이 읽고 비평했다.

밀의 자서전은 정말 독특하다. 언제 무엇을 배웠는지, 어떤 책을 읽었는지, 그래서 어떤 문제에 대한 생각이 어떻게 달라졌는지, 무슨 이슈에 대해 어느 신문이나 잡지에 어떤 주장을 하는 비평을 기고했는지, 무슨 책을 어떻게 썼는지, 처음부터 끝까지 공부하고 글을 쓴 이야기뿐이다. 지성사에 자취를 남긴 18세기와 19세기 유럽의 지식인이 거의 다 나온다. 유일한 예외는 카를 마르크스다. 그때 마르크스는 런던의 정보당국과 소수의 공산주의자들만 아는 '무명인사'여서 밀이 몰랐던 것 같다.

학교를 다니지도 않았다. 역사학자·철학자·경제학자였던 아버지의 지도를 받으며 집에서 공부했다. 영국 국교를 승인하고 싶지 않아서 옥스퍼드나 케임브리지 대학에서 공부하는 것도 포기했다. 같이 놀 친구 하나도 없이 다섯 동생들을 돌보고 가르치면서 어린 시절을 보낸 밀은 그리스·로마 고전부터 유클리드 기하학과 뉴턴의 물리학을 거쳐 애덤 스미스의 경제학과 제러미 벤담의 철학까지 고전과 당대 학문을 혼자 공부하고 연구했다.

열 살이 되기 전에 첫 논문을 썼고 열다섯 살에 신문 비평 기고를 시작했다. '아버지 찬스'로 벤담 말고도 데이비드 리카도와 장바티스트 세(Jean-Baptiste Say)와 같은 경제학자와 교류했고 생시몽(Saint-Simon)을 비롯한 여러 사회주의자를 만났다. 서른두 살에 출간한 첫 책 『벤담론(Essay on Bentham)』에 이어 『논리학 체계(A System of Logic)』, 『정치경제학 원리』, 『자유론』, 『대의정부론』, 『공리주의(Utilitarianism)』, 『여성의 예속』 등을 썼다. 『존 스튜어트 밀 자서전』과 『사회주의(Socialism)』는 세상을 떠난 뒤에 나왔다. 신문과 잡지에 기고한 비평이나 정치 팸플릿은 헤아릴 수 없을 정도로 많다.

공부만 하지 않았다. 세상을 조금이라도 나은 곳으로 만드는 일에 다양한 방법으로 참여했다. 처지와 생각이 다른 사람과 소통하고 공감했다. 자유주의자로서 사회주의자의 지향과 이상을 이해하려고 노력했다. 남자였지만 여성 해방에 관심을 쏟았다. 지식인으로서 노동자의 지위와 권리를 향상하는 데 기여했다. 사람이 독서와 학습을 통해 사회적 환경과 경험의 제약을 넘어 보편적 진리에 다가설 수 있다는 것을 증명했다. 공산주의자 마르크스와 엥겔스가 그랬던 것처럼, 자유주의자 존 스튜어트 밀도 19세기 유럽 버전의 '강남좌파'였다.

밀이 『자유론』에서 펼친 이야기

『자유론』은 철학 에세이다. 두껍지 않다. 난해한 단어가 별로 없다. 전문가의 설명을 듣지 않아도 독해하는 데 큰 어려움이 없다. 다만 당시 영국 지식인들은 다 알았던 역사의 사건과 인물을 소상한 설명 없이 거론한 것이 걸림돌일 수는 있다. 맥락을 정확하게 파악하려면 일일이 정보를 검색해야 하겠지만, 번역자의 주석을 살피는 정도로 넘어가도 큰 지장은 없다. 완독할 여유가 없는 독자가 있을지 몰라서 『자유론』의 요지를 간략하게 소개하겠다. 말 그대로 간략한 소개일 뿐이다. 밀의 격조 있는 문장과 정밀한 논리를 제대로 맛보려면 책을 읽어야 한다.

제1장 「머리말」은 의례적인 인사가 아니다. 공리주의 철학의 기본 원리를 제시하고 사회가 어떤 경우 개인의 자유를 정당하게 제한할 수 있는지 묻고 대답했다. 대답은 앞에서 소개했다. 그런데 밀은 어떤 경우에도 제한해서는 안 되는 '자유의 기본영역'이 있다고 주장했다. 여기에 속한 자유는 우리의 삶에 결정적으로 중요할 뿐 아니라, 그 자유를 행사한다고 해서 타인을 부당하게 해칠 가능성이 전혀 없다. 밀은 세 가지를 제시했다.

> 첫째는 내면적 의식의 영역이다. 이것은 양심의 자유, 실천·이론·과학·도덕·신학 등 모든 주제에 대한 의견과 감정의 절대적 자유를 포함한다. 의견을 표현하고 출판할 자유는 똑같은 이유로 생각의 자유에서 분리할 수 없다. 둘째는 취향을 즐기고 자신이 원하는 바를 추구할 자유다. 우리는 자신의 삶을 개성에 따라 설계하고 원하는 대로 살아갈 자유를 누리고 그 결과를 책임져야 한다. 어리석거나 잘못되었다고 생각할지라도 타인이 간섭해서는 안 된다. 셋째는 결사의 자유다. 타인에게 해를 끼치지 않는 한, 강제적으로 또는 속아서 참여한 경우가 아니라면, 모든 성인은 어떤 목적으로든 자유롭게 뭉칠 수 있어야 한다. 이 세 가지 자유를 원칙적으로 존중하지 않으면 정부 형태가 어떠하든 자유로운 사회라고 할 수 없다. 「자유론」, 37~38쪽

여기서 핵심은 '표현의 자유'다. 생각과 감정은 그 사람만의 것이다.

표현하지 않으면 남이 알지 못한다. 사회가 간섭하거나 침해할 수 없다. 하지만 글이나 말로, 행동으로, 혼자 또는 여럿이 함께 그것을 표현하면, 같은 생각과 감정을 가진 이들이 단체를 만들어 활동하면 사회가 알게 된다. 이것을 억압하면 절대적 양심의 자유와 생각의 자유, 삶을 원하는 대로 설계할 자유를 해치게 된다. 그래서 모든 민주주의 문명국가의 헌법은 언론·출판·집회·결사의 자유를 '불가침의 기본권'으로 보장한다. 우리나라 헌법도 마찬가지다. 밀의 견해를 받아들인 것이다. 조심하자. 밀 혼자만 또는 밀이 최초로 그런 주장을 한 것은 아니다. 그는 존 로크(John Locke, 1632~1704)와 장자크 루소(Jean-Jacques Rousseau, 1712~1778)를 비롯한 선각자들의 철학을 계승해 더 높은 수준에 올렸을 따름이다.

제2장 「생각과 토론의 자유」에서는 표현의 자유에 대한 신념을 극단적이라고 할 수 있을 정도로 분명하게 밝혔다. 아래 문장을 나는 외어두고 싶다. 듣기 싫은 말을 한다고 입을 틀어막는 권력자와, 그런 권력자를 추종하는 이들한테 들려주고 싶다.

> 단 한 사람을 제외하고 모든 사람이 똑같은 의견을 가지고 있다고 해서 그 사람에게 침묵을 강요하는 것은, 그 한 사람이 권력으로 다른 모든 사람의 입을 틀어막는 것과 똑같이 부당하다. 『자유론』 46쪽

누구도 궁극적 진리를 안다고 주장해서는 안 된다. 그 이야기를 하려고 밀은 소크라테스와 예수에 대한 사형 선고부터 영국 법원이 기독

교를 모욕하는 낙서를 했다는 이유로 어떤 남자한테 징역형을 선고한 1857년의 사건까지 역사의 크고 작은 사건을 불러냈다. 그렇다. 인간은 누구나 오류를 범한다. 어떤 시점에서 어떤 사회의 구성원 대다수가 진리라고 믿는다고 해서 그것이 진리가 될 수는 없다. 우리가 진리에 가까이 다가서려면 다른 의견을 가질 자유를 인정하고 다른 의견을 표현할 자유를 보장해야 한다. 밀은 사회 구성원 대다수가 터무니없다고 여기는 견해까지도 자유롭게 표현할 권리를 보장해야 하는 이유를 조목조목 밝혔다.

> 첫째, 침묵을 강요당하는 의견이 진리일 수 있다. 자신이 절대적으로 옳다고 전제하지 않는 한 누구도 그 가능성을 부정할 수 없다. 둘째, 침묵을 강요당한 견해가 틀렸다고 해도 진리를 일부 포함할 수 있다. 어떤 주제든 통설이나 다수 의견이 전적으로 옳은 경우는 거의 없다. 대립하는 의견의 충돌을 통하지 않고는 진리에 다가설 수 없다. 셋째, 통설이 온전한 진리라고 하더라도 진지하게 시험하지 않으면 사람들은 합리적 근거를 이해하지 못한 채 하나의 편견처럼 받아들일 것이다. 넷째, 그럴 경우 그 주장은 독단적 구호로 전락해 사람들의 행동에 영향을 주지 못하게 된다.
> 「자유론」, 106쪽

제3장 「행복의 요소로서 개별성」에서는 기독교와 관습의 지배를 비판했다. 최고 계층에서 최하 계층까지 모든 사람들이 종교와 관습에 얽매여 자신만의 의견이 없이 자신만의 감정을 느끼지 못한 채 산다고

지적했다. 자유의지(self-will)를 죄악으로 간주하고 복종을 유일한 구원의 길이라고 주장한 칼뱅주의 이론과 색다름을 비난의 대상으로 삼는 사회 분위기를 질타했다. 밀은 인간의 본성을 개별성(individuality)으로 규정했다. 종교와 관습의 지배에서 벗어나지 않으면 본성에 따라 의미 있는 인생을 살 수 없다고 했다. 다음과 같은 말을 듣고 속이 뜨끔하다면 자신이 잘못 살고 있지 않은지 돌아볼 필요가 있다.

> 사람들은 타인에 관한 문제만 아니라 자기 자신의 문제에 대해서도 묻지 않는다. "나는 무엇을 좋아하는가?" "무엇이 내 성격과 기질에 맞는가?" "나의 내면에 있는 무엇이 훌륭하고 고귀한 것을 만들어내는가?" 대신 이런 질문을 한다. "어떻게 하는 것이 내 지위에 맞는가?" "신분과 재산이 나와 비슷한 사람들은 보통 무엇을 하는가?" 더 나쁘게는 다음과 같이 묻는다. "나보다 신분이 높고 돈이 많은 사람들은 보통 무엇을 하나?" 그들은 관습에 얽매여 산다. 재미로 하는 일에서도 순응이 먼저다. 타인의 행위를 따라 한다. 독특한 취향이나 색다른 행동을 범죄 피하듯 한다. 자신의 본성을 외면하다가 본성 자체를 잃어버린다. 인간적 능력이 시들고 메말라 욕망과 즐거움을 느낄 수 없게 된다. 자신만의 의견과 감정 없이 산다. 이를 인간 본성의 바람직한 상태라고 할 수 있겠는가. 「자유론」, 123~124쪽

제4장 「사회가 개인에게 행사할 수 있는 권위의 한계에 대하여」에서는 전적으로 개인의 몫으로 인정해야 할 영역과 사회가 정당하게 관여할 수 있는 영역을 구분했다. 이론으로는 될 것 같아도 현실에서는

그렇지 않아서 논쟁이 벌어질 수밖에 없는 분류였다. 밀은 '개별성'에 관한 문제는 개인에게 맡기고 사회적 이익과 관련 있는 문제는 사회의 관여를 허용하자고 주장했다. 그 전제는 무엇이 자신에게 좋거나 나쁜지 개인이 가장 잘 판단할 수 있다는 것이었다. 나중 한 걸음 물러서기도 했지만 『자유론』을 쓸 때까지 밀은 철두철미한 공리주의자였다. 공리주의 논리를 끝까지 밀고 나가면 자신을 해치는 행동에 대해서도 사회가 개입하지 말아야 한다는 결론에 귀착한다. 예컨대 마약·음주·도박·성매매 같은 것도 강제나 속임수가 개입된 경우가 아니면 사회가 관여하거나 개입할 문제가 아니라는 것이다. 사회가 교육이나 독서 활동을 진흥하려고 노력할 필요도 없다.

뇌과학과 진화생물학이 발전하면서 극단적 공리주의는 설 자리를 잃었다. 오늘날 우리는 안다. 인간은 쾌락을 최대화하고 고통을 최소화하는 계산기가 아니라는 것을. 자연이 진화를 통해 부여한 생물학적 본성이 무의식의 영역에서 우리의 판단과 행동에 지속적으로 영향을 준다. 우리의 뇌는 쾌락과 고통의 크기를 계산하는 게 아니라 무의식의 영역에서 패턴으로 정보를 처리한다. 인간은 속기 쉬운 동물이다. 언제나 합리적으로 판단하는 행위 주체가 아니다. 무엇이 자신에게 좋고 무엇이 나쁜지 주관적으로 판단할 수 있지만 그 판단이 객관적으로 옳지 않을 수도 있다.

사람은 마약이나 술의 효용을 과대평가한다. 중독되면 쾌락과 고통을 계산하고 평가할 능력을 잃고 의존하게 된다. 교육과 독서의 효용은 과소평가하는 경향이 있다. 행운이 찾아들 가능성은 실제보다 높게,

불행이 덮칠 위험은 낮게 본다. 오늘의 쾌락을 내일의 쾌락보다 중요하게 여긴다. 질병을 유발하는 미생물, 독극물, 환경오염 물질에 대해서는 스스로 인지하고 대처하는 능력이 매우 부족하다.

밀의 시대에는 누구도 호모 사피엔스가 그런 종인지 몰랐다. 『자유론』은 『종의 기원』과 같은 때 나왔다. 『자유론』을 쓸 때 밀은 인간이 어디에서 왔는지 몰랐다. 인간의 본성과 능력과 한계를 어찌 다 알았겠는가. 게다가 국가권력과 종교와 관습이 인간의 개별성을 억누른 시대였다. 밀은 금주법, 도박 규제, 일요일 휴무제도, 모르몬의 일부다처제 등 당시 사회의 여러 쟁점을 다루면서 개별성의 영역에 사회가 개입하는 것을 원칙적으로 반대했다. 구체적인 이슈에 대해서는 밀과 생각이 같을 수도 다를 수도 있다. 하지만 다음과 같은 견해는 개인의 몫과 사회의 책임을 구분하는 기준으로 삼을 만하다고 생각한다.

개인 주권의 한계는 어디까지인가? 사회의 권한은 어디부터인가? 개인 자신의 이해가 걸린 것은 개별성에, 사회의 이해가 걸린 것은 사회의 권한에 속한다. 사회의 보호를 받는 사람은 보답해야 할 의무가 있다. 다른 사람과 공존하기 위해 일정한 행동의 기준을 지켜야 한다. 첫째, 명시적인 법 규정이나 암묵적 합의에 따라 개인의 권리로 인정하는 특정한 이익을 침해하지 말아야 한다. 둘째, 사회와 시민을 침략이나 범죄에서 보호하는 데 필요한 자기 몫의 노력과 희생을 분담해야 한다. 이를 거부하는 사람한테 사회는 어떤 대가를 치르게 하고서라도 강제할 권한이 있다. 셋째, 타인의 권리를 침해하는 데에 이르지는 않았다 해도 남에게 피해를 주거나 불편을 끼치는 경우 여론을 힘으로 그런 행동을 비난할 수 있다. 어느 누구든 다른 사람의 이익을 '부당하게 침해하면' 그 순간 사회가 그 행위에 대한 관할권을 가진다는 말이다. 그러나 다른 사람과는 아무 관계가 없고 오직 자신의 이익에만 영향을 미친다면 사회가 개입할 근거가 없다. 개인이 그런 행동을 하고 결과를 감수할 법적 사회적 자유를 절대적으로 보장해야 한다. 「자유론」, 149~150쪽

제5장 「현실 적용」에서 밀은 당대의 이슈에 자신의 이론을 적용했다. 독극물 판매, 도박 금지령, 노예 계약, 결혼과 이혼, 국가 교육, 공무원 임용 시험, 구빈법 같은 문제였다. 그중에서 자유주의 철학을 가장 잘 드러낸 견해를 소개한다. 밀은 보편적 의무교육을 강력하게 지지했다. 그러나 동시에 교육 내용에 대한 국가의 획일적 통제는 단호하게 반대했다.

모든 사람이 일정 기준까지 교육을 받도록 강제해야 한다는 자명한 원칙을 부정하는 이는 없다. 부모가 자녀에게 정신을 위한 교육과 훈련 기회를 제공하지 않는 것은 자녀와 사회에 대한 죄악이다. 어처구니없게도 국가는 교육 기회를 무상으로 제공하면서 이를 받아들일지 여부를 전적으로 아버지에게 맡겨놓았다. 부모가 의무를 이행하도록 강제하자는 말은 다들 듣기 싫어한다.
보편 교육을 강제할 의무를 인정할 경우 국가가 무엇을 어떻게 가르쳐야 하느냐와 관련된 어려운 문제가 나온다. 정부가 스스로 교육을 제공해서

는 안 된다. 부모가 원하는 방식으로 아이들이 교육을 받을 수 있게 하고 가난한 아이들의 교육비를 지원하는 것으로 충분하다. 국민 교육을 전부 국가의 손에 맡기는 것은 강력히 반대한다.

국가 교육은 사람을 틀에 넣어 똑같이 찍어내는 것이고, 왕이든 성직자든 귀족이든 기성세대의 다수파든, 지배 권력이 그 틀을 결정한다. 국가 교육이 성공할수록 대중의 정신을 확실하게 장악해 신체에 대한 지배로 번질 위험이 커진다. 국가가 운영하는 교육이 꼭 있어야 한다면 시범적으로, 다른 교육 방식이 발전하도록 자극할 목적으로, 경쟁하는 여러 교육 체계 가운데 하나로 존재하는 데 그쳐야 한다. 『자유론』, 205~207쪽

2015년 대한민국 정부는 국정 역사 교과서를 만들려고 했다. 역사학계를 '좌파'가 장악했고, 민간 출판사의 검정 역사 교과서도 모두 좌편향이라고 주장했다. 나는 생방송 토론을 준비하면서 또 『자유론』을 읽었다. 밀의 논리를 무기로 삼아 토론했다. 2024년 대한민국 대통령은 비상계엄을 선포하고 계엄포고령 1호로 언론 검열과 국회의 정치활동 금지를 명령했다. 입만 열면 '자유민주주의 수호'를 외치면서 밀이 말한 '자유의 기본영역'을 말살하려 한 것이다. 그는 영업의 자유를 옹호한 밀턴 프리드먼의 『선택할 자유』를 절대적 진리인 양 숭배했는데, 밀의 『자유론』은 제목만 알았을 뿐 읽은 적이 없었던 것 같다. 대통령과 장관과 국회의원들에게 권한다. 우리 헌법의 토대를 이루는 자유주의 철학의 교과서를 일독해보시라. 배움은 너무 늦는 법이 없다.

『자유론』의 공동저자,
해리엇 테일러 밀

『자유론』은 존 스튜어트 밀이 썼다. 누구도 의심하지 않는다. 그런데 저자는 다른 주장을 했다. 『자유론』을 집필한 경위에 대해서 다음과 같은 이야기를 남겼다.

> 1854년 『자유론』의 주제를 구상하고 짧은 에세이를 썼다. 1855년 1월 로마 여행 때 책으로 만들겠다고 생각했다. 내 책 가운데 그만큼 주의 깊게 구성하고 철저히 수정한 것은 없다. 원고를 늘 곁에 두고 모든 문장을 읽으며 숙고하고 비판하고 음미했다. 남유럽에서 지내려고 계획했던 1858년 겨울 마지막 수정을 하려고 했는데, 우리가 몽펠리에로 향하는 도중 아비뇽에서 갑작스런 폐출혈 발작으로 그녀가 세상을 떠나는 불행으로 그 희망은 꺾이고 말았다. 나는 대부분 그녀의 업적인 『자유론』을 출판해서 영전에 바치는 일에 가장 먼저 마음을 썼다. 사상에 대해서는 어떤 부분이나 요소가 그녀의 것인지 특정하기 어렵지만 이 책의 사고 양식 전체는 명백히 그녀의 것이다. 「존 스튜어트 밀 자서전」, 263~265쪽

공동저자가 있다는 말이다. 그런데도 세상은 인정해주지 않았다. 두 가지 이유가 있는 듯하다. 첫째, 『자유론』을 '그녀'가 사망한 다음 해 나왔다. 둘째, 이름이 해리엇인 '그녀'는 밀의 아내였다. 사람들은 밀이 아내를 너무나 사랑한 나머지 '그녀'의 역할을 과장했을 것이라고 보았다. 진실은 알 수 없다. 해리엇이 밀에게 『자유론』의 핵심 아이디어와

논리를 제공했을 수도 있다. 밀은 『자유론』에도 같은 이야기를 적었다. 나는 밀을 믿는다. 해리엇을 공동저자로 인정한다. 큰 가르침을 주신 선생님인데, 그 정도 보답은 해야 하지 않겠는가.

오랜 세월 쓴 다른 모든 글이 그러하듯, 이 책도 그녀와 함께 썼다. 그러나 이 책은 그녀의 비평을 받는 혜택을 누리지 못했다. 가장 중요한 부분은 그녀가 더 신중하게 살펴볼 수 있게 남겨두었는데 그럴 수 없게 되었다. 무덤에 든 그녀의 위대한 생각과 고귀한 감정의 절반이라도 전달할 능력이 내게 있었다면 그녀의 도움을 받지 못하고 쓴 어떤 글보다 크게 세상에 기여할 수 있었을 것이다. 「자유론」, 「헌사」

존 스튜어트 밀의 인생에는 '사건'이라고 할 만한 게 많지 않았다. 거론할 만한 사건은 셋뿐인데 시간순으로 이야기하겠다. 첫 번째 사건은 우울증이다. 밀은 스무 살 가을부터 다음해 겨울까지 심한 우울증을 겪었다. 자서전에 따르면 "맥이 빠졌고 모든 것이 시시해졌으며 기쁨도 행복도 느낄 수 없는 상태에 빠졌다. 상의할 사람도 도움을 줄 사람도 없었다. 스스로를 돛 없이 항해하다 좌초한 배와 같다고 느꼈다." 밀의 유년기와 청소년기에는 놀이가 없었다. 저절로 증세가 사라졌고 후유증을 남기지 않은 것으로 보아 뒤늦게 사춘기가 찾아왔던 것인지도 모른다.

두 번째는 해리엇 테일러(Harriet Tayler, 1807~1858)를 사랑한 것이다. 긴 이야기라 잠깐 미루고 세 번째 사건을 이야기하겠다. 밀은

1865년 하원 국회의원이 되었다. 어떤 단체가 런던 한복판 웨스트민스터 선거구의 자유당 후보자로 추천했고, 밀은 일정한 조건을 갖춘 성년 남녀 모두에게 선거권을 부여하는 법안과 노동자 파업권 보장 정책을 포함한 열 가지 공약을 발표하고 출마를 수락했다. 개인 돈을 한 푼도 쓰지 않았고 선거운동조차 거의 하지 않았지만 넉넉하게 당선했다. 여성과 노동자를 위한 진보적 입법과 아일랜드 문제 해결 등을 위해 노력했고, 3년 후 선거에서 낙선하자 정치를 떠났다.

두 번째 사건으로 돌아가자. 1830년 어느 날 존 테일러라는 남자가 여성 교육에 관심이 많은 아내를 위해 젊은 '지식 셀럽'을 집에 초대했다. 밀의 나이 스물다섯이었다. 런던에서 의사의 딸로 태어난 해리엇 하디는 관습에 따라 열여덟 살에 존과 혼인해 해리엇 테일러가 되었고 아이 셋을 낳았다. 학교를 다닌 적이 없었지만 혼자 공부해서 지적으로 높은 수준에 올라 있었던 해리엇은 참정권·교육·결혼제도 등 여성 권리와 관련한 문제를 혼자 연구하면서 글을 썼다. 밀은 자신보다 한 살 젊은 해리엇의 지성을 곧바로 알아차렸다. 깊은 연정을 품고 글을 교환하면서 우정을 쌓았다. 몇 년 지나지 않아 해리엇이 남편과 별거에 들어가자 자주 집을 방문했고 아이들과 함께 여행을 다니기도 했다.

두 사람의 일은 아는 사람은 다 아는 '스캔들'이 되었다. 아버지를 포함한 가족·친구·친지들과 관계가 나빠졌는데도 밀은 해리엇을 떠나지 않았다. 해리엇은 존 테일러가 병으로 세상을 떠나자 2년을 기다렸다가 밀의 청혼을 승낙하고 해리엇 테일러 밀이 되었다. 밀이 마흔다섯 살 되던 1851년이다. 완벽하게 평등한 결혼 생활을 서약하고 혼인한 둘은 어느 문장이 누구의 것인지 구별하기 어려울 정도로 긴밀하게 대화하면서 글을 썼다. 해리엇은 여성의 해방에 관한 에세이를 꾸준히 썼고 일부를 출판했다. 밀은 해리엇이 『자유론』과 『여성의 예속』을 비롯한 여러 책의 공동저자라고 주장했다.

해리엇은 혼인한 지 7년 반이 되었을 때 남편 곁을 떠났다. 밀은 아내의 무덤 가까운 곳에 작은 집을 샀다. 아내가 마지막 숨을 쉬었던 호텔방의 집기를 가져다 놓았다. 1년 동안 머물면서 『자유론』을 완성했다. 해리엇의 막내 헬렌이 함께 머물면서 일을 도왔다. 밀은 자주 아비뇽의 집에 가서 살았고 삶의 마지막 시간도 그곳에서 보냈다. 피카소와 로댕 같은 예술가들만 '뮤즈'가 있었던 게 아니다. 밀한테도 '뮤즈'가 있었다. '해리엇 테일러 밀'이라는 이름으로 세상을 떠난 철학자의 '뮤즈'는 『자유론』 책갈피에 지성의 향기로 남았다.

시대를 넘지 못한, 그러나 좋은 사람

밀의 자서전을 번역한 박홍규 선생은 「옮긴이 머리말」에서 밀을 '19세기 최고 선진 영국의 가장 진보적이고 르네상스적인 지성인'이며 '모든 분야에서 가장 뛰어났고 더 나은 세상을 만들고자 평생 고투했던 실천적 지식인'이었다고 평했다. 「옮긴이 해설」에는 '경제학·철학·정치학·종교학·여성학 등 여러 분야에 정통한 사상가'이며 '당대의 아리스토텔레스'였다고 썼다. 그런데 그는 자신이 오랫동안 밀의 가치를 인정하면서도 싫어했다고 한다. 이유를 요약하면 다음과 같다.

첫째, 밀이 주장한 것은 돈의 자유, 자본의 자유, 재산의 자유가 아닌데도 대한민국에서는 마치 그런 자유인 것처럼 곡해하는 분위기가 있었다. 둘째, 밀은 아버지에 이어 거의 평생 식민지 착취 기구인 동인도회사에서 일했고, 인도와 중국을 비롯한 비서양 세계를 멸시했다. 셋째, 밀의 사상에는 대중을 경멸하는 귀족주의적 분위기가 깔려 있다. 「존 스튜어트 밀 자서전」, 359~361쪽

한국의 기득권층이 『자유론』을 왜곡해 써먹은 것은 사실이다. 하지만 밀한테 책임을 물을 일은 아니다. 다른 두 가지는 공감한다. 그런 지적을 할 만하다. 밀은 열일곱 살에 아버지의 직장인 동인도회사 본사에 취직해, 1856년 터진 인도인 용병의 '세포이 항쟁'을 계기로 영국 정부가 인도 식민지를 직접 통치하기로 한 때까지, 무려 35년 동안 근무했다. 일은 많지 않고 연봉은 높아서 직장에 다니면서도 언론에 비평을 기고했고 많은 책을 썼다.

제국주의에 대한 비판의식이 없었고 유럽 밖의 세계를 존중하지 않았다. 귀족주의 또는 엘리트주의라고 지적할 점도 있다. 『자유론』에서 밀은 자신의 이론은 "성숙한 지적 능력을 갖춘 인간에게만 적용할 수 있다"고 했다. "미성년자나 타인의 보호가 필요한 사람들, 미성년 상태에 있다고 해도 좋을 뒤처진 국가들은 논의 대상에서 제외할 수 있다"

고 썼다. 심지어는 "야만적인 집단을 다룰 때 발전이라는 목표를 효과적으로 달성하는 데 정당한 수단을 쓴다면 독재가 정당한 정부형태일 수 있다"고까지 했다. 아시아·아프리카·아메리카 식민지를 염두에 두고 한 말이다.

밀은 자신의 시대와 환경을 완전히 넘어서지 못했다. 그래도 나는 밀을 좋아한다. 사람됨과 철학을 다 좋아한다. 주어진 한계를 초월하지 못했을지라도 그는 자신이 원하는 삶을 옳다고 믿는 방식으로 살았다. 그토록 강조했던 '개별성'을 실천했다. 나름의 의미로 자신의 인생을 채운 사람을 만나는 것은 즐거운 일이다.

하나 더, 밀은 '좋은 사람'이었다. 자서전 끝부분에 몇 가지 일화가 나온다. 밀은 노동자들이 많이 읽을 것 같은 책의 가격을 낮추었다. 『정치경제학 원리』, 『자유론』, 『대의정부론』 등의 저가 판본을 낼 때 출판사와 이익을 반씩 나누는 조건으로 먼저 가격을 확정한 다음 자신의 몫을 포기하고 그만큼 값을 더 낮추었다. 노동자들과 소통한 일화도 흥미로웠다. 어떤 정치 팸플릿에 영국의 노동자계급은 다른 나라 노동자계급과 달리 거짓말하는 것을 부끄러워하지만 거짓말쟁이기는 마찬가지라고 쓴 적이 있었는데, 국회의원 후보로 참석한 노동자 집회에서 누가 그런 말을 한 게 사실이냐고 물었다. 그가 곧바로 시인하자 노동자들은 박수를 쳤다. 모호한 말로 회피하지 않고 정직하게 말했기 때문이다.

밀의 자서전에는 로버트 오언과 생시몽 등 초기 사회주의자들의 책에 대한 비평은 많이 나온다. 그는 과격함을 미덕으로 여기는 사회주의 운동의 문화 풍토를 비판하고 걱정했지만 불평등을 타파하려는 지향 자체는 공감하고 지지했다. 생전에 실현하지는 못했으나 국회의원으로서 여성 참정권 법안 제정에 노력했고 지식인으로서 성 평등의 정당성과 필요성을 역설하는 『여성의 예속』을 썼다. 사회의 정의를 자신의 이익에 앞세웠으니 분명 '좋은 사람'이다.

밀은 겸손한 사람이었다. 19세기 유럽의 이름난 철학자 중에 밀처럼 어린 나이에 공부를 시작해서 많은 책을 읽고 밀만큼 다양한 문제를 깊이 있게 연구한 지식인을 나는 알지 못한다. 그런데도 그는 다른 지식인을 폄하하거나 남의 책을 깎아내리지 않았다. 자신의 지성을 과시한 적도 없다. 그랬던 그가 『자유론』에 대해서는 그답지 않은 허세를 부렸다.

『자유론』은 내가 쓴 다른 책보다 오래 남으리라 생각한다. 해리엇과 내가 마음을 모은 결과 이 책은 하나의 단순한 진리에 대한 철학적 교과서가 되었기 때문이다. 그 진리는 다양한 인간의 성격 유형이 서로 다른 방향으로 발전하도록 완전한 자유를 인정하는 것이 인간과 사회에 중요하다는 것이다. 지금은 새로운 의견을 예전보다 편견 없이 경청하기 때문에 현재만 보는 이들은 사회적 평등과 여론의 지배가 인류에게 의견과 행동의 획일성이라는 억압의 멍에를 씌울 위험에 대해 걱정하지 않을지도 모른다. 그러나 이것은 새로운 이론이 낡은 것을 대체할 만큼 우세하지 않은 과도기의 특징일 뿐이다. 특정한 이론 체계가 다수를 결집해 그에 적합한 사회제도와 행동양식을 조직하고 교육이 그것을 새로운 세대에 주입하면 새로운 신조는 낡은 신조가 오랫동안 행사했던 것과 같은 압력을 확보한다. 이처럼 유해한 힘의 행사 여부는 그것이 반드시 인간성을 억압한다는 것을 인류가 깨닫는지 아닌지에 달려 있다. 『자유론』은 바로 그러한 때 가장 큰 가치를 가진다. 이 책이 오랫동안 가치를 가지리라 생각하면 마음이 편하지 않다. 「존 스튜어트 밀 자서전」, 265~267쪽

허세가 아니었다. 『자유론』은 밀의 대표작이 되어 오래 살아남았다. 사람들은 지금도 『자유론』을 읽는다. 앞으로도 읽을 것이다. 그런데 밀은 마음이 편치 않다고 했다. 자신의 책이 오래 가치를 가진다고 생각하면 기분이 좋아야 하는 것 아닌가. '좋은 사람'이라서 그런 것이다. 인류가 밀이 밝힌 '단순한 진리'를 완전하게 실현한다면 사람들은 『자유론』을 읽지 않을 것이다. 뒤집어 말하면 이렇게 된다. 『자유론』이 오래 가치를 가지려면 '의견과 행동의 획일성이라는 멍에'가 '인간성을 억압'하는 현실이 이어져야 한다. 사람들이 그런 세상에서 겪을 고통을 생각했기에 밀은 마음이 불편했다. '좋은 사람'이었으니까.

대한국민에게 보내는 격려

'계엄의 밤'을 겪고 『자유론』을 읽는데 예전에는 무심코 지나쳤던 문장이 눈에 들어왔다. 나를 위로하고 격려하는 말 같았다.

우리 인간 사회에는 왜 합리적 의견과 행동이 전반적으로 우세한가? 그것은 인간 정신의 한 특성, 잘못을 고칠 수 있는 능력 덕분이다. 이것이 인간이 지적 도덕적 존재로서 존중받을 수 있는 모든 것의 근원이다. 인간은 토론과 경험으로 자신의 과오를 바로잡을 수 있다. 경험만으로는 부족하다. 토론이 반드시 필요하다. 사실은 부분으로 존재하기 때문에 의미를 밝히는 논평 없이 그 자체만을 이야기할 수는 없다. 『자유론』, 51~52쪽

'대한국민'은 자신의 권력을 과시하려고 한 가족을 공개적으로 사냥했던 검사를, 손바닥에 '王'자를 그린 채 생방송 토론에 나온 정치 신인을 대통령으로 뽑았다. 임기 절반이 지난 어느 심야에 그는 느닷없는 비상계엄을 선포했다. 무장 병력을 국회에 보내 국회의원들을 끌어내려 했다. 사법부의 권능을 빼앗고 입법부를 해산해 국가의 모든 권력을 장악하려 한 것이다. 그는 정말로 왕이 되려고 했다.

우리는 정치·경제·군사 분야에서 의사결정권을 행사하는 '권력 엘리트(power elite)'의 비루한 민낯을 보았다. 군과 경찰의 최고 간부들이 대통령의 위헌 위법한 지시를 따랐다. 일부는 내란을 공모한 혐의가 있다. 집권당 국회의원 대다수가 내란을 옹호했다. 대통령 권한대행을 맡은 고위 관료들은 국회 선출 헌법재판관 임명을 거부하는 방식으로 헌법재판소의 탄핵심판을 막으려 했다. 그런 행위를 위헌으로 판단한 헌재의 권한쟁의 심판 결정을 장기간 무시했다. 헌법재판관들은 그들이 헌법을 위반했지만 중대하지 않다며 국회의 탄핵 소추를 기각했다. 헌법의 효력을 스스로 정지시키고 국민의 신뢰를 허문 것이다.

판사가 내란죄 혐의로 구속영장을 발부하자 대통령 추종자들은 폭동을 일으켜 법원을 짓밟았다. 그런데도 어떤 판사는 '마법의 산수'로 내란 우두머리 피고인에 대한 구속을 취소했고, 검찰총장은 형사소송법 절차를 무시하면서 풀어주었다. 언론인들은 '정치적 중립'을 표방하며 내란 세력에게 무제한 발언권을 제공했다. 어떤 기자들은 내놓고 그들을 편들었다. 독재정권이라도 자신의 이익만 해치지 않으면 얼마든지 받아들일 태세였다.

대통령·국회의원·국무총리·장관·장군·경찰청장·헌법재판관·판사·검찰총장·언론인 등 한국의 권력 엘리트는 헌법을 존중하지 않으며 국민에게 충성하지 않는다. 자신의 이익을 지키는 데 필요하면 언제든지 헌법을 짓밟고 국민을 배신한다. 대한민국은 국민도 권력 엘리트도 다 변변치 않다.

그런데 우리는 어떻게 여기까지 왔는가? 일제 강점에서 벗어나자마자 국토와 국가가 남북으로 찢어졌다. 한국전쟁을 벌이면서 민족도 둘로 갈라섰다. 분단국가 대한민국은 독재와 부패가 판치는 세계 최빈국이었다. 그 폐허에서 산업화와 민주화를 이루어 선진국 대열에 합류했다. 코로나19 대유행 때는 세계를 선도했고 영상예술과 대중음악으로 세계인의 눈과 귀를 끈다. 국민은 독재자 성향이 뚜렷한 전직 검사를 대통령으로 뽑을 정도로 변변찮았고, 권력 엘리트는 헌법을 어기면서 자신의 이익을 챙기는데, 어떻게 그런 일을 해낼 수 있었을까?

변변치 않은 우리에게 특별한 것이 있다. 자신의 잘못을 바로잡는 능력이다. 시민들은 계엄의 밤 여의도 국회의사당에서 무장 군인들을 맨몸으로 막았다. 시민들만이 아니었다. 어떤 지휘관은 자신의 부대에 한강을 건너지 말라고 했다. 어떤 경찰 간부는 계엄사의 정치인 체포조 파견 요청을 거절했다. 그랬기에 야당 국회의원들은 국회의 담을 넘어 본회의장에 들어갈 수 있었다. 일부 여당 국회의원들과 함께 비상계엄 해제 요구안을 신속하게 의결할 수 있었다.

헌법재판관들은 전원일치 의견으로 '경고성 비상계엄'이었다는 탄핵소추 피청구인의 궤변을 배척하면서 이렇게 말했다. "국회가 신속하게 비상계엄 해제 요구를 결의할 수 있었던 것은 시민들의 저항과 군경의 소극적인 임무 수행 덕분이었으므로, 이는 피청구인의 법 위반에 대한 중대성 판단에 영향을 미치지 않습니다." '때문'이 아니라 '덕분'이었다고 했다. 단순히 인과관계를 밝힌 것이 아니라 가치판단도 한 것이다.

계엄의 밤 이후도 그랬다. 수십만 시민이 형형색색 응원봉을 들고 집결한 가운데 국회는 대통령 탄핵안을 가결했다. 검찰과 공수처와 경찰은 국방부 장관과 방첩사령관 등 내란 주요 임무 종사자들에 이어 대통령을 우두머리 혐의로 구속하고 기소했다. 어떤 군인은 헌법재판소에서 내란의 실상을 있었던 그대로 증언했다. 어떤 판사는 야당 대표에게 터무니없는 논리로 징역형을 선고했던 하급심 판결을 뒤집어 완전 무죄를 선고했다. 시민들은 밤낮을 가리지 않고 헌법재판소 근처에서 집회를 열어 대통령 파면을 요구했다. 그 '덕분에' 헌법재판관들은 완벽한 전원일치 평결로 대통령을 파면할 수 있었다. 한국의 권력 엘리트가 모두 시시하고 변변찮은 것은 아니었다. 사명감과 애국심과 결단력과 능력을 가진, 헌법에 충성하고 국민을 섬기려 하는 엘리트다운 엘리트도 있다는 사실을 우리는 확인했다.

국민도 그렇다. 아무 국민이나 다 현직 대통령의 쿠데타를 막아내는 건 아니다. 친위 쿠데타가 실패한 경우는 세계 역사에 드물다. 우리 국민은 2022년 5월 오류를 저질렀다. 한 달 후 지방선거에서 여당에 압승을 안겨줌으로써 같은 잘못을 되풀이했다. 하지만 두 달이 채 지나지 않아 자신이 한 선택을 냉정하게 평가하고 성찰했다. 여론조사의 국정수행 지지율을 바닥으로 떨어뜨리는 방식으로 대통령에게 경고 신호를 보냈다. 서울 강서구청장 보궐선거에서 더 강력한 경고장을 날렸다. 그런데도 대통령과 집권당이 민심을 외면하자 2024년 4월 총선에서 집권당 역사에 한 번도 없었던 수준의 참패를 안겼다.

그것이 마지막 경고였다. 대통령이 그마저 무시하고 내란을 일으키자 시민들은 온몸을 던져 3년 전 5월의 오류를 바로잡았다. 우리는 비슷한 잘못을 앞으로 또 저지를지 모른다. 그러나 그때도 이번처럼 스스로 바로잡을 것이다. 변변치 않은 우리는 그렇게 해서 여기까지 왔다. 앞으로도 그렇게 나아갈 것이다.

밀은 1859년 그 옛날에 쓴 책에서 그런 우리를 위로하고 격려했다. 어리석은 자를 대통령으로 뽑은 이후 화나고 아프고 어이없는 일들을 견디고 이겨낸 이들에게, 계엄의 밤 국회에서 계엄군을 막아섰던 시민들에게, 남태령의 기적을 만든 젊은이들에게, 눈보라를 맞으며 헌법재판소 앞에서 밤을 지새웠던 남녀노소에게, 무한히 큰 감사의 마음을 얹어 그 말을 전하고 싶다. 철학자 존 스튜어트 밀이 오늘 우리를 본다면 이렇게 말할 것이다. "그대들은 인간의 모든 자랑스러운 것의 근원을 보여주었습니다. 자기 자신을 자랑스러워해도 됩니다. 그럴 자격이 있습니다."

후기

위대한 유산에 대한 감사

         청년 시절 읽었던 고전을 다시 읽어보면 어떨까? 나이가 들었고 시대도 변했으니 그때와는 무언가 다르지 않을까? 남은 인생을 제대로 살아가려면 더 공부하고 더 배워야 하지 않을까? 그런 생각을 하면서『죄와 벌』을 집어 들었다. 그 소설은 처음 읽었던 때와는 다른 이야기를 들려주었다.『죄와 벌』은 그대로지만 내가 달라졌기 때문이다. 다른 책들도 그랬다. 독서는 책과 대화하는 것이다. 책은 읽는 사람의 소망과 수준에 맞게 말을 걸어준다.

  오래전 읽었던 책을 다시 읽으면서 나는 과거의 나를 다시 만났다. 흥미로운 체험이었다. 다른 사람에게 그 이야기를 해주고 싶었다. 그래서 어떤 책이라고 말하기 어려운 이 책을 썼다. 가만히 앉아서 떠오르는 대로 다시 읽고 싶은 책 제목을 적었다. 하나씩 읽으면서 가슴과 머리를 스치는 감정과 생각을 붙들었다. 생각하고 느낀 것을 모두 담지는 못했다. 후기로 그 아쉬움을 달래고 싶다.

  나는 사회과학도임에 틀림없다. 사회과학 서적보다 문학작품을 더 많이 읽었어도 그 사실은 바뀌지 않는다. 나는 소설을 읽을 때도 사회경제적 분석 도구를 들이대는 습관이 있다. 박경리 선생의『토지』와 황석영 선생의 『장길산』, 이문열 선생의 『영웅시대』, 1980년대에 읽었던 소설 셋을 나란히 두고 작가들이 역사의 사실을 해석하고 활용한 방법과 태도의 차이를 비교·평가하는 작업을 하다가 그만두었다. 잘 알지 못하는 영역에 발을 들이는 것 같아서 겁이 났다.

　이 책은 내가 젊었을 때 들고 다녔던 지도(地圖)를 다시 그린 것이다. 원래 지도와 똑같지 않지만 아주 다르지는 않다고 생각한다. 길섶에 핀 들꽃이나 종달새 노래의 아름다움은 그려 넣을 수 없었다. 소나무 숲을 지나는 오솔길도 보여줄 수 없었다. 언젠가 그런 것을 가진 책에 대해 이야기할 수 있으면 좋겠다.

　내가 러시아 소설을 그렇게 좋아했는지 몰랐다. 소설을 다섯 작품 다루었는데 셋이 러시아 소설이다. 레프 톨스토이부터 안톤 체호프, 보리스 파스테르나크, 미하일 숄로호프, 니콜라이 오스트롭스키까지 좋아하는 러시아 작가가 더 있지만 어쩔 수 없이 내려놓았다. 오노레 드 발자크, 귀스타브 플로베르, 기 드 모파상, 프란츠 카프카, 헤르만 헤세, 존 스타인벡, 시어도어 드라이저 등 유럽과 미국 작가들의 소설도 좋아한다. 하지만 어쩐지 러시아 소설만큼 내 마음을 크게 울리지는 않았다. 프랑스 레지스탕스들이 제2차 세계대전 종전 이후 소련의 인권 유린 실상이 알려지기 시작하면서 여러 갈래로 분열해가는 과정을 다룬 시몬 드 보부아르의 소설 『레 망다랭』과 조세희 선생의 살아 있는 고전 『난장이가 쏘아올린 작은 공』을 다루지 못한 것을 무척 아깝게 생각한다.

책을 쓰면서 아버지에 대한 기억을 되살렸다. 내 아버지 유태우(柳 台佑) 선생은 평생 학교에서 역사를 가르쳤다. 돌이켜 보니 아버지가 권해서 읽은 책들이 제법 있었다. 서애(西厓) 유성룡의 『징비록』, 이순신 장군의 『난중일기』, 「진주목걸이」라는 단편이 들어 있었던 기 드 모파상 단편집, 백남운 선생의 일본어판 『조선사회경제사』, 자와할랄 네루의 『세계사편력』, 아널드 토인비의 『역사의 연구』, 앨빈 토플러의 『제3의 물결』 같은 책이 떠오른다.

내가 가장 또렷하게 기억하는 아버지의 모습은 호롱불에 흔들리는 그림자다. 어릴 때 나는 경주 시내의 허술한 기와집에 살았다. 전력이 부족한 때여서 초저녁에만 전기가 들어왔다. 아버지는 일찍 잠자리에 들고 새벽 4시에 일어나셨다. 가을부터 봄까지 아침마다 연탄 화덕에 큰솥 가득 물을 올린 다음 호롱불을 켜고 안방 벽에 붙여놓은 좌식책상에서 책을 읽으셨다. 어쩌다 새벽에 눈을 뜨면 불빛에 희미하게 비친 아버지의 그림자가 크게 일렁거리는 게 보였다. 날이 새면 어머니는 아버지가 데워놓은 물로 쌀을 씻으셨고 우리 육남매는 차례차례 일어나 그 물로 세수를 했다. 나는 생물학적으로만이 아니라 문화적으로도 '아버지의 아들'임을 새삼 깨달았다. 살아 계신 동안 한 번도 감사드리지 못한 것을 후회했다.

이 책은 위대한 고전에 대한 균형 잡힌 서평이 아니다. 내가 나름의 개성과 취향을 지닌 독자로서 배우거나 공감한 점을 말한 감상문에 지나지 않는다. 다른 사람은 같은 책에서 나와는 다른 이야기를 듣고 다른 감정을 느낄 것이다. 그러니 독자들께서는 나로 인해 여기서 다룬 책과 저자들에 대해 편견을 갖지는 마시기 바란다.

좋은 책은 기적을 일으킨다. 『사기』를 읽을 때 나는 2000년을 단숨에 건너뛰어 사마천의 숨결을 느꼈다. 『광장』을 읽는 동안 내 정신과 감각은 해방공간으로 시간 여행을 하면서 최인훈 선생이 느꼈을 절망과 희망을 나누었다. 『대위의 딸』을 읽으면서는 시인 푸시킨에게 감정을 이입해 자유를 향한 열망으로 마음을 적셨다. 이번에는 밀의 『자유론』을 읽고 내가 나에게 적합한 삶을 살고 있는지 다시 점검했다. 이런 것을 기적 말고 다른 어떤 말로 표현할 수 있을까? 이런 기적을 일으키는 문화유산이 달리 또 있는지 모르겠다. 내게 기적을 베풀어주신 위대한 작가들에게 감사드린다.

참고문헌

- 다윈 지음, 홍성표 옮김, 『종의 기원』, 홍신문화사, 1994
- 마크 리들리 지음, 김관선 옮김, 『HOW TO READ 다윈』, 웅진지식하우스, 2007
- T. R. 맬더스 지음, 李滿洙 옮김, 『人口論』 上·中·下, 博英社, 1977
- 맹자 지음, 우재호 옮김, 『맹자』, 을유문화사, 2007
- T. 베블렌 지음, 정수용 옮김, 『有閑階級論』, 동녘, 1983
- 사마천 지음, 김원중 옮김, 『사기본기』, 을유문화사, 2005
- 사마천 지음, 김원중 옮김, 『사기열전』 1·2, 민음사, 2007
- 成百曉 역주, 『孟子集註』, 傳統文化研究會, 1991
- 알렉산드르 뿌쉬낀 지음, 석영중 옮김, 『대위의 딸』, 열린책들, 2006
- 알렉산드르 솔제니친 지음, 이영의 옮김, 『이반 데니소비치, 수용소의 하루』, 민음사, 1998
- 이영희 지음, 『전환시대의 논리』, 創作과批評社, 1974
- 이혜경 지음, 『맹자, 진정한 보수주의자의 길』, 그린비, 2008
- 鄭允炯 지음, 『西洋經濟思想史研究』, 創作과批評社, 1992
- 존 스튜어트 밀 지음, 김만권 옮김, 『자유론』, 책세상, 2025
- 존 스튜어트 밀 지음, 박홍규 옮김, 『존 스튜어트 밀 자서전』, 문예출판사, 2019
- 존 스튜어트 밀 지음, 서병훈 옮김, 『자유론』, 책세상, 2018
- 최인훈 지음, 『광장』, 문학과지성사, 1990
- E. H. 카아 지음, 朴成壽 옮김, 『역사란 무엇인가』, 民知社, 1983
- 칼 마르크스·프리드리히 엥겔스 지음, 강유원 옮김, 『공산당 선언』, 이론과실천, 2008
- 표도르 미하일로비치 도스또예프스끼 지음, 홍대화 옮김, 『죄와 벌』, 열린책들, 2007

- 한자오치 지음, 이인호 옮김, 『사기 교양강의』, 돌베개, 2009
- 헨리 죠지 지음, A. W. 매드센 줄임, 김윤상 옮김, 『진보와 빈곤』, 무실, 1989
- Carr, Edward Hallet, *What Is History?*, New York: Random House, 1961
- George, Henry, *Progress and Poverty*, Robert Schalkenbach Foundation, 1979
- Malthus, Thomas Robert, *An Essay on the Principle of Population*, P. James ed., Cambridge University Press, 1989
- Veblen, Thorstein Bunde, *The Theory of the Leisure Class*, New Brunswick and London: Transaction Publishers, 1992

청춘의 독서

초판 1쇄 발행 2009년 10월 27일
2판 1쇄 발행 2017년 7월 7일
특별증보판 1쇄 발행 2025년 4월 30일
특별증보판 16쇄 발행 2025년 5월 26일

지은이 유시민

발행인 윤승현 **단행본사업본부장** 신동해
편집장 김경림 **파트장** 송보배
책임편집 김종오 **디자인** [★]규
마케팅 최혜진 이은미 **홍보** 반여진 허지호 송임선
일러스트 이강훈 **저자사진** 채널예스
제작 정석훈 **국제업무** 김은정 김지민

브랜드 웅진지식하우스
주소 경기도 파주시 회동길 20
문의전화 031-956-7359(편집) 02-3670-1123(마케팅)
홈페이지 www.wjbooks.co.kr
인스타그램 www.instagram.com/woongjin_readers
페이스북 www.facebook.com/woongjinreaders
블로그 blog.naver.com/wj_booking

발행처 ㈜웅진씽크빅
출판신고 1980년 3월 29일 제406-2007-000046호

ⓒ 유시민, 2025
ISBN 978-89-01-29474-2 03810

- 웅진지식하우스는 ㈜웅진씽크빅 단행본사업본부의 브랜드입니다.
- 저작권법에 의해 한국 내에서 보호를 받는 저작물이므로 무단전재와 무단복제를 금합니다.
- 이 책 내용의 전부 또는 일부를 이용하려면 반드시 저작권자와 ㈜웅진씽크빅의 서면 동의를 받아야 합니다.
- 책값은 뒤표지에 있습니다.
- 잘못된 책은 구입하신 곳에서 바꾸어 드립니다.